徳川家臣団
子孫たちの証言

徳川家臣団　子孫たちの証言

○本書について

本書『徳川家臣団~子孫たちの証言』は徳川家康公顕彰四〇〇年を記念し、戦国時代から開幕までの時代を主な舞台として設定しています。各記事は取材の際に各家から提供された資料や口伝にもとづいて構成しました。

当時の人々は国名や地名、人名などのほとんどを旧字体で表記していましたが、本書では読者の便を図るためにすべて新字体を用いています(注)。

また、それぞれの証言のあとに各家の略譜を掲載していますが、その範囲を原則として初祖とされる人物から実際に徳川幕臣だった方までとしています。

(注)「常用漢字表」(平成二十二年内閣告示第二号)に準拠

ご挨拶

徳川宗家第18代当主

徳川恒孝

長い戦乱のあと、織田信長、豊臣秀吉、徳川家康と言う三人の、夫々全く異なった背景と性格を持った若者達が、尾張と三河という狭い地域で生まれ育ち、戦乱の時代に終止符を打ち、幾つかの命をかけた戦いの後に、新しい平和な日本を作り上げてゆく過程は、なにか不思議な運命の絆が日本と言う国の未来とその国の運命や性格を織り出してゆく素晴らしい作品のように思われます。目に見えない「地」の力が強く働いたのかも知れません。

大藩に生まれ、自らの力を過信した信長公は家臣に討たれました。貧しくも名もない生まれの秀吉公は「停止」することに怯え、朝鮮に出兵して亡くなりました。家康公は兵を引き、瞬く間に朝鮮との国交を回復するとともに250年に及ぶ平和な日本の基礎を固めました。この後、将軍代替わりのたびに500名を超える朝鮮通信使が日本を訪れることになり、日朝の交流は多くの文化の交流に進んでゆきます。

この三人の素晴らしい才能のある方々が尾張・三河という極めて限定された地域で生まれ育ったことは、とても不思議な事だといつも思います。この三人の英傑のなかで一番「地味」なのは家康公だと思いますが、家康公がお二人と決定的に違うのは、配下の武将達の才能を見抜く力と、部下への深い信頼であったと思います。武田家を滅ぼしたのち、信長公は武田家の落ち武者を徹底的に征伐しました。一方、家康公は長く滞陣し、多くの武田家臣を招き入れて武田家の軍法を取り入れました。徳川家の家臣団は、三河譜代、今川家家臣団に続いて多くの武田家の家臣によって構成されています。

家康公はまた積極的に外交を進められました。西洋人のアドバイザーを置き、遠洋航海の船舶に朱印状をあたえて、遠く東南アジアへの交易を進められましたが、徐々に姿を現してきた西欧の船舶との摩擦をおそれ、家康公の没後にこの交易が終結していったのは、残念なことでした。

こうして家康公の御事跡を振り返って見ますと、公の進められた多くの施策は極めて近代的なものであり、自由と活気に満ちたものであったことがわかります。公の没後、国家安全保障のために外国との交流が限定されたことから、なにか「徳川時代」が大変に退嬰的な時代であったように思われがちですが、この250年に亘る平和の中で、今日の日本の文化が育ち熟成され、今日の日本の土台となっていることを思うと、その御事跡の大きさには心を打たれます。

家康公没後400年の年を迎えるにあたり、公の御事跡を振り返ると共に、今日の日本を改めて見つめる機会とすることが大切であると思います。

徳川家臣団の固い絆

家康を支えた武将たち

静岡大学名誉教授
徳川みらい学会理事
小和田 哲男

滅ぼした武将家臣を積極登用

江戸時代、藩は大体二七〇藩、二八〇藩あると言われていましたから、大名の数も同じぐらいです。そのうち譜代大名が数としては多く、そのルーツをたどっていくと、多くは三河武士、家康の草創期の家臣、その子孫が大名として残っています。そして旗本も非常に多くいます。その点でも江戸時代だけでなく、その後の近代日本をつくっていく過程で、やはり徳川家臣団の残した影響、これは非常に大きいと思います。では、家康がいかに家臣を大事にし、どのような人たちを家臣団として登用していたのでしょうか。

天下取りの三英傑と言われた信長、秀吉、家康のうち、家臣を大事にし、家臣によって成功した点ではやはり一番家康が光っていると思います。信長、秀吉は家臣による裏切りがありました。家康も秀吉によって引き抜かれた石川数正の出奔事件があったものの、家臣たちの結束がかなり固い。それが徳川の幕藩体制が比較的順調にできていった大きな要因であったという気がします。

信長は自分が滅ぼした相手武将の家臣を登用することはほぼありませんでした。しかし、家康は武田信玄と手を組み、滅ぼした今川家臣たちを採用しています。そして、天正十年に武田家が滅んだ後、甲斐・信濃にいた家臣たちを家康は積極的に採用しています。その数八〇〇人以上。中には井伊の赤備えと呼ばれた徳川四天王の一人井伊直政が山県昌景の率いる赤備えをそのまま引き継ぐなど、武田家臣団が徳川家の中核になっていきます。

当時の徳川家臣団の組織図では西三河の旗頭に石川家成、後に石川数正が入り、家康とともに岡崎城にいました。一方、東三河には徳川四天王の一人である家老の酒井忠次を入れ、両三河に両家老を置きました。さらに旗本先手役として榊原康政や本多忠勝が入ります。この三つをいわゆる三備えと呼び、徳川三河時代の家臣団の基本となります。それから時代は移り変わり、家康は駿河・遠江・三河・甲斐・信濃五カ国の大名になります。この五カ国時代に浜松から駿府に城を移し、家臣団の構成も三河時代とは様変わりしていきます。遠江・駿河・甲斐・信濃それぞれに出城がありますから、そこに人を配置していきます。そして直臣団は旗本先手役を中心にこの時期から旗本がかなり増えていきます。そして代官職に大久保長安や農政面で腕を振るった伊奈忠次などがだんだん重用されていくことになります。旧武田家臣の大久保長安には、武田家の特技、いわゆる鉱山掘削術に目をつけて、伊豆の土肥や縄地の金山開発をさせます。そして、世界文化遺産となった石見金山や佐渡の金山、銀山を開発し、幕府初期の財政基盤を築きました。

さらに天正十八年、秀吉の小田原攻めで、家康が秀吉の前衛として関東小田原城の北条氏を滅ぼしました。そして家康はそれまでの駿河・遠江・三河・甲斐・信濃、この五カ国から関東へ移封されます。その際、北条家臣を積極的に採用しました。この家康の知恵により比較的安定的に関東八カ国を支配することができたのです。今川、武田、北条の家臣をうまく取り込むことで徳川家臣団が出来上がっていくのです。もちろん家康が三河一国の大名として自立する時期の三河武士団も中核になっていますが、それだけでは天下取りは難しかったでしょうから、滅ぼした大名家の家臣をうまく使うことで徳川家臣団が成り立っていたのです。

資質を見抜き適材適所の人材配置

では、家康はどのような理念で家臣たちの結束を固めたのでしょうか。一つめは「忠臣の子は忠臣になる」です。武田二十四将の一人、土屋昌恒は武田信玄の家臣であり、勝頼にも仕えました。天正十年の天目山麓田野の戦いで最後まで勝頼についた武将です。『徳川実紀』によると自害した土屋昌恒の嫡男を探していた家康は偶然にもその忘れ形見に清見寺で出逢います。武田家に最後まで忠義を尽くした者の息子は絶対に忠義心を持っていると江戸に連れて行き秀忠に託します。そして元服の際には秀忠の「忠」一字をもらい、忠直と名乗ります。忠直の嫡男は土浦で約八万石の大名になり、老中にまで抜擢されます。

このように他の武将にはなかなかできなかった人事を家康は思い切ってしたのです。

二つめは「人の長所をとれ」。「或ときの仰に、家人を遣ふに人の心をつかふ、能をつかふ」。つまり「家臣を雇う時に心情を重視するのか、能力を重視するのか、その二つ心得がある」ということです。「資情篤実にして主を大切におもひ、同僚と交わりてもいさゝか我意なく、すべてまめになだらかにして、そがうへにも智能あらば是は第一等の良臣」。このような人物であれば例え身分が低くても順次出世させて国政をも任せるべきだということです。「何事ぞ一かどすぐれて用立べき所あるものは、これも又捨ずして登用すべきなり」。つまり、何か一つほかよりも優れているものがあれば、それは登用すべきだと、そうした資質をちゃんと見極めよということです。部下の働きを常に見ていて、誰がどういう仕事なら能力を発揮できるか、今で言う適材適所の人事配置ということになりますが、それを常に心がけていたことは、さすが家康だと感じます。

「この二品を見わけて、棄才なからしめん事肝要なり」とはその才能を棄てない、才能を埋もれたままにしてはいけない。ある程度家臣たちがどういうところに能力を発揮するのかを上に立つ者は見て、抜擢しなさいということを言っているわけで、埋もれた才能を発掘する能力を家康は持っていたのではないかと思います。

さらに「やゝもすれば己が好みにひかれ、わがよしと思ふ方をよしと見るものなり。人には其長所のあれば、己が心を捨て、たゞ人の長所をとれと仰せられし事もあり」とは、上に立つと自分好みの人を周りに集めたくなってしまうが、それではダメだと家康は気づいていたのです。武田信玄など数々の武将たちの生き様を見て、自分と同じ考え、あるいは自分の考えに近い者だけを周りに置いたのでは、組織としては発展しないということをちゃんと見切っていたのです。むしろ自分に厳しく物を言ってくれる人を周りに置くべきだということをわきまえていました。

家臣こそ我が宝

私が家康の人材観として注目していることは、「宝の中の宝といふは、人材にしくはなし」。つまり家臣こそ我が宝という観念です。三河の小さな大名の息子として生まれ、幼少時から駿府に人質に出され、苦労を重ねてきました。そういう中から、やはり家臣たちによって今自分が支えられているという思いがあったからではないでしょうか。三方ヶ原の合戦において家康は八〇〇人の家臣を失いました。しかも自分の身代わりになって死んでいった家臣が多いことを後で知り、これがある意味では家臣に対する思いを大きく逆転するきっかけになったのです。

家康と家臣との関係を追いかけていくと、家臣をその気にさせる術を心得ていたと思います。戦国時代は、やはり家臣あってのもの。有名な中国の古い典籍に「君は船、臣は水」とありますが、家臣たちは海、水、殿様はそれに浮かべられている船という意味で、家臣たちが下剋上を起こさないようにどうコントロールしていくかということが非常に大事で、この点でも成功しました。

さらに家康という人は、家臣たちの武功を常に覚えていて、年始の挨拶に来たときには、お前はこの戦いでよく手柄を立てたと褒める。そうすると家臣たちは家康様がそこまで覚えていてくれたということで、余計に忠節、忠義を尽くしました。私はこれを驚異の記術と言っています。そういった意味でも、人の心をつかむ術を心得ていたのではないでしょうか。褒めて使う。やはり人間、叱られるよりも褒められたほうがモチベーションは上がりますから、そこを心得ていたと思います。

そして最後は、武功派と吏僚派の上手な使い分け。徳川四天王と言われた、年長の酒井忠次、三傑と呼ばれた本多忠勝、榊原康政、井伊直政。こうした武功派武将たちが活躍することで徳川家は成長してきたのですが、いわゆる本多正信・正純親子のような吏僚派、特に正信は家康の懐刀とも言われ、息子の正純は大御所家康のそばにいて、正信が江戸にいる秀忠を教育し、家康は正純を教育するほどの関係でした。しかし、注目すべきは武功派の井伊直政には十二万石、本多、榊原はともに十万石の石高を与えていますが、本多正信に対してはたった二万石。働きから言うと同じぐらい働きをしているにも関わらず、石高は低いのです。これは家康なりの配慮で「権あるものは祿少なく」と、つまり家康の側近で役に加わり、権力を持っている。それに石高まで与えれば、ほかの同僚たちから足を引っ張られる。つまり権力は握らせるけれども祿高は武功派が上で、それにより武功派も納得するという、バランス感覚をもうまく持ち合わせた武将だったと考えています。

目次

ご挨拶 2
徳川家臣団の固い絆～家康を支えた武将たち 小和田哲男 4

第一章 若き家康を支えた家臣たち 13

譜代家臣 旗本・水野家の子孫
家康の生母・於大の方の運命 水野完太郎 14

幕府旗本 有田氏の子孫
安倍川の石合戦 人質時代の家康に近侍 中川 尚 32

変転の旧臣 石川数正の子孫
今も謎を残す家康の重臣 石川豊子 42

譜代家臣 旗本・鵜殿氏の子孫
家康の二女・督姫を生んだ西郡の方 鵜殿和彦 52

丸根松平 美作守家勝の子孫
鈴木姓から松平姓に改めた元祖への思い 松平信次 66

譜代大名 岡部藩主・安部家の子孫
第一部 安部元真と井川金山衆の活躍 80
第二部 御茶壺屋敷 井川の殿様・海野家 森竹敬浩 97

譜代家臣 匂坂六郎五郎の末裔
姉川の合戦 豪傑・真柄十郎左衛門との対決 匂坂正實・和子・裕 106

譜代家臣 成瀬藤蔵正義の末裔
三方原の戦い 壮烈な最期をとげた忠臣 林 信志 120

譜代家臣　旗本・柴田家の子孫
家康の長男・松平信康の御小姓……柴田晴通 142

第二章　家康のもとで活躍した家臣たち―― 161

旧武田家臣　旗本・荻原氏の子孫
甲斐軍の名軍師　荻原常陸介……荻原昌幸 162

旧武田家臣　国宝を守った忠臣・田邉忠村の子孫
関ヶ原の合戦のリスクマネジメント……田邉康雄 176

旧武田家臣　旗本・曾根家の子孫
謎に包まれた家康の判物……曾根貞夫 192

旧武田家臣　旗本・曲淵氏の子孫
家康の心をとらえた一徹者　勝左衛門吉景……曲淵由裕・伸 208

幕府旗本　加藤家の子孫
決死の攻撃　小牧・長久手の戦い……加藤一弘 222

幕府旗本　飯塚家の末裔
波乱の生涯を送った初代・兵部少輔綱重……飯塚　明 236

譜代家臣　本多正信・正純父子の末裔
家康の重臣　父子並んで天下の権をとる……木村日出明・敦明 250

徳川家康年表―― 268
監修にあたって―― 274
主な参考文献―― 276

戦国期三河国要図

（『大日本読史地図』および『新編岡崎市史』を参考に作成した）

松平家関係略図

信光／岩津 三代当主
- （四代当主）嫡男・親忠／安城
  - （五代当主）嫡男・長親／岩津
    - （六代当主）嫡男・信忠／安城
      - （七代当主）嫡男・清康／安城・岡崎 ―― （八代）広忠 ―― 家康
      - 二男・信孝／三木
    - 二男・親盛／福釜
    - 三男・信定／桜井
    - 四男・義春／東城
    - 五男・利長／藤井
  - 二男・乗元／大給
  - 九男・乗清／滝脇
- 長男・守家／竹谷
- 四男・与副／形原
- 五男・光重／大草
- 七男・忠景／五井 ―― 二男・忠定／深溝
- 八男・光親／能美
- 十男・家勝／丸根
- 十一男・親則／長沢

久松俊勝・家康生母・於大 ―― 康元、康俊、定勝／久松松平

奥平信昌・家康長女・亀姫 ―― 四男・忠明／奥平松平

第一章
若き家康を支えた家臣たち

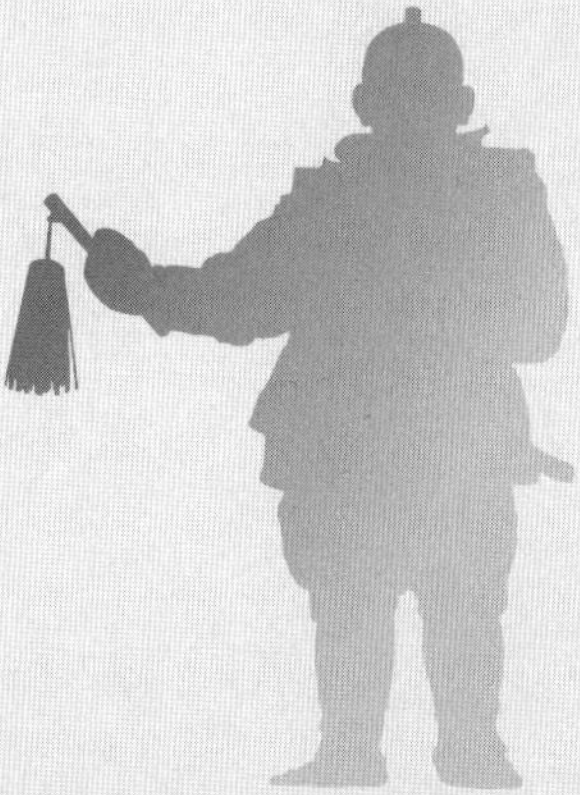

譜代家臣　旗本・水野家の子孫

家康の生母・於大の方の運命

静岡県静岡市　水野完太郎

水野氏は源（清和源氏多田満政流）を本姓とする徳川家譜代の家臣である。

水野家の家祖、重房が尾張国知多郡英比郷小河村（水野家系図では小川）に居住して初め小河を名乗り、その子・重清が同国の春日井郡山田庄水野に移って水野に改めたといわれる。

徳川家康の生母である於大《おだい》の方《かた》（法名・伝通院）は重房から一七代目の当主・忠政の娘で、松平広忠（徳川家康の実父）に嫁いでいるが、その母・於富《おとみ》の方《かた》（華陽院《けよういん》）も於大の輿入れ以前に忠政と離縁し、広忠の父・松平清康に再嫁している。

戦国期、水野一族は松平家と同様に今川家に属していたが、父・忠政から家督を継いだ一八代当主・信元はその方針を大きく改めて織田信長にしたがった。小河・刈屋・大高・半田ほかの城を継いだ信元は、やがて東海道の旗頭として活躍するようになる。

なお、信元は於大の兄であることから徳川家康の伯父にあたり、桶狭間の合戦で今川義元が討ち死にした際には義元に命じられて大高城を守っていた家康（当時、松平元康）に使者を送って脱出を促したといわれる。これによって岡崎に戻った家康は今川家からの独立を決意し、水野信元の仲立ちもあって織田信長と同盟を結ぶことになった（『日本史諸家系図人名辞典』）。

当水野家は於大の方の兄・藤九郎信近から出た支流で、信近から三代目の当主である水野信常の二男・彦五郎信勝を家祖としている。当家には江戸末期と言われる時期が始まる頃につくられた水野家系図や先祖書の下書きなど、貴重な資料が残されている。

1 当水野家の歴史

「当家の初代は彦五郎信勝といいます。浜松城で家康公に初お目見えして、五番方のひとつである大番役に取りたてられました。元和五（一六一九）年に（徳川）頼宣《よりのぶ》公が紀州へ転封になりますが、そのあと駿府城の警護を命じられてこちらに来たようです。ただ、信

水野完太郎氏

勝はその翌年に当地で亡くなってしまい、息子の信《のぶ》直《なお》が家督を継いで二代目当主となりました。残念ながら、初代の信勝がどこに葬られたのかわかっていません。……その後、信直が二代将軍の秀忠公に拝謁したのが元和九（一六二三）年。将軍の命によって父と同じく駿府城を守衛するのですが、後に駿河大納言忠長に附属されています。しかし、その忠長卿が失脚して死んでしまいましたから、一時的に浪人というか、処士になっていた時期があったようですね」

徳川頼宣とは、於万《おまん》の方《かた》が生んだ家康の子である。当初、駿河・遠江・東三河に五〇万石を領していたが、元和五年、和歌山城主・浅野長晟《ながあきら》の広島城への転封にともなって紀伊国に移った。これが紀州徳川家の始まりとされる（『徳川幕府事典』）。

一方、頼宣のあと、寛永元（一六二四）年に駿府を賜ったのが、駿河大納言と呼ばれた徳川忠長だった。忠長は二代将軍・秀忠の二男（嫡男は三代将軍・家光）だが、様々な記録の中に家光との確執や悪評を残している人物である。結局、寛永九（一六三二）年に忠長は改易となり、翌年、身柄を預けられた上州高崎城で自害している。その咎により、当家の二代当主・信直を含む家臣たちも配流あるいは蟄居させせられた（『徳川実紀』）。

「その後、寛永十一（一六三四）年ごろでしたか、信直は三代将軍・家光公に召し出され、再び旗本（大番役）として仕えるようになりました。そして、そのすぐあとに大坂城の金奉行になっています。このとき一〇〇俵加増されて三〇〇石ほどになったのですが、寛政譜の記事を見ると五代目の政明（婿養子）のところに、〝大坂城の警護に行く途中で狂気〟などとあります。同時期、大番組頭だった森川俊胤の記事に、〝隊下の士遊興にふけりし輩を罪せらるるにより、俊胤も御前をはばかり〟とありますから、飲酒を咎められたのでしょう。平時とはいえ、大坂城守衛の道中のことですから、狂気ということにして軽い罪にされたのだと思います。それから、当家の親戚に近久という人物がいて、これも寛政譜で〝狂気〟とあるけれど、実際は采地だった千葉のほうに無断で泊まったらしいんです。旗本は勝手に江戸を離れられない立場ですから、その知行地を召し上げられたわけですよね」

『寛政重修諸家譜』によると、家康の伯父にあたる水野信元の兄弟に伝兵衛近信がおり、その五代目が伝蔵近久である。記事には〝……狂気せるにより五〇〇石の采地を納められて月俸十口をたまふ〟とある。

「いずれにせよ、お役目を解かれた政明は婿養子の忠一に家督を譲ったんです。そのためでしょう、政明の戒名は〝全休居士〟といって、全部休むという意味なんです。これで三〇〇石の采地を召し上げられてしまって、忠一はその代わりに一五〇俵をもらっていますから、実質的に半分の禄になったわけです。このあとは大番組ではなく、小十人組になるのですが、政明の四代後の信敬《のぶたか》のときにはその組頭までは務めたようです。小十人組の組頭といえば三〇〇俵になるんですよ」

『寛政重修諸家譜』で確認できる当家の当主は信敬までである。つまり、その系譜集がつくられているとき、彼はまだ存命中だった。同譜は文化九（一八一二）年に完成しており、幕末と呼ばれる時代までわずか四十年ほどの頃だった。

「信敬を継いだのが（信勝から）一〇代目にあたる信任《のぶとう》（婿養子）ですが、この人は最初から大番組だったようで、禄も二〇〇俵もらっていたんですね。幕末の慶応二（一八六六）年には奥詰銃隊へ割り当てられて、鉄砲を持つようになりました。当時はみんなが鉄砲を持たされて、大番組や御書院番などの旗本も奥詰銃隊になったわけです。でも、慶応四年になると、その役がなくなってしまいました」

当家には一〇代当主・信任の名で長沼流兵法の免許状が残されている。この長沼流とは近世兵学の一派で、創始者は信州松本の長沼澹斎《たんさい》である。練兵節制を重視し、「兵要録」などに体系化したといわれる。

長沼流兵法の免許状

「長沼流兵法の免許状は安政年間にもらったもので、〝兵法家の先生として教え子を持ってもよろしい〟という許可書です。でも、すでに幕末でしたから、兵法といってもそれを役立てるような時代ではなくなっていたでしょう。お役目もなくなったため、信任は隠居して息子の信茂に家督を譲ることになりました。当時はそんな旗本家が多かったようですよ。武家社会が終わるので、若い人のほうが役職に就きやすいという考えもあったのではないでしょうか」

慶応三（一八六七）年には一五代将軍の徳川慶喜が大政奉還を済ませ、翌四年には寛永寺に謹慎している。わずか数年だった建武新政を別にすれば、平安末期から続いた武家政権も、信任の時代には事実上の終焉を迎えて

当家に残される古文書

いたのである。

「明治維新後、多くの旧幕臣が徳川家達公について駿府藩へ移住するわけですが、役職に就いたのは三千数百人で、あとはいわゆる無禄移住でした。余裕のある人は陸路で来たようですが、それ以外は品川から藩の調達した英国船に乗って清水湊までやってきたんです。そのほうが安かったですからね。当家の記録によると、信任の家族たちは当面の居住地としてある寺院の一室を割り当てられていました。でも、結局はそこに住めなかったらしく、いろいろと苦労があったらしいです。信任の息子たちも早くに病没してしまい、仲《なか》という信任の五男が一三代目の当主になりました。これが私（完太郎氏）の祖父に当たる人物というわけです」

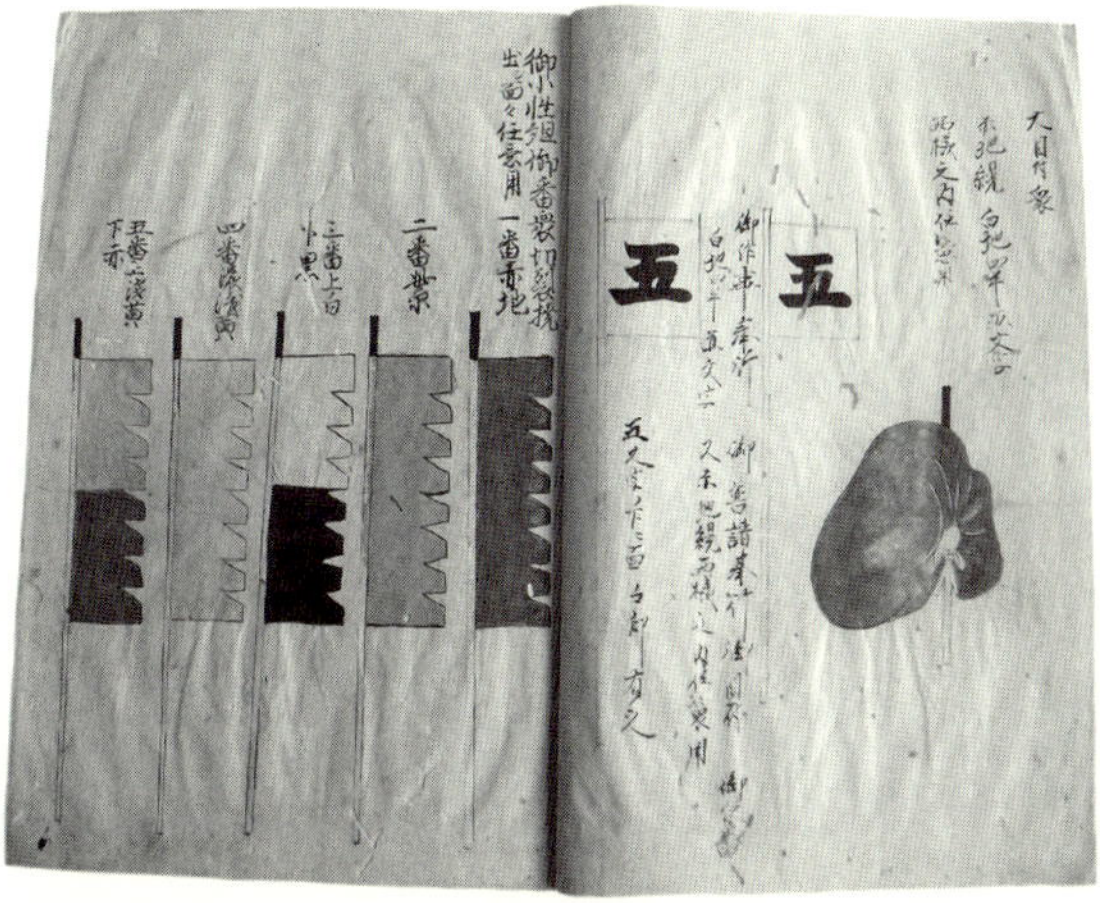

９代目当主・信敬が描き写した旗紋などの図面

2 徳川家康との関わり

「古い時代の話というのはほとんど伝わってはいませんが、清和天皇から始まる水野家の系図が残されています。当家が分家を興す前、つまり清和天皇から四〇〇年くらいまでのものですね。これは三〇〇年くらい前に作られたものですが、ほかに幕府に提出した先祖書の下書きなどが現存しています。下書きなのでかなり読み難く、最近、少しずつ読み下すようにしているところです。それから、九代目の当主・信敬が描いたもので、寛政十二（一八〇〇）年に〝堀江方より借りて写した〟とある図面が残されています。将軍家の旗紋や旗本、御家人全諸隊の旗指物が色つき

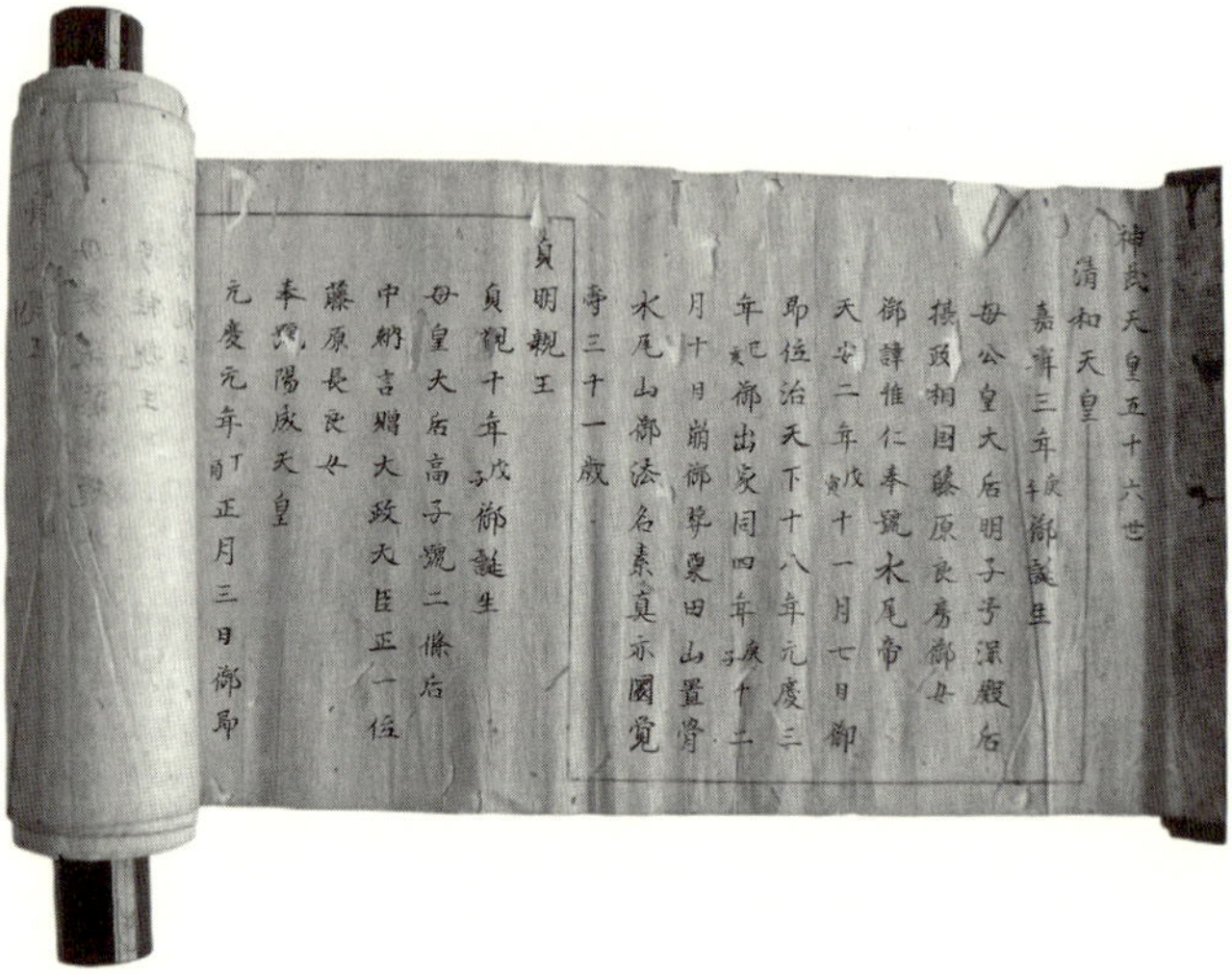

水野家系図　清和天皇からおよそ400年間が記される

で出ていまして、これだけ揃って描かれている資料となると、なかなか他に見ませんね」

先祖書の下書きは判読の難しい崩し字が使われているが、信敬のものという図面には赤や黄などの色を使って紋や旗指物が描かれている。それぞれの色を正確に写したらしく、二〇〇年以上経っているとは思えないほど鮮やかな色彩を保っている。

また、水野家系図は巻物になっており、滲みのないくっきりとした字が並んでいる。清和天皇から順にたどると、やがて家康の生母である〝女子〟が享禄元（一五二八）年九月十五日、参州刈屋城で生まれたと記されている。ところが、

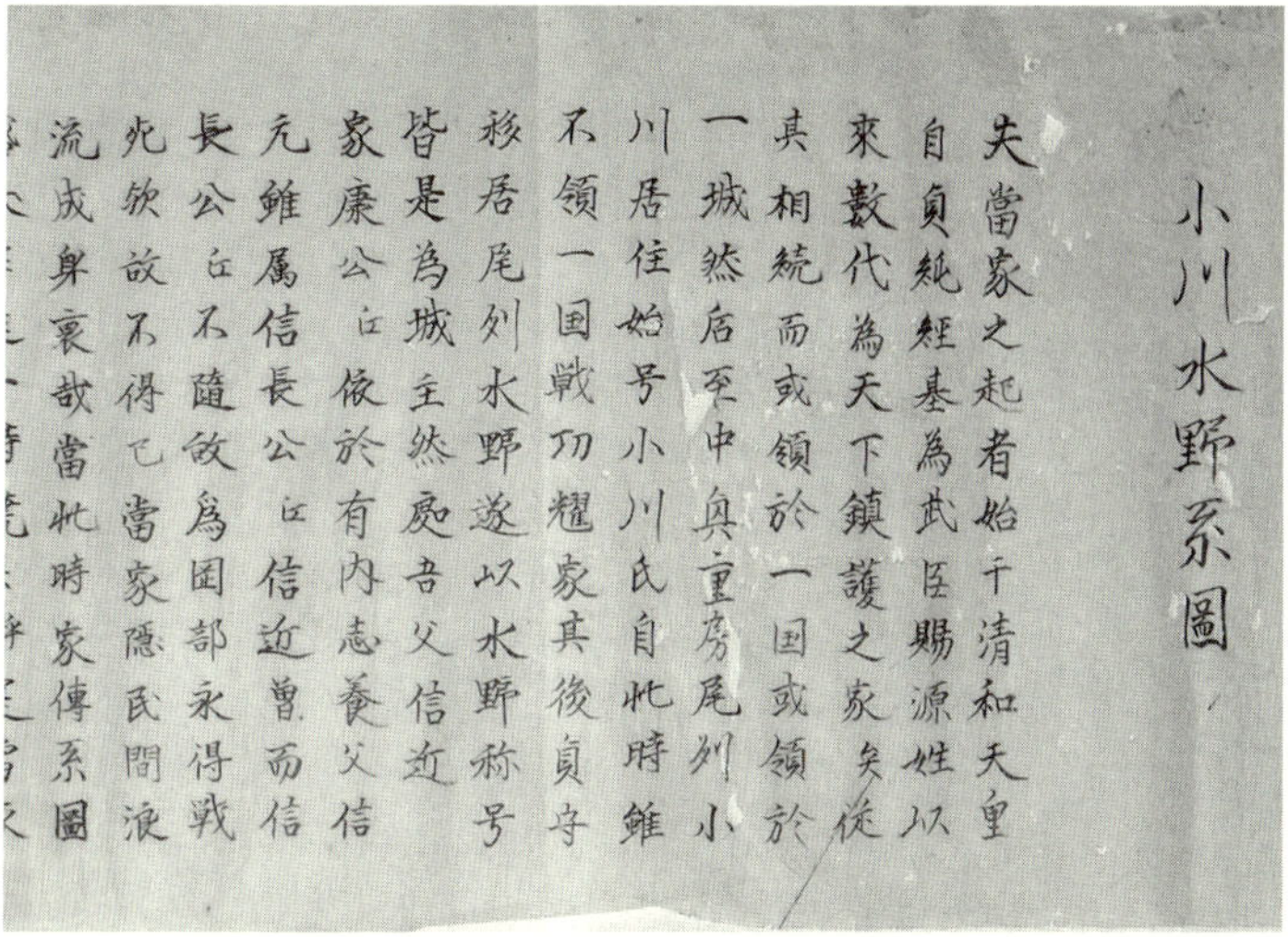
小川水野系圖
夫當家之起者始于清和天皇
自貞純経基為武臣賜源姓以
來數代為天下鎮護之家矣從
其相続而或領於一国或領於
一城然后至中興重房尾州小
川居住始号小川氏自此時雖
不領一国戰功耀家其後貞守
移居尾州水野遂以水野称号
皆是為城主然處吾父信近
家康公江依於有内志養父信
元雖属信長公江信近曽而信
長公江不随故為国部永得戰
死欤故不得已當家隠民間浪
流成身衰哉當此時家傳系圖

水野家系図　清和天皇から始まる水野氏の由緒が記される

“大納言源廣忠公室”と書かれた上には“贈”という字が添えられていた。

「戦国時代には、水野も松平も互いにしょっちゅう戦っていたんですよ。当時はどちらがどちらの家臣というわけではありませんからね。於大の母だった於富は水野忠政の室だったけれど、そのころの合戦の優劣によって松平清康公へ差し出したという話もあります。そのころ、織田と今川の勢力が伸びてきていましたから、水野家では松平と戦うより力を合わせようと於大を広忠公に嫁がせたのでしょう。それが当時の水野家というか、忠政の考え方だったのだと思います」

享禄元年といえば、家康の祖父・清康が活躍し、松平家の勢力が急速に伸びて

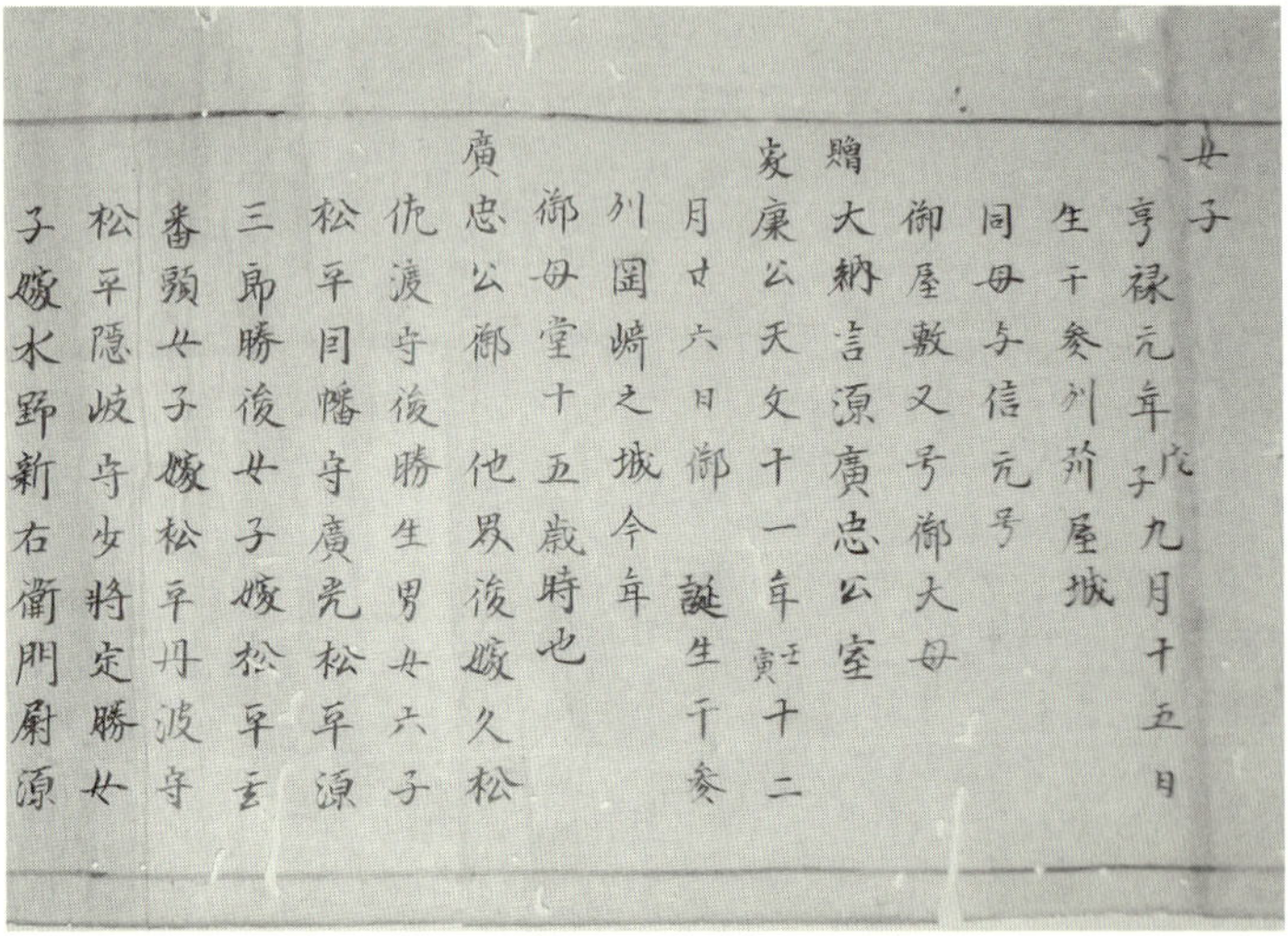

女子
享禄元年戊子九月十五日
生于参州苅屋城
同母与信元号
御屋敷又号御大母
贈大納言源廣忠公室
家康公天文十一年壬寅十二
月廿六日御誕生于参
州岡崎之城今年
御母堂十五歳時也
廣忠公御他界後嫁久松
佐渡守後勝生男女六子
松平因幡守廣見松平源
三郎勝後女子嫁松平玄
番頭女子嫁松平丹波守
松平隠岐守少将定勝女
子嫁水野新右衛門尉源

水野家系図　家康の生母・於大の方の記事

いた時期だった。『改正三河後風土記』は若いころの清康を〝御歳十四にならせ給いしか、御丈高さ五尺八寸力量勝れて尋常廿四五歳とも見え給う〟と記し、並ぶ者なき偉丈夫と描いている。家督を継いで数年、岡崎・山中の両城を攻め抜き、さらに足助《あすけ》城を陥落。享禄二（一五二九）年には東三河の土豪・牧野氏の吉田城を落とし、その勢いに乗じて田原城も手中にした。清康の活躍により、松平氏は三河一国の統一に成功している。

ところが天文四（一五三五）年、清康が家臣に突然殺害される、いわゆる〝森山崩れ〟が起き、この混乱によって松平家の勢力が削がれると、隣国尾張で力をつけつつあった織田信秀に脅かされるようになっていく。

「天文十二（一五四三）年、忠政が亡くなって信元が水野の家督を継ぐと、忠政の考え方を改めています。このころになると、信元は松平と仲良くしても水野一族は生き残れないと考え、織田方についたのでしょう。ただ、信元が織田の家来になったと言われることもあるけれど、当初はそれなりの独立性を保っていたようです。というのは、たとえば長篠の戦いのとき、信元は三〇〇〇人を連れて参陣しているわけですよ。この兵数を集めるとなると、一五万石の大名に相当するくらいでしょうか。当時の水野家には、それだけの兵を集める力があったということなんです」

〝御大母〟と記された系図の続きには家康の名があり、〝天文十一年壬寅十二月廿六日御誕生于参州岡崎之城　今年御母堂十五歳時也〟とある。当時、年齢は数え年だったはずだから、於大の方が家康を出産したのは満年齢に換算すれば十三、四歳のときということになるだろうか。

これまでの時期、松平と水野はともに今川家に属していた。しかし、水野家の家督を継いだ信元が今川を離れて織田方に従ったことで、松平広忠は於大の方を離縁し、実家である水野氏の刈屋城に戻すことになった。未だ竹千代（後の徳川家康）が（数え）三歳という、いかにも幼いときの出来事だった。

このときの情景を『東照宮御実紀』では、〝廣忠卿（水野信元の判断を）聞き給ひ、吾今川の与国たることは人もみな知るところなり。しかるに今、織田方に内通する信元が縁に結ぼふるべきにあらずとて、北方（於大の方）を水野家に送りかへさるるに定まりぬ。これは竹千代君三の御歳なり。御母子の御わかれをおしみ給ふ御心のうちいかばかりなりけむ〟と記している。

一方、水野家に戻される於大の方は供奉する御送り衆に向かい、〝汝ら我を送り来りたりと聞ば（兄の信元は）定めて憤りて一々切りて捨らるるか又は髪を剃て追放し辱しむるか。二の外には出べからず。左《さ》もあらんにはわらわこそ縁尽て兄のもとにかへさるるとも竹千代を岡崎にとどめをけば岡崎のものを他人とは思はず、そのうへ下野殿（兄）と竹千代とは叔姪の仲なれば終には和睦せらるるべし。下野殿（兄）今、汝らを誅せられんに於ては後に和睦のさまたげとなるべし。疾くわらわを捨て、帰るべし〟と嘆願し、将来における両家の和睦を願ったのだった。

その後、於大は兄の信元の意向もあり、知多郡の阿古居《あぐい》城主・久松俊勝に再嫁した（母子の再会、五七ページ参照）。

3 先祖や歴史への思い

「徳川家臣の末裔として、歴史を勉強したい、知りたいという気持ちになりますよね。当家にそれほど古いものが残っているわけではないけれど、やはり先祖の書いたものや系図を見るうち、これがあるから少し勉強してみようかというふうになりますよ。たとえば、しっかりした家系図を作ろうと思っていますし、もう九割以上はできています。それに、二代当主の信直が駿河大納言忠長に仕えていたとわかりましたから、忠長卿の家臣の一覧を取り寄せてみました。忠長卿の家臣団については、よく分からないことが多いんです。寛永や寛政の系譜を参考にして……と思ったら、実はこれが大変な作業だったわけですけれどね」

すでに触れたように、駿河大納言といわれた徳川忠長は二代将軍・秀忠の二男である。幼少時には、父母や近習たちからの寵愛を兄の家光より多く集めていたともいわれる。駿府城主の時代には五五万石を領し、有力な家老たちに加えて旗本の子弟や元武田家家臣たちが附属されてもいた。しかし、『徳川実紀』『改正武野燭談』など複数の文書は、忠長が幼いころから驕慢な性格で野心が大きく、家光との確執が小さくはなかったことを伝えている。もちろん、実際の人物像や当時の駿府城内の様子は不明であり、忠長自身の主張も伝わってはいない。

「実は四〇年以上前、『歴史読本』という雑誌を読んでいましたら、読者欄に〝忠長卿の家来一覧があるので希望者は申し込んでください〟とあったのでもらったんです。たしかに彦五郎信直の名はあったのですが、石高などの情報がまったく出ていませんでした。それで新たに調べ始めたところ、『静岡県史』の資料編には信直が載っていなかったのです。そこで国会図書館や東京大学などから忠長卿の家臣一覧表を取り寄せたのですが、これらにも載っていません。読者欄で申し込んだ一覧にしか出ていないのに、そちらはどこで調べたものかが分からないんです」

複数の一覧表を見た完太郎氏は首をかしげたという。なぜなら、信直に限らず、一方の資料に出ている人物が他方のそれには掲載されていない。そんなケースが妙に多く、まるで全貌を摑めなかったからだ。

「それで、分限帳の御付衆とあるものや『寛永諸家系図伝』『寛政重修諸家譜』『徳川実紀』その他を全部調べて付き合わせてみました。そうしたら、結局、名前から何から全部抜いている家があるらしいとわかったんです。甚だしいのになると、寛政譜には四人の子供がいるはずなのに、寛永譜には長男と四男だけ載せて二男と三男を抜いていました。つまり、その二男と三男が忠長卿に仕えていたわけですよ。その当時、忠長卿のことを隠しているというか、まるでタブーだったかのように……」

『寛永諸家系図伝』といえば寛永十八（一六四一）年から編纂が始まり、二年ほどで完成している。忠長が自害した寛永十年からわずか一〇年ほどのことだった。

「何とかひと通り調べがつきまして、少なくとも旗本家から忠長卿の家臣になった人物はわかったと思います。だいたい、全部の資料を合わせると、御目見得格の人数は四二〇～四三〇人くらいになりますね。とにかく、しっかりした一覧を作りたいと思って、出版できるようにしてきたんです。ただ、家康公の没後四〇〇年ですからね、先に家康公在城当時の駿府の古地図について調べてみようかと思っています。実は、これもいろいろ疑問となる点がありまして……」

4 徳川家臣の末裔として

「昔、学校で家康公のことを〝タヌキ親父〟だなんて勉強させられましたけれど、自分で勉強したり、最近の講演などを聞きまして、やはり素晴らしい人物だったと思いましたね。それはたしかに戦いばかりしていたかもしれませんが、あの当時はそうせざるを得ないでしょう。大きな武力を持った相手が攻めてくるわけですからね。その相手に従属するなら別ですが、それが嫌なら迎え撃つしかありません」

完太郎氏は柳営会の副会長を務めており、徳川家臣団には人一倍、強い思い入れがあるという。

「家康公は家臣を宝だと思っていたんです。実はいろいろと本を読んでそう感じたんですけれどね。あるとき、贅沢三昧の宝物を珍重する秀吉公に向かい、〝自分には命を捨ててくれる五〇〇人の家臣がいる〟と言ったといいます。本当にそういう気持ちだったのだろうと、私は思っているんです。だから、できればもう少し家臣団ということに興味を持つ人が増えてほしいですね。実際のところ、静岡にはまだたくさんの家臣の末裔がいると思うのですが、なかなか集まってくれません。旧武田家臣団も毎年甲府に集まるそうですし、水野の総本家の家臣団もそうです。それに比べたら幕臣がもっと集まってもおかしくないと思うのですが。家康公の没後四〇〇年を機会に、もう一度再認識してもらうことが大事だと思います」

水野氏略譜

（重清まで『尊卑分脈』、以後は『寛政重修諸家譜』、水野家家系図）

清和天皇（人皇56代）―貞純親王（四品／号桃園親王）―源経基（正四位上大宰大弐／鎮守府将軍／号六孫王）―源満政（鎮守府将軍）―忠重（刑部権大輔）―定宗（駿河守）―重宗（佐渡守）―重実（号八島）

―重遠（号浦野）―重房（小河三郎）―重清（小河又三郎）―清房（又三郎）―雅経（下野守／又次郎）―雅継（下野次郎）―胤雅（下野守／小河村地頭）―光氏（下野守／小河村地頭）

―正房（下野守／小河城主／下野次郎）―信忠（中務大輔）―信安（左馬）―信義（土佐守）―信重（土佐守）―忠義（下野守／九郎次郎）―貞守（蔵人／刈屋城主）―賢正（蔵人／小河・刈屋城主）

―清忠（蔵人／小河・刈屋城主）―忠政（（藤七郎）／右衛門大夫／刈屋・小河・大高城主）
- 信元（下野守／（四郎右衛門））…
- 信近（藤九郎）―信行（新右衛門）―信常（新右衛門）
  - 信村（彦九郎）…
  - 信勝（彦五郎）―信直（彦五郎）―信義（彦五郎）
- 於大（家康の生母）…

―信生（彦五郎）―政明（助右衛門）―忠一（新右衛門）―忠寄（幸次郎）―信友（彦五郎）―信敬（（多膳）／改勝十郎）―信任（八十吉）―信茂（彦一郎／改洋吾／明治四年 二十五歳で病死）…

幕府旗本　有田氏の子孫

安倍川の石合戦　人質時代の家康に近侍

静岡県静岡市　中川　尚

中川氏の実家（母方）有田家は人皇六二代・村上天皇の皇子（村上源氏）の末裔で、赤松氏の支流とされる。

赤松氏は播磨国を本拠とする一族で、鎌倉末期には後醍醐天皇による討幕や建武新政に活躍した。その後、建武新政に反発する足利尊氏に味方し、室町幕府の成立に大きな役割を果たした。その功績もあって幕府内で重用され、山名・一色・京極家とともに四職の一家として侍所の長官を務めた。しかし、嘉吉元（一四四一）年、当時の赤松家当主・満祐《みつすけ》は独裁的な専制政治を推し進める六代将軍・足利義教《よしのり》を謀殺。幕府の追討を受け、一族とともに自害することになった（嘉吉の乱）。

『寛政重修諸家譜』によると、当時、赤松氏の支流である当家の先祖・九郎兵衛吉貞《よしさだ》は駿河国にあって今川家に身を寄せていた。同家の没落後はいったん処士となるものの、天正十九（一五九一）年から徳川家康に召し抱えられ、以後、その子孫は旗本として徳川幕府に仕えた。とくに宝暦二（一七五二）年に家督を継いだ貞勝《さだかつ》は従五位下播磨守に叙任され、寛政期には勘定奉行も務めている。

現在、同家は静岡市清水区にある補陀山楞厳院《りょうごんいん》の住持を務める。同寺院は今から四五〇年ほど前の室町時代に創建された曹洞宗の古刹で、江戸期の地誌『駿河記』（巻十一）の記事には、「開山は道白笑山宗誾《どうはくしょうざんそうぎん》禅師、天文年間に道徳明智と称された僧なり」と記される。同地誌には「かつて池だった地を埋尽して伽藍を建立せし」とあるが、寺伝によると道白禅師の徳に感銘し、帰依した岡部貞綱（後の土屋豊前守）の寄進した一寺が当寺院の始まりとなったという。

開山の法衣が寺宝として現存するほか、国宝に指定された太刀「狐ヶ崎」で有名な鎌倉幕府御家人・吉川小次郎友兼の位牌と墓、三代将軍家光の朱印状、〝遠山の金さん〟として知られる遠山金四郎景元家の過去帳などを所蔵している。

1 楞厳院に遺された有田家系図

「私の母方の実家は有田といって、村上源氏・赤松氏の末裔にあたります。有田家には古い系図が残されておりまして、村上天皇から始まって〝赤松〟を初めて名乗った季則《すえのり》、建武新政や室町幕府の創建に関わった則村《のりむら》、さらに嘉吉の乱で室町幕府六代将軍の足利義教を討った満祐などについて書かれています」

戦国期に著された『赤松記』によると、村上天皇の皇子（具平《ともひら》親王）の子・師房《もろふさ》が源姓を賜り、その孫・季房《すえふさ》の子供の代に播磨国佐用庄赤松谷に流されたという。その五代孫・則景が赤松を名乗って赤松氏の祖となった。

ただし、『尊卑分脈』によると赤松流は季房自身ではなく、その弟・定房《さだふさ》から始まっており、楞厳院の系図でも同様に定房から出ている。

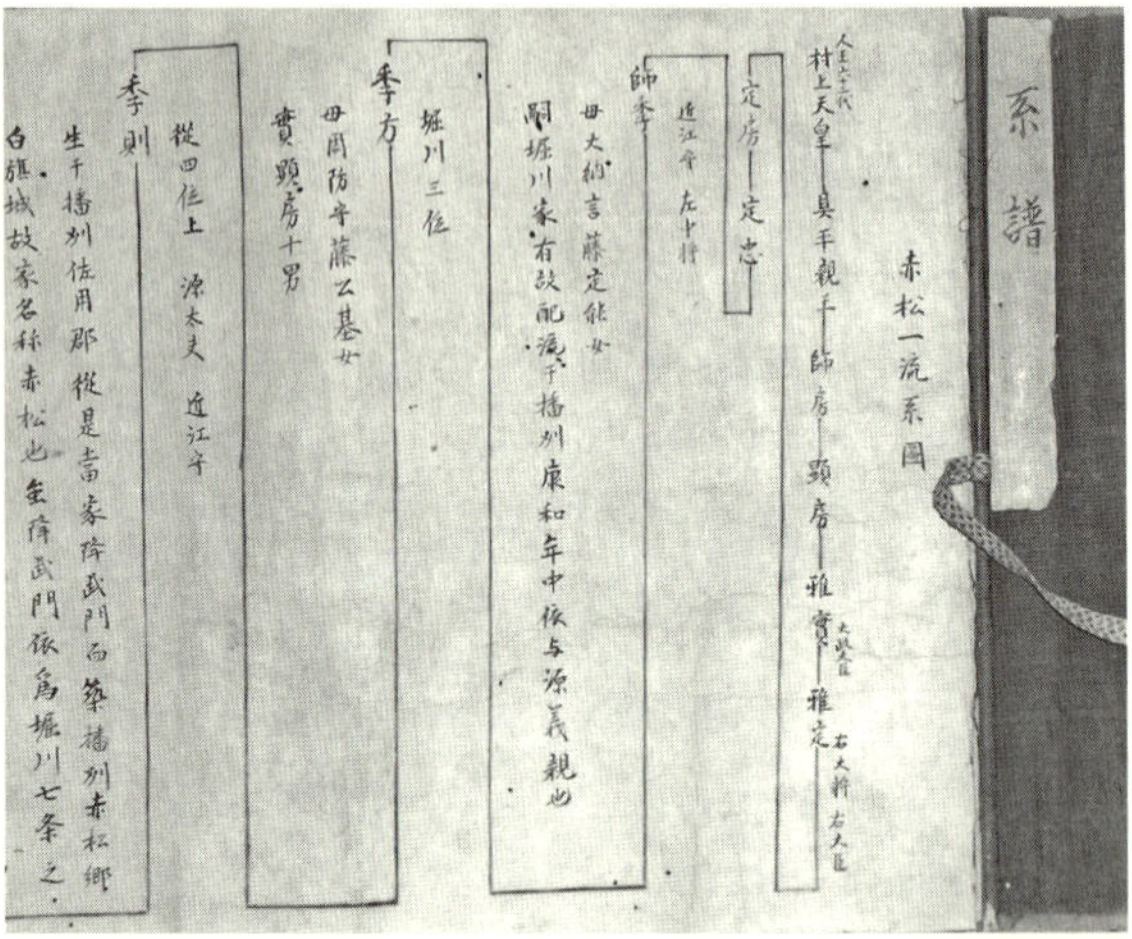

有田家（楞厳院）に伝わる系図

安倍川の石合戦　人質時代の家康に近侍

「有田家はこの赤松氏の支流にあたり、播磨国守護職だった則村の嫡孫・光範《みつのり》の弟・朝範《とものり》が有田を家号として、肥前守有田弥二郎を称しています。そして朝範から五代の後胤が有田九郎三郎吉則《よしのり》といって、系図によると諸国を流浪した末に駿河国に来て今川家に仕えたらしく、その孫・九郎兵衛吉貞《よしさだ》まで今川のもとにいたようです。当時、嘉吉の乱の影響がありましたから、赤松家とその係累は本拠から逃れた者が多かったのでしょう」

楞厳院に伝わる系図で吉則の記事を見ると、〝周流諸州而後赴駿州仕今川家（諸国を流浪した後、駿河国に来て今川家に仕えた）〟とあり、その後、彦九郎、九郎兵衛吉貞と三代にわたって今川家のもとにあった。

中川尚氏

「実は、これとは別の系譜もあったはずなのですが、現在、その所在がわからなくなっています。私がそちらの系譜を見たのはもう何十年も前のことで、そのなかに有田九郎右衛門（系図・先祖書ほかでは九郎兵衛）という人物を見つけたことを覚えています。名前の脇には朱書きで〝今川家の食客となっていた折、人質だった家康の守り役をつとめた〟と添えられていました。それを読んだときにふと考えたのが〈安倍川の石合戦〉のエピソードだったんです。つまり、竹千代を肩車して安倍の河原に連れていったのが、当家の先祖・九郎右衛門だったかもしれないと思ったわけですね」

2 安倍川石合戦に描かれた家康

「安倍川の石合戦というのは家康公の幼少時代の逸話です。あるとき、近習の侍に肩車された竹千代が安倍川のあたりを散策していると、地元の子供たちが二軍に分かれて石合戦をしていました。これを見ていた竹千代は〝小勢の軍が勝つ〟と言ったのです。周りの人々は大勢のほうが強いに決まっていると取り合いませんでしたが、やがて勝敗の行方は竹千代の予言通りになりました。幼君は〝多勢を頼む軍には油断があるが、小勢のほうには団結力がある〟と見ていたのです。つまり、家康公は幼い頃から名将の片鱗を見せていたというわけですね」

石合戦という風習について、『改正三河後風土記』（巻七）に次のような記述がある。

〈天文二十年、竹千代が十歳の折。駿州には五月五日端午の祝いに安倍河原へ里人が群集し、双方に立ち分かれて勝負をする風習があった。これを印地打《いんちうち》と言い習わしていた〉

『古事類苑』によれば〝礫を投じて闘う子供の遊びで、多く川辺の広地で行う。後世、端午の戯となったのは、馬上で弓を射て武を競う引折《ひおり》の日であるため、この遊びをし始めたといわれる〟とある。引折とは、近衛の馬場で二組に分かれて弓矢の優劣を競うことをいう。平安時代にはこの競技を真手結と呼び、五月五日は左近衛の引折だった。

また、安倍川の石合戦の逸話は比較的有名で複数の文書に登場するが、竹千代を肩に乗せている付き人については語られていない。

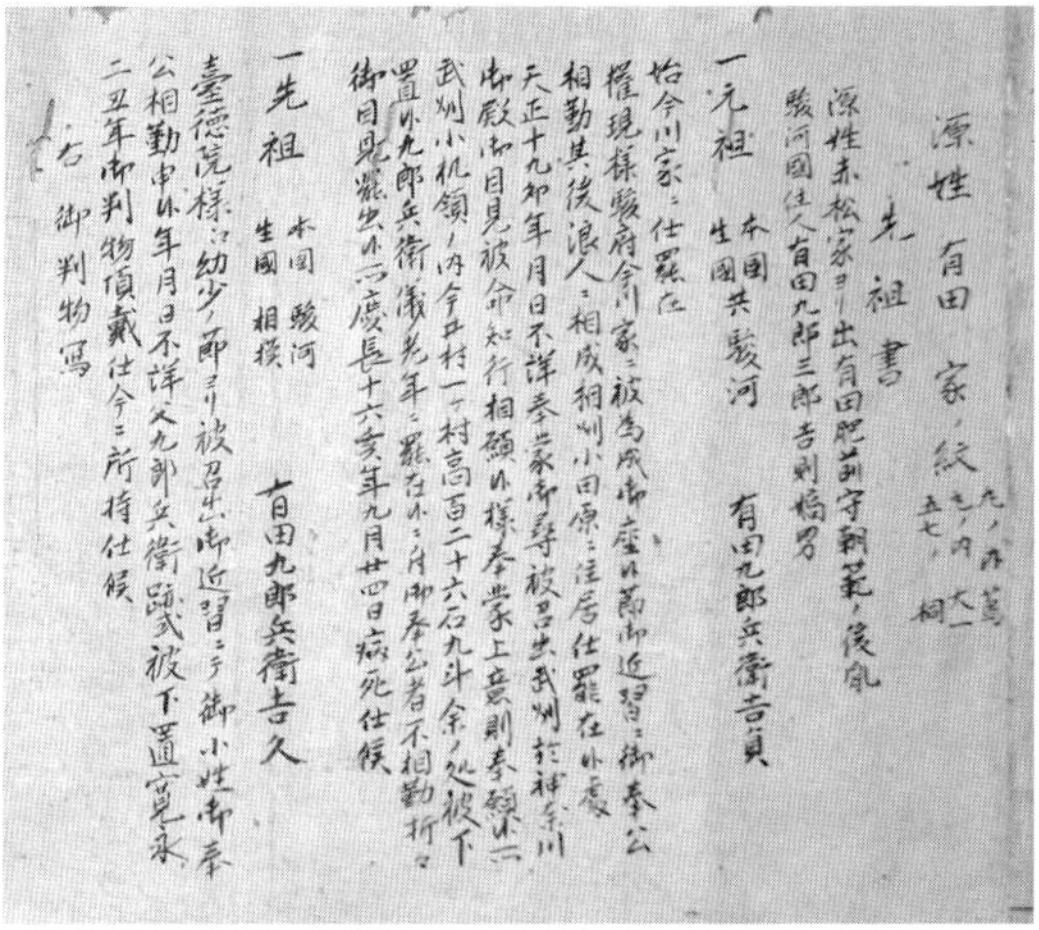
源姓　有田家ノ紋　九ノ内蔦　九ノ内大一　五七ノ桐
先祖書
源姓赤松家ヨリ出有田肥前守朝英ノ後胤
駿河国住人有田九郎三郎吉則嫡男
一元祖　本国 生国共駿河　有田九郎兵衛吉貞
始今川家ニ仕罷在
権現様駿府今川家ニ被為成御座候節御近習ニ御奉公
相勤其後浪人ニ相成相州小田原ニ住居仕罷在候處
天正十九卯年月日不詳奉ニ家康御尋被召出武州於神奈川
御殿御目見被命知行相頒候様奉業上意則奉頒候ニ
武州小机領ノ内今井村一ヶ村高百二十六石九斗余ノ処被下
置候九郎兵衛儀先年ニ罷在候ニ付御奉公者不相勤折々
御目見罷出候而慶長十六亥年九月廿四日病死仕候
一先祖　本国駿河 生国相模　有田九郎兵衛吉久
台徳院様ニ幼少ノ節より被召出御近習ニテ御小姓御奉
公相勤申候年月日不詳又九郎兵衛跡式被下置寛永
二丑年御判物頂戴仕今ニ所持仕候
右御判物写

有田家先祖書　系図とともに楞厳院に伝わる

「有田家の先祖のうち竹千代に関係の深かった人物は九郎兵衛吉貞です。ですから、私がかつて見た〝九郎右衛門〟とは、この九郎兵衛吉貞のことだったのだと思います。実は楞厳院の系図は吉貞までで終わっていて、吉貞から先は先祖書につながっています。その記述には〝権現様（家康）駿府今川家に御座候節、御近習にご奉公相勤め、その後浪人に相成り、相州小田原に住居仕り候ところ、天正十九年に召し出され、武州神奈川の御殿でお目見え……〟とあります。私が昔に見た九郎右衛門にも、〝家康公の覚えめでたく、幕府に召し抱えられることになった〟と書かれていましたから、家康公は幼いときに世話をしてくれた九郎右衛門（九郎兵衛吉貞）のことを覚えていてくれたのではないでしょうか」

この石合戦の話の終わりには今川義元が登場しており、竹千代が見せた武将の片鱗を知るや「龍よく龍を生ず」と頼もしげに言っている。やがて、竹千代は元服して元信（後に元康）と名を改め、初期の武勇伝として有名な「大高城兵糧入れ」の逸話を残すことになる。

3 歴史や家康への思い

「徳川家を安泰にしようとしたにせよ、日本を戦のない国にしようとしたにせよ、家康公はとにかく深慮遠謀のある人でした。それだけに狸親父などと呼ばれましたが、やはり二六〇年も続く江戸時代のモデルを造ったということだけで並大抵の人ではありません。また、いろいろなところから様々な人材を登用した人でした。家臣をとても大切にしていた人で、家臣だけに限らず、昔からの有名な人物やかつて活躍した武将たちの子孫も大事にしていましたね。これは実家の楞厳院に縁のあった武田家家臣の子・土屋平八郎を召し抱えたことでもわかります。この子は天目山の戦いで勝頼が自刃する最後まで付き従った侍大将の一人・土屋惣蔵の子供だったんです」

武田勝頼が天目山で切腹したのが天正十年三月十一日。そのとき、従っていた侍はわずかに四四人といわれ、そのうちの一人が二十七歳の土屋惣蔵昌恒だった（『甲陽軍鑑』）。『寛政重修諸家譜』によると、土屋惣蔵の嫡男は平三郎忠直といったが、楞厳院の記録には平八郎と記されるという。

「土屋惣蔵は土屋豊前守貞綱という武田水軍の将の子なんですが、もとは武田家家臣・土屋昌続の弟で、武勇に優れていたため土屋豊前守が養子にもらい受けたんです。この養父・土屋豊前守は今川家に仕えていた時代に岡部忠兵衛と名乗っていて、楞厳院の始まりとなった一寺を道白禅師に寄進した人物でした。つまり、平八郎忠直と楞厳院との間には養父を通して縁があったわけで、天目山で惣蔵が没するとその妻と平八郎が楞厳院を頼って駿河国に来ているんです。その後、平八郎は興津の清見寺に預けられるのですが、鷹狩りの折に立ち寄った家康公がその出自を知ると、すぐにその場で召し抱えたのです」

前掲家譜に中川氏の話と同様な記事があり、当時の家康と忠直について次のように伝えている。

〈天正十年、父昌恒討死の後、母とともに駿河国に来り、ゆかりあるにより今泉村楞厳院の住持塞妙(注)の養育を受け、同国清見寺にありて成長。同十六年九月東照宮（家康）御鷹狩

補陀山楞厳院の山門

ありて清見寺に入らせたまふ。住持大輝、忠直をして御茶をすすめ…（中略）…大輝、昌恒が男なる由を（家康に）言上し、その由緒を記せる書を献ぜしかば、（忠直は）直ちに御供に召し具され……〉

「平八郎は家康公の側室の養子となり、その後、二代将軍・秀忠公の一字をもらって忠直と名乗るようになりました。このように静岡県は歴史の豊かなところですし、その歴史を大事にしていくべきだと思っています。駿府城にしても、あの堀や石垣は家康公ご自身の築いたものですよね。天守閣をつくるのもいいですが、もっと家康公の手によってつくられたものを大切に思い、綺麗なまま後世に伝えていきたいものです」

（注）塞妙…楞厳院の寺史では〝塞《さい》州《しゅう》文《もん》充《じゅう》大和尚〟とある

中川氏母方略譜

（『尊卑分脈』、有田吉貞からは『寛政重修諸家譜』）

村上天皇（人皇62代）―具平親王（二品 中務卿 号千種殿）―源師房（左右大臣 左右大将 資定）―顕房（従一位 右大臣・右大将）―雅兼（正二位 中納言）―定房（正二位 大納言）―定忠（従四位上 右少将）―師季（従三位 左中将近江守 赤松流）

―季方―季則（源大夫）―頼則（従五位上 播磨守）―則景（播磨権守 太郎入道）―家範（左衛門尉）―久範（左衛門尉 号赤松）―茂則―則村（始拝領播磨国守護職）

―則祐（播磨・備前・美作守護 赤松惣領 律師）……

―光範（信濃守）……

―範資（信濃守 摂津国守護）―朝範（宗範）（肥前守 号有田）―則康（赤松彦二郎）―某―範重―吉則（九郎兵衛）―某（彦九郎）

―吉貞（九郎兵衛）―吉久（九郎兵衛）―貞吉（九郎兵衛）―基勝（十右衛門）―基建（九郎兵衛）―基敦（九郎兵衛）―貞勝（従五位下 播磨守 與九郎）―貞周（徳三郎）……

変転の旧臣　石川数正の子孫

今も謎を残す家康の重臣

静岡県静岡市　石川豊子

当家の祖とされる石川数正は家康の幼少時代からの近習である。後には西三河の旗頭として遠江国衆や上杉氏との外交に活躍し、さらに宿老の一人として三河国内でも政務を執っていた。

桶狭間の戦いで織田信長が今川義元を破ると、今川方の部将だった家康は岡崎城に戻って独立を決意する。このとき、家康の妻子は駿府に残されており、その人質交換の際に活躍したのが石川数正だった。その後、家康は織田方と盟約を結び、数正は側近として姉川の戦いや三方原、長篠、小牧・長久手など主な合戦に参加した。

数正に代表される石川氏の本姓は「源」で、人皇五六代清和天皇の後胤と伝えられる

（清和源氏）。『尊卑分脈』によれば、源氏正統の八幡太郎義家の男に左兵衛尉義時がおり、その男・義基が河内国石川郷に居住して石川を家号とした（石川氏祖）。

その子孫・小十郎時成のとき小山を称したが、その四代孫・政康が本願寺運誉に帰依して三河国に移り、復姓して石川を名乗った。その子孫は代々松平氏に附属し、清兼のとき家康の祖父にあたる清康に仕え、その嫡男・家成は家康の重臣として西三河の旗頭となった。家成の兄・康正とその嫡男・数正も家康に臣従し、やがて家成は西三河の旗頭を数正に譲った（『寛政重修諸家譜』）。

しかし、小牧・長久手の戦いの翌年、数正は家康のもとを突然離れて三河国を出奔し、豊臣秀吉のもとに走った。翌、天正十四（一五八六）年には、秀吉から和泉国内に所領を与えられている。

三河で重きをなしていた旧臣の離反は徳川家内部に大きな衝撃を与えた。しかし、その本当の理由は伝わっていない。

石川徳市氏の思い出

石川豊子氏は石川数正の子孫、石川徳市氏の夫人である。徳市氏は二十余年前に他界し

故・石川徳市氏

ているため、その思い出などを伺った。

「生前、主人の徳市は衛生検査技師をしておりました。はじめは厚生省の研究所に勤務しておりましたが静岡県衛生研究所が設立され、こちらに赴任して参りました。昭和四十三（一九六八）年には黒住医学研究振興財団から第三回小島三郎記念技術賞を頂戴しております。主人は石川家の長男でしたから、いずれは岡崎に戻るのだろうと思っていたのですが、駿府でその生涯を閉じるなんて、なにか不思議な縁を感じたことを覚えております」

　駿府と徳川家康の縁は人質として今川家に滞在した時代に始まる。未だ六歳だった竹千代（後の家康）が駿府に送られる際、これに供奉した二八人の家臣（ほか雑兵五十余人）のなかに石川数正もいた（『東照宮御実紀』）。

　ただ、このときは三州田原城主戸田弾正左衛門と五郎政直父子が織田方に内通し、竹千代は尾張熱田に奪い去られてしまった。人質交換で岡崎に戻されるのが二年余り後のことだが、その間に父の広忠は家臣に殺害され、松平家はその当主を失っていた。竹千代は直ちにその家督を継ぐ立場だったはずだが、今川義元は〝幼いうちは竹千代を駿府に預かり置く〟と宣言した。竹千代は一〇日ほど岡崎に滞在したものの、結局、そのまま駿府に送られることになった（『改正三河後風土記』）。

「主人の実家は岡崎の恵田というところにあるのですが、私どもには跡を継ぐ男の子がおりませんでしたし、主人の子たちにも子がおりませんので、主人の弟（甥）が家督を継いでおります。とても立派できれいな家ですが、それを維持・管理していくのは大変だろうと存じます。相続のこともいろいろありましたが、すべて放棄してお願いしました。歴史のある家ですし、私自身の宗派も違いましたしね。岡崎の家は古くから浄土真宗ですが、私は時宗なのです。ですので、昔から同じ宗派の家からお嫁さんが来るといったしきたりもあったようですね」

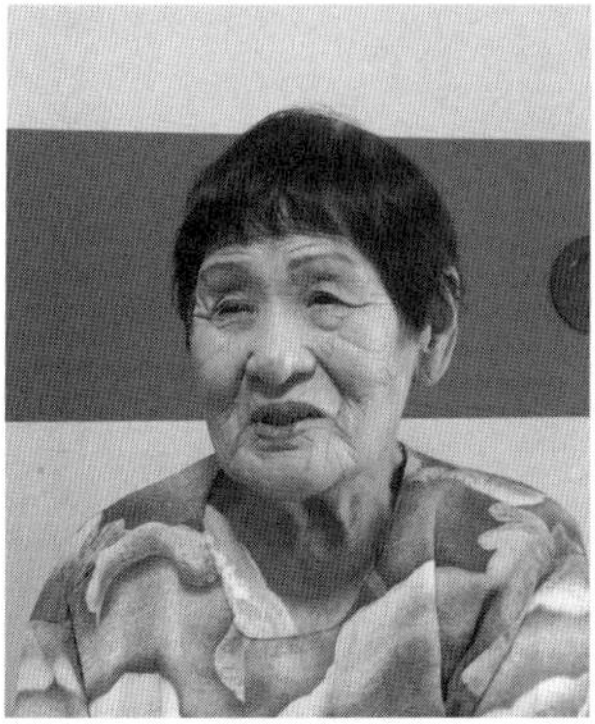
石川豊子氏

『寛政重修諸家譜』によると、石川氏の家祖の一人、政康は各地で布教を行っていた本願寺の僧・運誉の願いで三河国に移住しており、そのころから当家が本願寺派の一向門徒であったことが窺える。当時、小山姓を名乗っていた政康は三河へ移住するとともに石川に復姓し、松平家の初代当主・親忠に召されて家老となった。

「現在、私のところには阿弥陀様を描いた仏画が伝わっておりまして、主人のお父様から〝石川の家に特別に伝わってきたもの〟と聞いております。長男として主人がずっと持っていたもので、三五年ほど前に新しく仏壇をつくったときに表装を直しました。そのときに裏書きが見つかったらしく、その写しが送られてきました。三五〇年前と言われるほど

石川家に伝わる仏画　阿弥陀如来

古い仏画でしたが、仏様はとても綺麗なままでしてね。朝日が差すと阿弥陀仏が浮き上がって見えるのです。ですから〝ぜひ、お参りさせてください〟といって来られる方も多いのですよ」

裏書きには剝落した部分があったらしく、残されている文字のうち判読できたものとして、次のように記されていた。

方便法身尊形　本願寺釈宣如　花押　　願主　上宮寺門徒　□□□

阿弥陀如来を絵で表したものを方便法身尊像という。また、宣如《せんにょ》とは江戸初期の僧で、真宗東本願寺第一三世の法名である（『日本仏家人名辞書』）。

右の判読が正しければ、この仏画は上宮寺の門徒某が東本願寺の門跡・宣如に請願したものということになる。当時、布教や持仏堂の本尊などの目的も含め、同様な仏画が多く発せられており、遠州相良（現、牧之原市）の真宗大谷派釘《てい》浦《ほ》山大澤寺（一三三ページ参照）にも裏書きに顕如《けんにょ》（真宗本願寺一一世）の花押がある阿弥陀如来の仏画が残されている。

「当時はまわりが傷んでしまっていて、処分したほうがいいような状態だったんですよ。でも、浄土真宗では阿弥陀さんは特別ですし、昔から粗末にしてはいけないとも聞いておりましたから、綺麗になって本当によかったと思っています。先ほども申しましたように、私は真宗ではなく時宗なんですが、それでも阿弥陀さんをちゃんと拝みますよ。もう、朝晩に手を合わせるのが習慣なんです」

永禄六（一五六三）年、三河一向一揆が起きたとき、石川数正を含む石川家も一向門徒として阿弥陀仏を信仰していた。この当時、野寺の本證寺、針崎の勝鬘寺、佐崎の上宮寺などの僧が中心となって〝君臣は現世ばかりの契りにて、仏祖如来は未来永劫を頼むところ〟と喧伝し、信徒たちに蹶起《けっき》を促していた。そして、家康に敵対する門徒たちは兜の中に〝法敵退治の軍、進む足は往生極楽、退く足は無間地獄〟と書かれた短冊を潜めていたという（『愛知県史』）。

石川党も含め、三河国内のほとんどの一族が一揆方と家康方に別れ、松平一族ですら家康に叛く者が少なくなかった。しかし、一向宗の信徒でありながら家康にしたがった〝忠義の勇士〟も多くおり、石川数正も忠義を貫いた家臣の一人だったのである（『改正三河後風土記』）。

「忠臣だったはずの数正がなぜ突然家康公から離れ、秀吉のほうについたのか……いろいろと言われていますね。なかには、家康公が数正に命じてわざと秀吉の家臣とし、今でいう諜報活動のようなことをさせたのではないか、といった話さえ聞いたことがあります。でも、主人やほかの人から詳しい話を聞いたことはありませんし、聞くこともありませんでした。というのも、主人はいわゆる〝明治の男〟でしたから、それこそ私は絶対服従で一緒に並んで歩くこともできません。必ず一歩下がって、控えてついていくくらいでしたからね。私のほうから石川家の歴史などについて質問しづらかったんです。良くも悪くも、そういった時代だったのでしょうし、旧家には今でもそういった面が残っているんですね」

《談話》歴史への思い、家康との縁

歴史を通してさまざまな縁がございましたし、私自身も九十一歳まで生きさせてもらって、それだけでありがたいと感じています。お金では買えないものだと思いますからね。ですから、今から新たに何かを調べようと考えてはいませんし、それで十分だと思っているのです。以前は主人の書いたものなどもけっこうあったのですが、もう亡くなってずいぶん経ちますし、しばらく前に処分したんですよ。

歴史に対してというか、石川家に対しての思いは、私にもあるんです。主人が家や先祖のことを大事にしていたこと、それは私自身が受け継がなければならないと考えています。長い年月、みんなが続けてきたこと、その思いというのは、絶対に粗末にしてはいけないのですから……。

今回の家臣団のこともそうですが、徳川の歴史を通してたくさんの方々との縁をいただきました。思い起こすと、主人が勲五等瑞寶章を受章したときには皇居の園遊会で徳川ご宗家にもお会いしているんです。つくづく先祖からのつながりというものを感じました。私ども夫婦は静岡で仕事をしておりましたが、特に主人には〝徳川家康公に縁のあるところで……〟という思いがあったのだと思います。

家康公については、岡崎の方々にしても悪く言うのを聞いたことがありません。これは主人も同じで、どちらかというと太閤秀吉については、あまりよく言いませんでした。数正は家康公から離れて秀吉のほうに行ってしまいましたから、なぜなのかと思ったことはありますけれどね。

家康公に対する私自身の思いというのは難しくて……やはり主人を通して感じる思いということになるでしょうか。家康公についての逸話や歴史、ドラマなどを見るときでも、なにかを思う、感じるというとそれは主人の立場を通してのことなんです。ですから、主人が亡くなった今でも、こうして静岡にいることは先祖や歴史のおかげ、縁だと思っています。そうでなくては、会えないはずの方々ともお会いできません。みんな不思議で、ありがたい縁だと感じるんですよ。

石川氏略譜

（『寛政重修諸家譜』の記載範囲のみ掲載）

- 清和天皇（人皇56代）
  - 貞純親王（四品　号桃園親王）
    - 源経基（正四位上　大宰大弐　鎮守府将軍　号六孫王）
      - 源満仲（正四位下　鎮守府将軍　号多田）
        - 頼信（従四位上　鎮守府将軍）
          - 頼義（正四位下　鎮守府将軍）
            - 義家（正四位下　鎮守府将軍　号八幡太郎）
              - 義時（左兵衛尉　陸奥五郎　号石川）
                - 義基（従五位下　号石川）
                  - 義兼（左衛門尉　石川判官代）
                    - 頼房（号右馬大夫）
                      - 忠教（式部丞）
                        - 忠頼（兵衛尉）
                          - 義忠（弥太郎）
                            - 時通（弥太郎）
                              - 時成（小十郎）
                                - 氏房（五郎）
                                  - 泰信（新左衛門）
                                    - 政康（下野権守）
                                      - 親康（左兵衛尉）
                                        - 忠輔（右近大夫）
                                          - 清兼（安芸守　助十朗）
                                            - 康正（右馬允　右近大夫）
                                              - 数正（伯耆守　助四郎）
                                                - 某（紀伊守　半三郎）…
                                                - 康長（玄蕃頭）…
                                            - 家成（日向守　彦五郎）…

譜代家臣　旗本・鵜殿氏の子孫

家康の二女・督姫を生んだ西郡の方

静岡県静岡市　鵜殿和彦

鵜殿《うどの》氏は徳川幕府譜代の家臣として知られる。当家の祖は三河国柏原に住したことから柏原鵜殿氏といわれた。

『姓氏家系辞書』に〝熊野別当系図に瀧本範命―定範―長政（鵜殿）と見ゆ〟とあり、『寛政重修諸家譜』では〝熊野別当湛増の子孫が新宮鵜殿村に住したことから鵜殿を名乗った〟として、湛増の末孫・十郎三郎長祐の系譜（柏原鵜殿氏）を藤原氏師尹《もろただ》流の項に収めている。一方、〝熊野七人常香の孫なりともいひつたふる〟ことから、三郎長持の系譜（上ノ郷鵜殿氏）を秦氏の項に掲載している。ただし、両家の祖が異なるわけではなく、同系譜冒頭の添え書きには、〝湛増の後胤である鵜殿藤太郎長善の男・長将の長男を三郎長持とし、二男を十郎三郎長祐とする〟とあり、両家は兄弟同祖の家と記している。同家譜に当家の祖をみると、十郎三郎長祐より系図が起こされている。初め今川義元に属していたが、後に徳川家康に仕えたとされる人物で、この長祐のもとに鵜殿長持（上ノ郷鵜殿家）の二男・長忠が養子として入り、家督を継いで柏原鵜殿家の始まりとなった。

家康の二女・督姫《とくひめ》を生んだ西郡《にしのこおり》の方《かた》はこの長忠の娘であり、当家の直接の祖はその弟・長次の三男・長正である。この後、鵜殿氏の子孫は江戸期に多くの別家を興して繁栄した。

家康の二女・督姫を生んだ西郡の方

1　三河国鵜殿家と松平家

「当家の祖は熊野別当の一族で、鵜殿という姓は同地方の地名に由来しています。今も熊野川のすぐ東にＪＲ紀勢線の鵜殿駅があります。今は三重県ですが、対岸は和歌山県新宮市です。昔、鵜殿という地域は新宮と密接な関係にあって、江戸時代は紀州徳川家の領地でした。熊野川を県境にするようになったのは明治以後ですね。現在は紀宝町と合併しました。港があるので造船所もあり、地域財政もそれほど悪くないところのようです。つまり、当家は熊野の出身で、ずっと溯ると熊野水軍、悪く言えば海賊ともいえます。海賊の

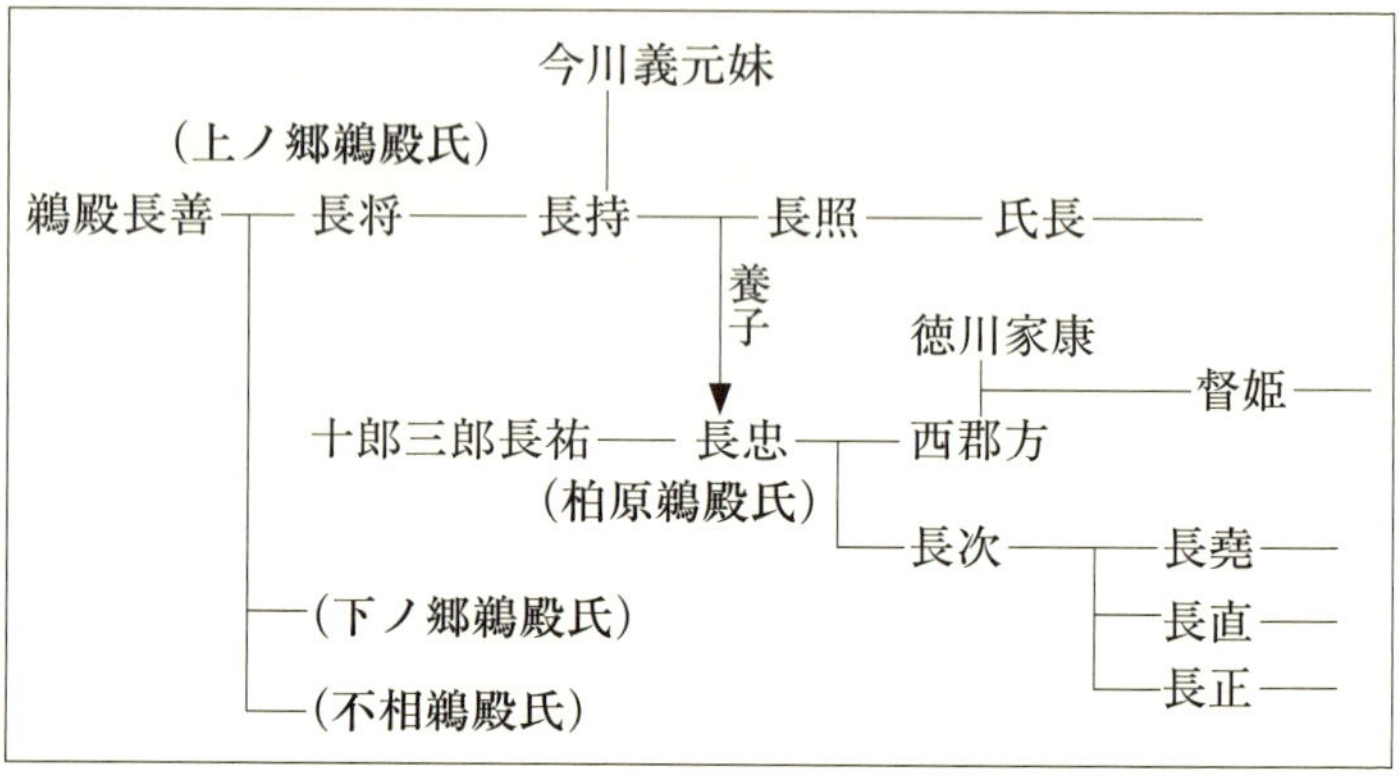

鵜殿氏関係図

有力者から新宮大社の別当というポジションまであったということです」

往古、熊野三山の神官や衆徒、社僧、神民などを統括し、三社（本宮大社、速玉大社、那智大社）を支配する者を熊野別当といった。熊野一円と数多くの荘園を掌握し、その頭上に神威の余光をいただいて隆盛を誇っていた（『熊野史』）。

官幣大社熊野速玉神社古文書「熊野別当代々次第」では快慶が第一別当と記されているが、前掲書によると『僧綱補任』に掲載されるのが第一五代別当・長快からという。熊野別当の最後とされるのが長快から数えて一七代目の正湛（弘安五〈一二八二〉年九月還俗）といわれるため、同別当は一九四年間にわたって続いたことになる。

「鵜殿家がいつごろ三河国に移住したのかわかりませんが、戦国の初期、西郡《にしのこおり》（現在の蒲郡《がまごおり》市）には四つの鵜殿家がありました。当時は現在の人々が思い浮かべるような城というのは少なかったと思いますが、その地域で最も大きな城に住んでいたのが、上ノ郷の鵜殿家でした。当家の祖は柏原鵜殿家ですが、その本家筋にあたります。ですから、そのころの西郡では鵜殿家が主導権を握っていたと考えています」

『寛政重修諸家譜』によると、柏原鵜殿家は上ノ郷鵜殿家の二男・長忠が十郎三郎長祐の養子となって始まっている。このほか、西郡には下ノ郷鵜殿家と不相鵜殿家という二家があった。

鵜殿和彦氏

「柏原鵜殿家の長忠は上ノ郷城主・長照の弟です。当時、それら兄弟の父・長持の妻は今川義元公の妹でしたから、当家と今川家との間には血縁関係があったわけです。それでちょうど桶狭間の戦いのあたりで、上ノ郷鵜殿家の長照が織田方に対して大高城という城を守っておりました。この城は織田の所領にとても近かったため、詰めていた兵の数も多かったようですね。やがて兵糧が足りなくなり、今川のほうでは危険な地域を通って大高城に補給しなくてはならなくなりました。このとき、義元公の命を受けて兵糧入れに行っ

鵜殿家史（原本は鳥取市鵜殿長佳氏所蔵）

たのが人質時代の元康です。つまり、若かりしころの徳川家康公が鵜殿家の応援に来てくれたわけですね」

この〝大高城兵糧入れ〟の逸話は家康初期の武勇伝として知られている。

永禄二（一五五九）年、駿河・遠江・三河を席巻する今川義元は急速に勢力を伸ばす尾張の織田を討とうと、西三河から尾張方面に城を築いて出陣の時機を窺っていた。ところが、敵地に近かった大高城の周辺には織田方の城が築かれ、その補給路を分断しつつあった。

『改正三河後風土記』には、〝味方の中に大高へ兵粮を故なく（無事に）納めんする者あるべきか〟と、人選に悩む今川義元の様子が描かれている。これに選ばれた家康は軍勢を三段に備えて兵粮を前後左右から取り囲み、敵方の城下に火を放って混乱を誘うと四五〇俵もの米を首尾よく大高城に運び込んでしまった。『寛政重修諸家譜』によると、家康は大高城に向かう途中で阿久比城に寄り、城主・久松俊勝に再嫁していた於大の方（家康の実母）に対面している。このとき俊勝のもとで生まれた弟たちにも会っており、〝いまよりのち、同姓の兄弟に准ずべし〟と松平の称号を授けたという。

「その後、桶狭間で義元公が討たれると、家康公は独立して織田方と同盟を結びました。鵜殿家でも〝義元公を失った今川家につくか、松平家につくか〟と話し合うのですが、このとき、本家筋にあたる上ノ郷の家は弟たちに対して、〝今川には義理があるが、その義理は自分だけが背負えばいい。だからお前たちは自由にせよ〟と言ったそうです。戦国時代のことですから、家が絶えないよう生き残る方策として当然の考え方でした。一族すべてが一方へつけば、全滅する危険があるわけですからね。……その後、松平勢が上ノ郷城を攻め、長照は討たれ、その子・氏長と氏次は捕らわれました。家康公はその二人と築山殿や信康、亀姫を交換したんですね。独立したものの、その妻子たちは

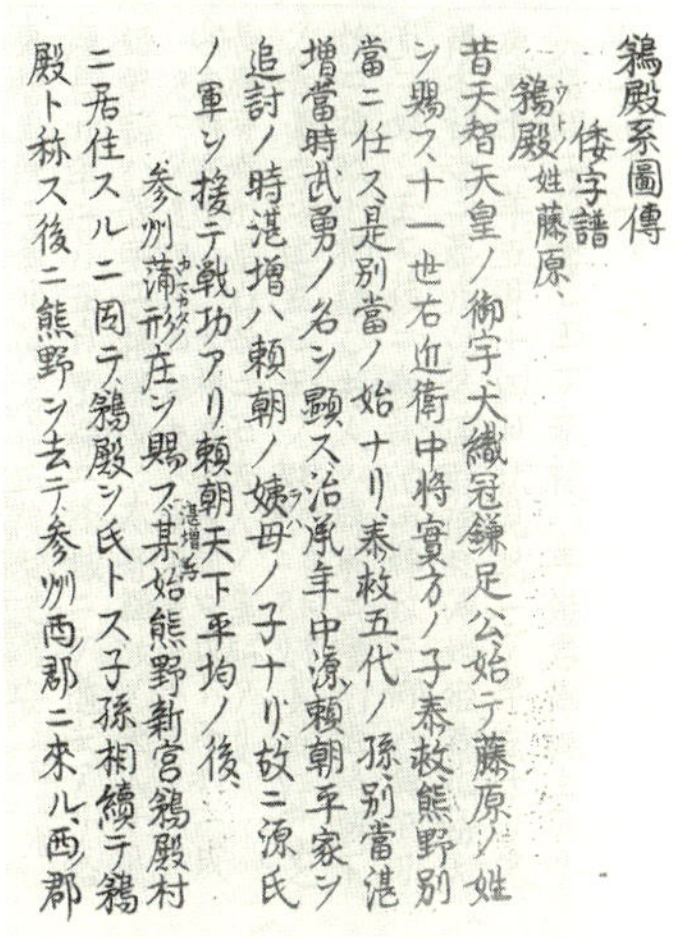
鵜殿系圖傳
倭字譜
鵜殿《ウドノ》姓藤原、
昔天智天皇ノ御宇大織冠鎌足公始テ藤原ノ姓ヲ賜ス十一世右近衛中将實方ノ子泰救熊野別當ニ仕ス是別當ノ始ナリ泰救五代ノ孫別當湛増當時武勇ノ名ヲ顕ス治承年中源頼朝平家ヲ追討ノ時湛増ハ頼朝ノ姨母ノ子ナリ故ニ源氏ノ軍ヲ援テ戦功アリ頼朝天下平均ノ後、
参州蒲形《カマカタ》庄ヲ賜ス某始熊野新宮鵜殿村ニ居住スルニ因テ鵜殿ヲ氏トス子孫相續テ鵜殿ト称ス後ニ熊野ヲ去テ参州西郡ニ来ル西郡

「鵜殿家史」冒頭に本姓と由緒が書かれる

駿府にいたままでしたから」

『寛政重修諸家譜』（鵜殿長照）の記事には、〝永禄五年、松井忠次が東照宮の仰せを受けて（西郡城に）襲い来たり、ついに落城に及び長照が二子擒となる〟とある。『岡崎市史』によれば、最初に竹谷松平清善が長照を攻めるが落城に至らず、家康（当時元康）自ら久松俊勝、松井忠次らを指揮して城を陥落させたという。伊賀、甲賀の忍者もこの時松平方で活躍した。この後、駿府との人質交換を進言したのが石川数正だった。なお、人質交換で駿府に行った長照の嫡男・氏長は、後に家康に召され、旗本に列している。

「当時、昨日の敵が今日は身内になったり同盟者になったりしました。でも、命を賭けてわが家の存続をはかるためには仕方がありません。〝二君にまみえず〟といった武士道は平和が続き、儒学が盛んになった江戸時代のことでした。だから親子や兄弟の間で考えが違っていても、おかしくはなかったのです」

2 徳川家康と柏原鵜殿氏

「家康公について書かれた年表を鵜殿家と関連のあるところで追うと、大高城の兵糧入れが家康公十九歳のときで、上ノ郷の長照を攻めて駿府の妻子と人質交換をしたのが二十一

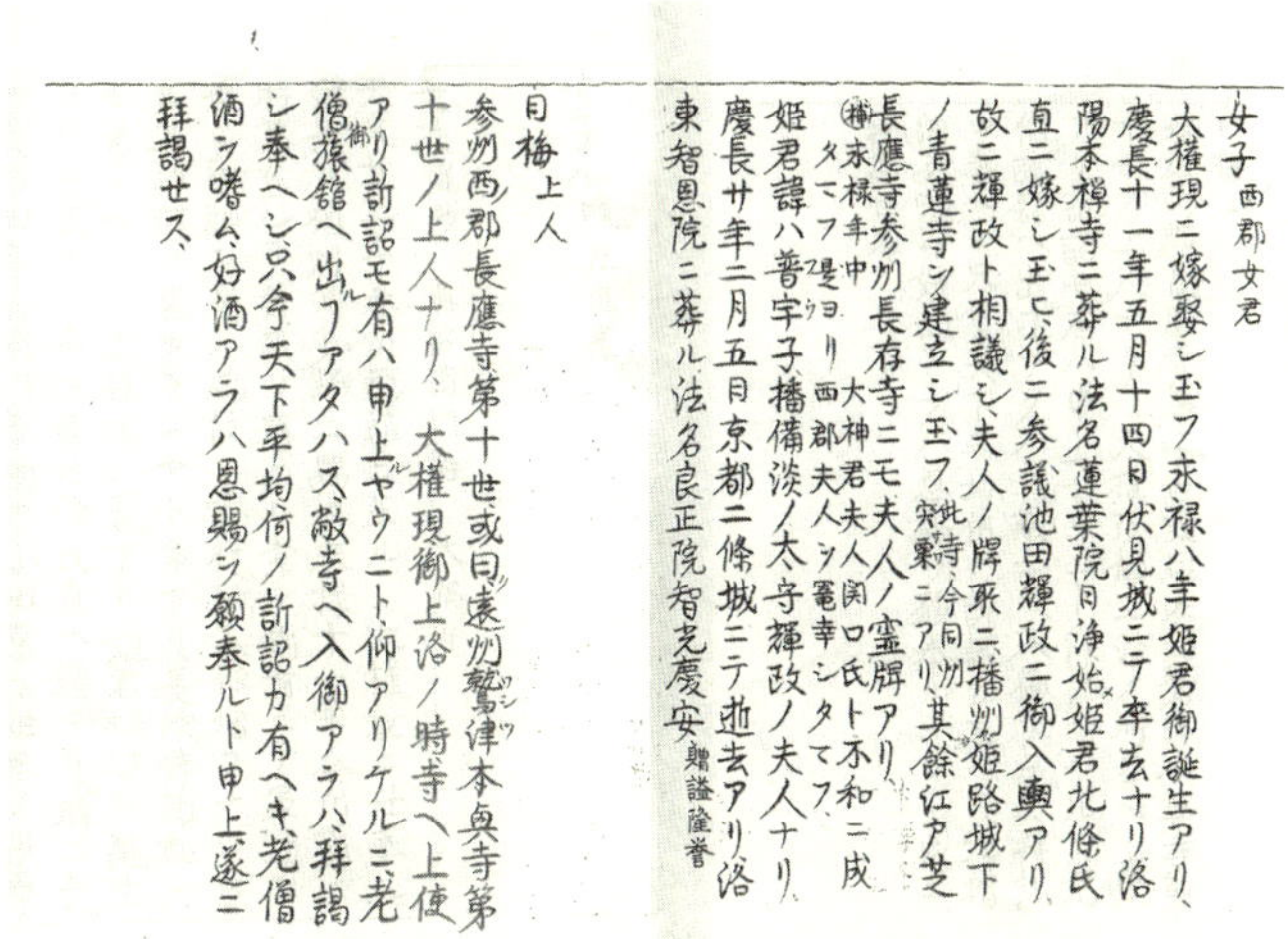

女子 西郡女君
大權現ニ嫁娶シ玉フ永禄八年姫君御誕生アリ、慶長十一年五月十四日伏見城ニテ卒去ナリ洛陽本禅寺ニ葬ル法名蓮葉院日浄始メ姫君北條氏直ニ嫁シ玉ヒ、後ニ参議池田輝政ニ御入輿アリ、故ニ輝政ト相議シ、夫人ノ牌所ニ播州姫路城下ノ青蓮寺ヲ建立シ玉フ、此寺今同州宍粟ニアリ、其餘江戸芝長應寺参州長存寺ニモ夫人ノ霊牌アリ、
(補)永禄年中大神君夫人関口氏ト不和ニ成タマフ是ヨリ西郡夫人ヲ寵幸シタマフ、
姫君諱ハ普宇子播備淡ノ太守輝政ノ夫人ナリ、慶長廿年二月五日京都二條城ニテ逝去アリ洛東智恩院ニ葬ル法名良正院智光慶安 贈諡隆誉

日梅上人
参州西郡長應寺第十世或曰遠州鷲津《ワシツ》本興寺第十世ノ上人ナリ、大權現御上洛ノ時寺ヘ上使アリ訴詔モ有ハ申上ルヤウニト仰アリケルニ、老僧御旅館ヘ出ルフアタハス、敝寺ヘ入御アラハ拝謁シ奉ヘシ、只今天下平均何ノ訴詔カ有ヘキ、老僧酒ヲ嗜ム、好酒アラハ恩賜ヲ願奉ルト申上、遂ニ拝謁セス、

「鵜殿家史」　西郡の方の事蹟が綴られる

歳のときでした。その間に柏原鵜殿家から西郡の方が家康公の側室として出ましたね。郷土史研究家のなかには、地元の商人から養女をとったのが西郡の方だという方もいて、その説によると加藤善左衛門義広という豪商の娘だったということです。いずれにせよ、西郡の方は築山殿が死んだあと、家康公の第一号の側室となりました。それで家康公が二十四歳のとき、西郡の方との間に督姫が生まれます。家康公から見れば二女にあたる姫でした」

天正十一（一五八三）年、督姫は相州小田原の北条氏直に嫁ぐことになる。本能寺の変や武田家の滅亡など、時代が大きく揺れ動いた年からわずか一年後のことだ。やがて、志半ばで倒れた信長に代わって豊臣

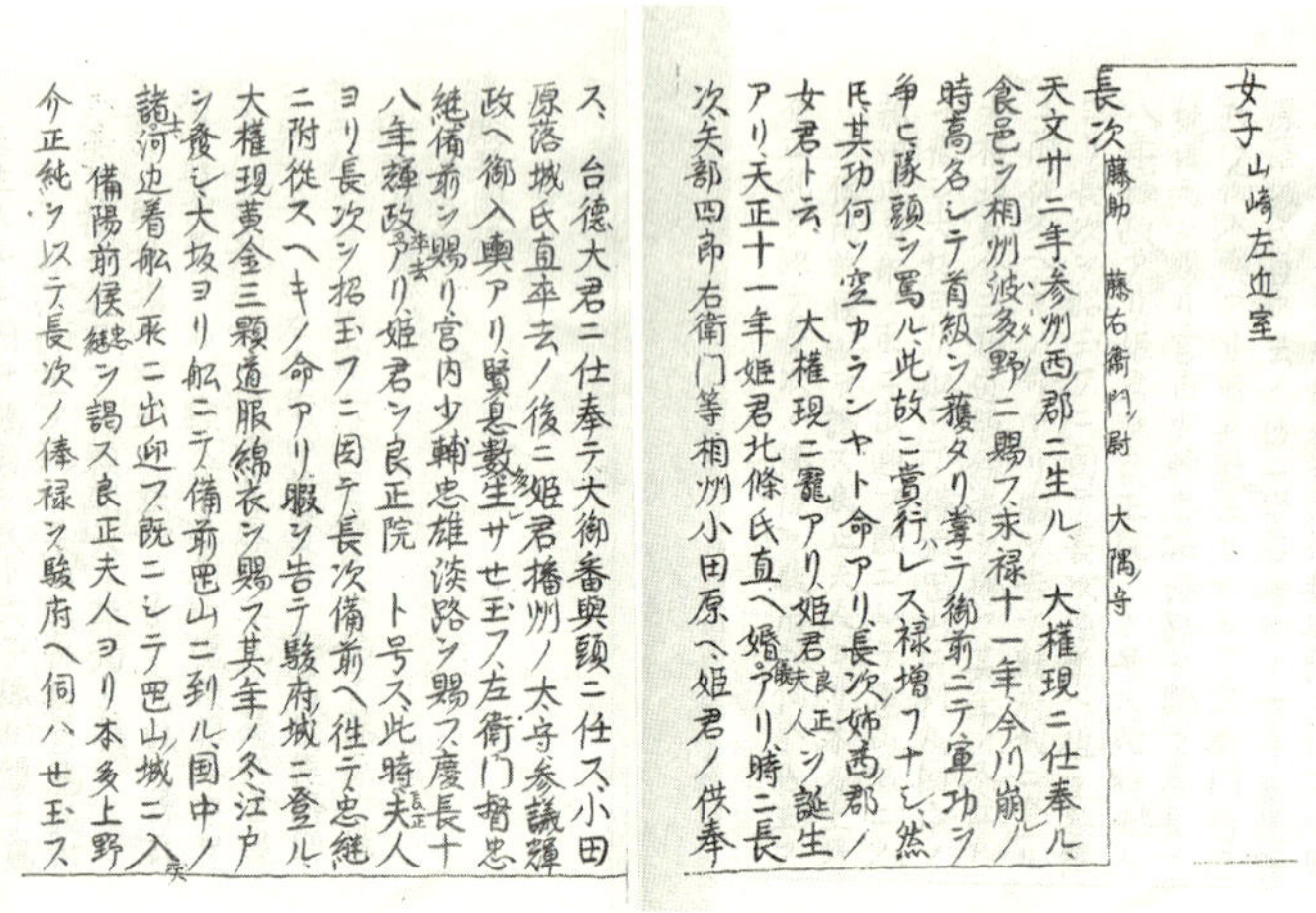
女子山崎左近室
長次藤助　藤右衛門尉　大隅守
天文廿二年参州西郡ニ生ル　大権現ニ仕奉ル
食邑ヲ相州波多野ニ賜フ永禄十一年今川崩ノ
時高名シテ首級ヲ獲タリ尋テ御前ニテ軍功ヲ
争ヒ隊頭ヲ罵ル此故ニ賞行レス禄増フナシ然
氏其功何ソ空カラシヤト命アリ長次姉西郡ノ
女君ト云　大権現ニ寵アリ姫君良正夫人ヲ誕生
アリ天正十一年姫君北條氏直ヘ婚アリ時ニ長
次矢部四郎右衛門等相州小田原ヘ姫君ノ供奉
ス　台徳大君ニ仕奉テ大御番與頭ニ任ス小田
原落城氏直卒去ノ後ニ姫君播州ノ太守参議輝
政ヘ御入輿アリ賢息数多生セ玉フ左衛門督忠
継備前ヲ賜リ宮内少輔忠雄淡路ヲ賜フ慶長十
八年輝政卒去アリ姫君ヲ良正院　ト号ス此時夫人
ヨリ長次ヲ招玉フニ因テ長次備前ヘ往テ忠継
ニ附従ス　ヘキノ命アリ暇ヲ告テ駿府城ニ登ル
大権現黄金三顆道服綿衣ヲ賜フ其年ノ冬江戸
ヲ発シ大坂ヨリ船ニテ備前岡山ニ到ル国中ノ
諸河辺着船ノ所ニ出迎フ既ニシテ岡山城ニ入
備陽前侯継ヲ謁ス良正夫人ヨリ本多上野
介正純ヲ以テ長次ノ俸禄ヲ駿府ヘ伺ハセ玉ス

「鵜殿家史」　岡山藩の家老となった長次の事蹟

秀吉が力をつけ、その勢力を拡大させる時代になっていく。

「初め、督姫は北条氏直に嫁ぎますが、そのとき当家の先祖である長次がお供をしています。これは次に池田輝政のもとに行く際も同じくお供をするのですが、それは秀吉公の小田原攻めの結果として北条方と戦になり、督姫が家康公のほうに戻ってきたからですね。小田原城の陥落後、氏直が没すると、督姫は池田輝政に再嫁しました。それで生まれたのが忠継で、やがて岡山藩主になるわけです。ところがまだ十歳程度と幼かったため、西郡の方の弟・長次が家康公に推薦されて後見人になりました。このとき、長次が直参旗本という立場から陪臣となるためでしょう、その長男の長堯はもちろん、二男の長直、三男の長正も別家を興すことを許され、三家のすべてが旗本家になりました。私の家の直接の祖となるのが、このときの三男なのです」

『鵜殿家史』に長次の記事をみると〝……姫君（督姫）播州ノ太守参議輝政へ御入輿アリ、賢息数多生レサセ玉フ、左衛門督忠継備前ヲ賜リ…（中略）…良正夫人（督姫）ヨリ長次ヲ招玉フニ因テ長次備前へ往テ忠継ニ附従スベキノ命アリ〟と記されている。督姫の希望もあり、長次は台命を受ける形で忠継の後見役となった。このとき、長次は駿府へ暇乞いに赴き、大御所から多くの餞別を賜ったのだった。

「長次は小さい下の子二人（長之と長義）を岡山へ連れて行き、上の三人を江戸へ残しました。その三人はすでに述べましたように許しがあって旗本三家の祖になりました。その三男の長正の家系をずっと下りていきますと、『寛政重修諸家譜』では長栄まで掲載されています。その先が私の曾祖父、祖父になります。ですから、この長正が当家の初代ということになります」

3 先祖や家康への思い

「私が初めに先祖というものを意識したのは小学三年か四年生のころでした。当家の仏壇には、桐の箱に入った古い巻物の系図があったんです。それを小学生のころに見たんですよ。寛政譜は各旗本家から呈譜されたものの抜き書きですから、個人的なことは記録されていません。でも、自分の家の系図にはいろいろなことが書かれていて、幼心に名誉だと思うこともありました。特にすごいと思ったのが幕末の当主です。その人は弓の名人だったんですね。当時は戦争のない時代ですから、腕を競うのは毎月の武芸大会などでした。将軍家御前競射などと書かれた弓の大会ですよね。もちろん剣術の大会もあったのでしょうけれど、そのころの当主は弓が得意でしたから、御前競射へ何度も出てたんです。それで〝三寸角金的的中〟などと書かれているのを見ると〝そんなのに当たったのか！〟ってワクワクしました。見事に的中すると羽織や葵の御紋の入った盃などをもらえたんでしょうね。そんなことが、けっこう書いてあったんですよ。それで面白いなと思いました」

ただ、古い系図には漢字が多いため、小学生だった和彦氏には難しく、なかなか詳しいことまでは読み取れなかった。そのとき、〝大きくなって、もう少しわかるようになったらしっかり見てみよう〟と、楽しみにしていたという。

「ところが、そのあと戦争になりまして、静岡に空襲がありました。父が婿に入った僧だったということもあって、位牌などは無事に持ち出されましたが、私が見たかった系図はこのときに焼けてしまいました。それが、いちばん無念に思ったことですね。大人になって教師になりましたが、いつもわが家の系図をもう一度見たいという思いがありました。でも、その後、前田匡一郎《きょういちろう》さんという研究家が鵜殿家の系図を寛政譜から調べてくださったんです。柳営会に入ったのもこれがきっかけでした」

初めて『寛政重修諸家譜』の存在を知り、さらに『鵜殿家史』を読めるようになると〝系図を失ったことよりも大きい〟と思えたという。先祖に対する誇りもいっそう強く感じるようになったそうだ。

「家臣それぞれと徳川家との関係は様々です。武士の世でしたから、合戦で手柄を立てたことを誇りに思っている家は多いでしょうが、何か他のことを誇りに思う家もあるでしょう。自らの家と徳川各将軍との間でいちばん存在感を持っていた時代というのもみんな違います。私の家ですと、実は戦の功ではなくて、側室の西郡の方が出たという意味もあって、家康公との個人的な関係を誇りに思っております。最初の側室が当家から出て家康公の二女・督姫を生んだわけですから、家康公が鵜殿と聞いたとき、家臣であると同時に側室や督姫の実家だと考えます。人間対人間という意味で考えれば、とても近しい間柄ではないかと、自分ではそう思っているんです」

「同じような西郡の方の肖像が京都の本禅寺にもありますが、これは鷲津（静岡県湖西市）の本興寺に所蔵される絵です。本興寺には西郡の方の兄にあたる日梅《にちばい》が住職になりまして、

西郡の方の肖像
本興寺（湖西市鷲津）所蔵

当時の住職の何代かは鵜殿家から出ています。昔の資料に女性のものは少ないですから、数年前に江戸東京博物館で『徳川家ゆかりの女性展』が開催されたときに出品をしています」

　本興寺の肖像画には猫が描かれているが、本禅寺などに所蔵される絵に猫などはいないらしい。和彦氏によると、〝ほかの絵をもとにして描かれたのだと思いますが、そのときにまったく同じにならないよう描き足されたものでしょう〟という。

「当家にとって、家康公は細かいところまで配慮のできる人物という印象が強いですね。先ほども触れましたが、督姫の子・忠継の後見として長次が岡山に行くとき、残されたその子供たち三人をすべて旗本家の祖にしてくれたわけです。そういう細部にまで相当の配慮をされましたし、そういった点は信長公や秀吉公などとまったく違うと思います。私たち家臣からみれば大変にありがたいことですから、やはり尊敬をしますし、それだけ互いの関係の深さというものを感じさせてくれます」

鵜殿氏略譜（当家家伝）

藤原鎌足（大織冠）—不比等（従三位 右大臣）—房前（従三位）—真楯（正三位 大納言）—内麿（従二位 右大臣）—冬嗣（正二位 左大臣）—良房（従一位 摂政太政大臣）—基経（従一位 摂政関白）—忠平（従一位 摂政関白）

—師輔（正二位 右大臣）—師尹（従一位 左大臣 号小一条）—定時（従五位 侍従）—実方（正四位 右近中将）
- 実方—長快（熊野別当）—湛快（熊野別当）—湛増（熊野別当）……某……—長善（藤太郎）
- 実方—長範（熊野別当）—行範（熊野別当）—範命（熊野別当）—定範—長政（権別当法眼 号鵜殿）……

—長将（藤太郎）—長持（三郎）
- 長持—長照……
- 長持—長忠（藤助）
  - 長忠—西郡の方（法名蓮葉院）
    - 徳川家康＝西郡の方—督姫（池田輝政室）……
  - 長忠—長次（大隅守 藤右衛門）
    - 長次—長堯（藤右衛門）……
    - 長次—長直（新三郎）……
    - 長次—長正（八郎右衛門）—長俊（藤左衛門）—長員（藤左衛門）—長周（信十郎）—長一（左膳）

—長衡（藤左衛門）—長栄（矛太郎）—長利—長光……

丸根松平　美作守家勝の子孫

鈴木姓から松平姓に改めた元祖への思い

神奈川県横浜市　松平信次

当家は戦国期に丸根松平を称した家の子孫と伝わる。ただ、寡婦となった三代当主の妻が男子を連れて鈴木家に再嫁したことから、その子孫は江戸期を通して鈴木姓を名乗ることになった。

松平氏の本姓は源で、人皇五六代清和天皇の後胤といわれる。『尊卑分脈』によると、清和天皇の三代孫・経基王が源姓を賜って清和源氏の祖となり、源氏正統の嫡流に八幡太郎を号した義家がいる。その後胤とされる親氏が三河国松平に居住し、松平家の第一代当主となった。

当家の祖となった人物は松平家三代当主である信光の十男・美作守家勝で、丸根に居住したことから丸根松平を称した。しかし、その嫡孫・大学頭忠勝は三人の男子を残して病死し、長男と二男も相継ぐ合戦のなかで討死した。その結果、母と幼い三男・重友が残され、この重友が当家の直接の祖となった。

この後、代々の当主は鈴木姓を名乗っていたが、明治維新後、松平姓に復帰している。

1 当松平家について

「当家の先祖は松平家の一つで、家祖の家勝公という人物が丸根に住んでいたため、丸根松平といいました。ただ、その後の当主が病死したり、戦で討ち死にしたりしたため家が続かず、松平姓を名乗っていたのは三代目の当主まででした。丸根松平はあまり知られていませんが、大樹寺に所蔵されている古文書に〝丸根美作守家勝〟という署名が残されています。『寛政重修諸家譜』などですと、この家勝公のあとが続いていないのですが、当家の先祖書には家勝公の嫡男・大学頭忠次以下の名が伝えられています」

この先祖書とは、『寛政重修諸家譜』の編纂時に当時の当主だった左門義忠(注)が幕府に呈譜したものだった。その冒頭には本姓として〝清和源氏〟が掲げられ、鈴木姓の右に〝本苗字松平〟と添えられている。続けて掲載される元祖・大学頭忠次の名前には、〝松平信

松平信次氏

光十男美作守家勝嫡男〟とある。

「ただ、『寛永諸家系図伝』と比較されたなかで、人物名や本姓、家伝などにいくつかの疑問が生じたと指摘されました。そのことから、『寛政重修諸家譜』では穂積氏の項に掲載されています。また、美作守家勝公や大学頭忠次以下の系譜はなく、鈴木姓を名乗った重友から系譜が起こされています。でも、将軍家の先祖がかかわってくる内容ですから、まったく根拠がなければそんなふうに呈譜できませんでしょう。お咎めを受けてしまいますよ。ですから、当家としては家伝にしたがい、当家が鈴木姓を名乗るようになった由緒や重友を初代とする鈴木一族の歴史を伝えていきたいと考えています」

『寛政重修諸家譜』には、前述の〝疑問〟について詳しく書かれており、その上で系譜が起こされている。

「元祖の大学頭忠次はいつ頃からかわかりませんが、家康公の祖父にあたる松平清康公に召し出され、仕えていました。〝三州伊保城主〟とありますから、おそらく、現在の豊田市にある城跡のうち東古城が居城だったのでしょう。というのは、昭和五十四（一九七

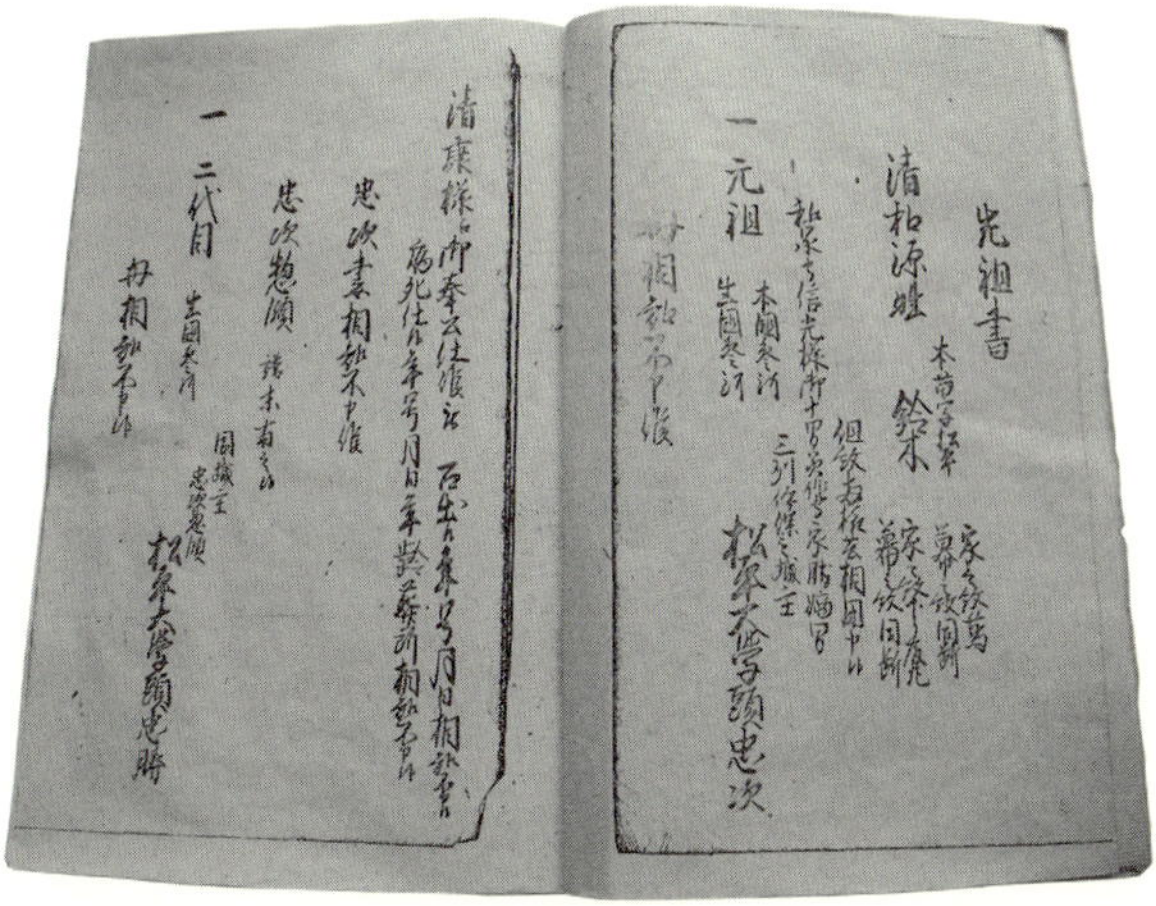

松平家の先祖書

九）年に発刊された『保見町誌』にこの城跡の記事があって、〝丸根城主松平内記忠次や松平大学が城に入った〟と記されているからです」

豊田市には古い城跡が複数あり、同市の解説には〝「伊保」と名のつく城は全部で四つある…（中略）…隣接していくつかの城が築かれたうえ古記録では「伊保城」としか表現されていないため、昔からそれぞれの城がかなり混同されてきた〟とある。しかし、東古城について豊田市保見町によると、〝射穂神社棟札に「永正七（一五一〇）年射穂神社当郷東城主松平右衛門尉定勝」とあり、松平氏の居城であったと記されている〟という。

「某年、忠次が病死し、その嫡男・大学頭忠勝（第二代当主）が伊保城主を継いだようです。忠勝は家康公の父・広忠公に仕えており、苅屋城主・水野下野守信元公の娘を妻にしていました。信元公の妹に家康公の生母となった於大の方がいますから、ちょうどその姪にあたるわけです。家康公から見ればいとこになりますね。この忠勝の妻は後に一木《ひとつぎ》と名乗ります。永禄三（一五六〇）年、第二代当主の忠勝が病死するとその子の五郎左衛門忠重が家督を継いで第三代当主となりました。しかし、世は戦国時代ですからね。永禄六（一五六三）年に三河一向一揆が起きると、弟の忠直が上和田の陣で戦死し、天正十二（一五八四）年には小牧・長久手の戦いで当主の忠重自身も討ち死にしてしまいました。そのため、たった一人残された三男の重友が第四代当主となるのですが、このときまだ幼く、二歳ぐらいだったといわれています」

2 徳川家康との関わり

「夫の忠勝や息子たちを亡くした一木は家康公の命によって岡崎城に留め置かれますが、やがて幼い重友を連れて鈴木家に再嫁することになります。先祖書には〝権現様へ御由緒御座候に付、右母子とも岡崎城中にて召寄せられ、御差置れ候処、翌酉年右一木儀勤め相知らず、鈴木内蔵助重信方へ重友弐歳の節、召し連れ再嫁仰付られ候〟とあります。御由緒というのは家康公と親戚だったということでしょう。おそらく、再嫁する先なども家康公や水野信元公などの意向で決められたのではないかと思います」

当家の先祖書によれば、一木が幼い重友と二人だけになったのが天正十二年、つまり嫡男の忠重が小牧の戦で討ち死にしたときだった。この年までに夫の忠勝が病死し、二男・忠直も三河一向一揆の際に討ち死にしていた。

この天正十二年の干支は申年にあたっており、先祖書にあるように翌年は酉年である。重友の幼さを考えれば、おそらく一木は天正十二年から翌年にかけて岡崎城に滞在し、天正十三年に鈴木家へ再嫁したということになるのだろう。

「先祖書ではこの重友が四代目とされており、天正十八（一五九〇）年、家康公に初めてお目見えとなりました。先祖書には〝本苗字松平に而、成育之恩顧に付、召出候節、継父之家号鈴木を名乗申候〟とあり、本来は松平姓だけれども、養育の恩顧があることで養父の鈴木姓を名乗るとあります。ただ、その続きには本苗字については、元祖・大学頭の松平に改めたいとは思うが、その称号を奉るのは恐れ多い……とも書かれていますね。やはり本来の家号への思いというのは、このころから強かったのでしょう。でも、江戸時代の松平姓というのは現代とは違った意味がありましたからね」

当家はこの重友から松平姓を改め、鈴木姓を名乗っている。本来、鈴木氏は穂積氏の末裔とされるが、松平氏は清和源氏の後裔といわれる。そのため、当家は清和源氏を本姓としながら鈴木家の一族として呈譜することになった。これが『寛政重修諸家譜』の編纂の際に疑問とされた点の一つでもあった。

「重友の長男を重時といって二代将軍の秀忠公に仕えたのですが、慶長十五（一六一〇）年に病死しています。弟の重之は駿河大納言忠長卿に附属され、忠長卿の改易に連座するかたちで一時蟄居の身となりました。この二人以外の重友の子たちが本家と分家となり、明治維新まで旗本家として続きました。鈴木の本家を継いだのがその弟の重政で、当家の祖となるのが四男の重春です。直接の先祖がその二男の新五兵衛重邦ですから、この重邦が当家の初代というわけですね。重春は寛文二（一六六二）年から徳川綱重公に附属されていましたから、重邦も同様に桜田御殿に勤仕していました」

甲府藩主・徳川綱重は参議に補任されたことから甲府宰相とも呼ばれ、その江戸屋敷を桜田御殿（あるいは桜田館）といった。また、綱重の嫡男・綱豊は後に徳川家宣を名乗って第六代将軍となった。

「重邦は父親の重春より先に他界してしまったため、嫡男の正朝が家督を継ぎます。やがて仕えていた甲府宰相家の綱豊卿が宝永元（一七〇四）年十二月に、五代将軍綱吉公の御養子となられて『家宣』と改名され、将軍世子として江戸城西之丸に入城されます。正朝

平兵衛義知の位牌

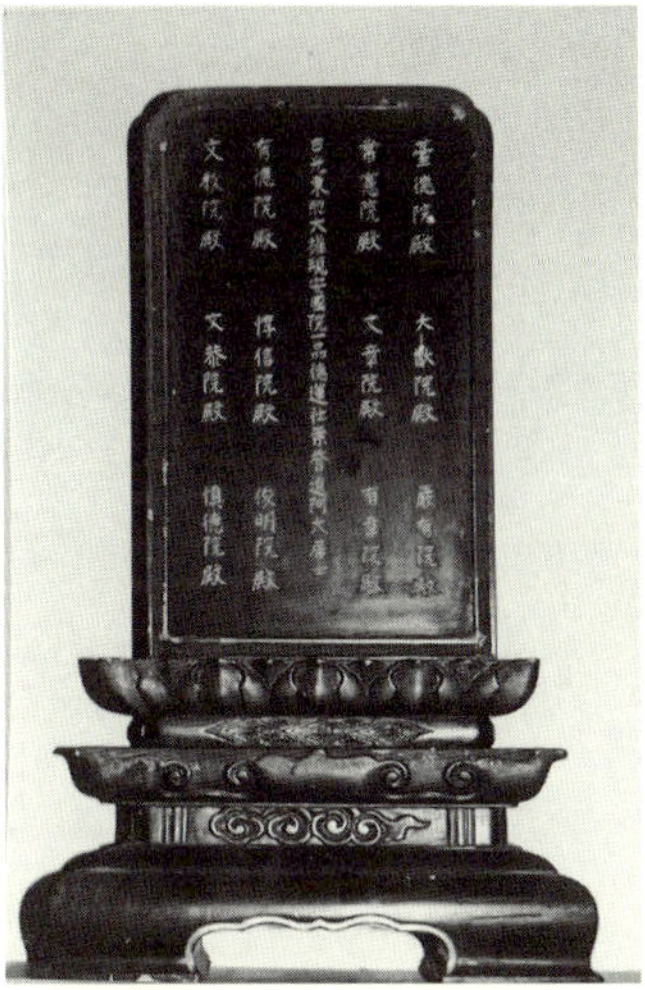
歴代将軍の法名が刻まれている

はそれに従い直参となり、後に武蔵国高《こ》麗《ま》郡と比企《ひき》郡に五五〇石の采地を賜りました。この知行地だった高麗郡には高正寺（慶安四〈一六五一〉年に寺領四石の御朱印）という寺院があり、現在も続いています。『新編武蔵風土記稿』にも掲載されていますが、高正寺の梵鐘には鈴木左門義忠の名が刻まれています。当家の先祖のお位牌も現存しているんですよ。天保十三（一八四二）年に没した平兵衛義知のものですね。それからどのような記録なのかわかりませんが、歴代将軍の法名も刻まれていました」

　すでに触れたように、梵鐘に名を刻まれた左門義忠が『寛政重修諸家譜』の編纂のため幕府に呈譜した人物で、当家の

高正寺の楼門

初代・重邦から数えて四代目の当主にあたる。信次氏の話にあった地誌で高麗郡仏子《ぶっし》村を見ると高正寺の項目があり、〝楼門の上に洪鐘《こうしょう》（大きな鐘の意）を懸く〟と記されている。鐘には当寺院の由緒が刻まれ、それに続けて〝御助力　当所領主　鈴木左門儀《(ママ)》忠公〟と記されている。

「左門義忠のあとを大番に列した大作義輔が継ぎ、さらにその嫡男・義明に続きます。その子が高正寺に位牌の残る平兵衛義知で、その遺跡を左門義広が継いでいます。そして、その子・銀之助重孝のときにはすでに幕末といわれる時代であり、これを継いだ豊蔵義之のときに明治維新を迎えます。このとき、義之は別手組取締役並（七〇〇俵）となっていました」

3 先祖や歴史への思い

「維新直後の明治元（一八六八）年、豊蔵は駿府藩への移住願を出しています。無禄移住をした人々の名が『駿藩各所分配姓名録』に記録されていますが、そこに豊蔵の名前も含まれています。割り当てられた先が遠江の旧横須賀藩領でしたが、当時、同藩は安房国への移封にともなう藩士とその家族たちの移住に遅れを出しており、豊蔵はやむなく江戸（東京）で待機することになりました。そんななか、同年十月に東京府から行政官付触頭《ふれがしら》の一人として士族卒触頭を拝命しています。その結果、豊蔵は駿府藩への移住を断念することになりました。国立公文書館所蔵の資料『触頭住所姓名』には、十七番目の触頭として豊蔵の名が記録されています。当時は青山五十人町に居住していたようです」

明治の新政府は明治天皇のもと、太政官を頂点とする官制を採用し、その制度下で触頭は太政官符など各藩への命令伝達をつかさどった。明治元年四月十七日の法令（第二百四十四号）で、触頭の職域や持ち回り番などについて布告が出されている（『法令全書　慶応三年』〈内閣官報局〉）。

「実は、ごく最近になって新たな資料が見つかり、この豊蔵が鈴木姓から松平姓に改名していたことがわかりました。その際、名前のほうも改めていて、通称を大嶽に、諱を忠通としていました。これがわかったのは〝松平大嶽（忠通）〟に宛てて発給された通達書などからです。もともと豊蔵が改名したという記録は当家に伝わってお

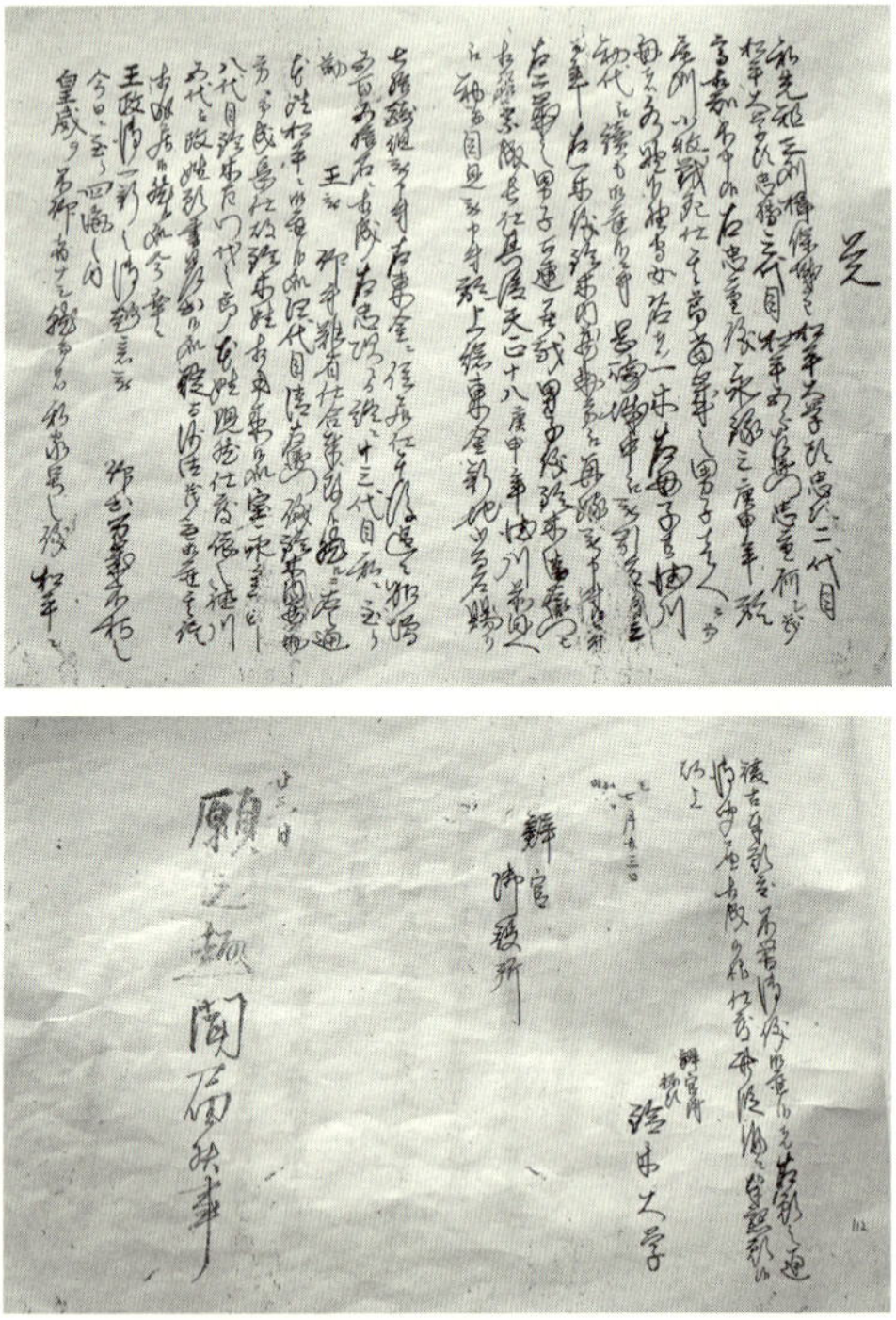

弁官附触頭鈴木大学より「松平」へ復古奉願
（明治２年７月23日付）

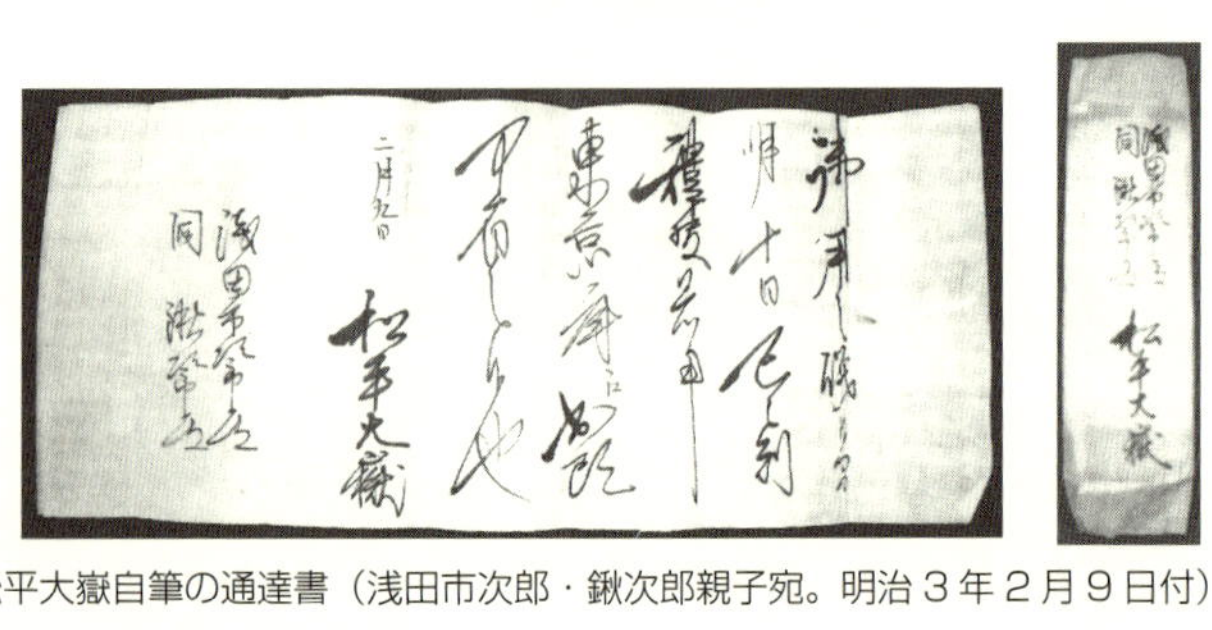

松平大嶽自筆の通達書（浅田市次郎・鍬次郎親子宛。明治３年２月９日付）

らず、江戸末期に別手組の御家人だった浅田家に所蔵される文書類によって豊蔵と松平大嶽が同一人物だとわかりました」

浅田家資料によると、明治二（一八六九）年に記された浅田市次郎の明細短冊（短冊状の紙片に記した履歴）に「鈴木豊蔵触下」と記された名があり、また松平大嶽より触下の元別手組浅田市次郎、浅田鍬次郎親子宛に書かれた明治三（一八七〇）年二月九日付の通達書に松平大嶽の名がある。したがって、改名したのがその間のどこかだと推測できるという。

「その時期、豊蔵が改名したのは、やはり元祖・大学頭忠次が名乗っていた本来の苗字〝松平〟への熱い思いがあったからだと思います。そのためでしょう、本来なら大学とするところを元祖を憚って大嶽とし、忠次の一字をとって忠通としたのです。同時代に、水戸徳川家支藩の守山藩主・松平大学頭（頼升）様がおられましたし、水戸家への遠慮もあったでしょう。当家では豊蔵と大嶽を別人と考えていましたから、松平大嶽がどのように鈴木豊蔵義之の家督を継いだのか長い間わかりませんでした。でも、これで両者が同一人物だったと判明し、改名についての歴史もわかりました。私自身、この忠通の孫として無上の喜びを感じています」

「この豊蔵は維新後も武士としての矜持を捨てず、伊勢貞丈の著した武家故実書『四季草』を愛蔵していました。そんなふうに最後まで武士を貫いたこと、そして元祖が名乗っていた姓への思いを実行に移したことなど、いずれも当家の誇りとするところです。それに旗本家といっても、ふつうは維新後の業績が文書として残っていることは珍しいですよね。ですから、祖父がたまたま行政官をやっていたということもありますが、当家の記録がよくぞ残っていてくれたと思います。維新のあとでも、いろいろなことで貢献できていたんだなって……」

徳川家康に対する思いやその人物像については、やや複雑な心情を具体的な言葉にできないという。

「人物像としては戦国時代から平和な世をもたらしてくれた人、ということです。でも、それ以上のことは言葉にできません。もちろん、誇りのような気持ちはありますよ。今は出自について言われる時代ではありませんが、個人的には自分の家を大事にしたいですから、今後も家の歴史については調べていくつもりです。現時点でこれだけ資料もありますからね」

（注）　義忠…『寛政重修諸家譜』では〝よしただ〟と振り仮名があるが、当家家伝では「義」を〝のり〟と読む。義忠を含め、当家の家祖の諱における「義」はすべて同様と伝わる

松平氏略譜

（義重まで『尊卑分脈』、家勝まで『寛政重修諸家譜』、以後は当家家伝）

- 清和天皇（人皇56代）
- 貞純親王（四品／号桃園親王）
- 源経基（正四位上　大宰大弐　鎮守府将軍／号六孫王）
- 源満仲（正四位下　鎮守府将軍／号多田）
- 頼信（従四位上　鎮守府将軍）
- 頼義（正四位下　鎮守府将軍）
- 義家（正四位下　鎮守府将軍／号八幡太郎）
- 義国（従五位下／号足利式部大夫）
- 義重（従五位下　左衛門尉／号新田太郎）
- 義季（得川四郎）
- 頼氏（従五位下　三河守／世良田弥四郎）
- 教氏（世良田次郎）
- 家時（世良田又次郎）
- 満義（弥次郎）
- 政義（右京亮）
- 親季（修理亮）
- 有親（左京亮）
- 親氏（初代／太郎左衛門尉）
- 泰親（三河守／太郎左衛門尉）
- 信光（和泉守）
  - 親忠（右京亮）……
  - 家勝（美作守／丸根）
- 家勝 — 忠次（大学頭／三河伊保城主）
- 忠次 — 忠勝（大学頭）＝一木（水野信元の娘）
  - 忠重（五郎左衛門）
  - 忠直（安内）
  - 重友（清右衛門　鈴木姓／当家家祖）
- 重友
  - 重政（長左衛門）……
  - 重春（平兵衛）
- 重春
  - 重治（平右衛門）……
  - 重邦（新五兵衛／当家初代）
- 重邦 — 正朝（外記）
- 喜文（伴次郎）
- 義忠（左門）
- 義輔（大作）
- 義明（善八郎）
- 義知（平兵衛）
- 義広（左門）
- 重孝（銀之助）
- 義之（豊蔵／改姓松平）……

譜代大名　岡部藩主・安部家の子孫

第一部　安部元真と井川金山衆の活躍

第二部　御茶壺屋敷　井川の殿様・海野家

静岡県静岡市　森竹敬浩

第一部　安部元真と井川金山衆の活躍

森竹家の祖・安部氏は江戸初期から岡部藩主を務めた譜代の大名家である。戦国期には駿河国井川を本領とし、配下の井川金山《かなやま》衆とともに数々の武功を立てた。

安部氏の源流は信濃国諏訪郡出身の諏訪氏と伝わり、本姓は源（清和源氏満快《みつよし》流）といわれる。『尊卑分脈』によると、六孫王と号した鎮守府将軍・源経基の男・満快の五代孫に依田六郎を名乗った為実《ためざね》がおり、その六代孫・盛重《なりしげ》が諏訪上社の神職（大祝《おおはふり》）を務めて諏訪太郎と称している。その後胤・頼満のとき信濃国に進出する武田氏と争うようになり、その孫・諏訪頼重が武田信玄に謀殺されたことで諏訪惣領家は一時断絶した。『寛政重修諸家譜』ほかによれば、その諏訪氏の支族が駿河国井川の安部谷に移住し、その後裔・諏訪信真（通称刑部大輔）の男・元真（通称大蔵）から安部を名乗った。初め今川家に仕えていたが、同家没落後は徳川家の家臣となり、天正十八（一五九〇）年に徳川家康が関東転封となった際にもこれに従っている。

慶安二（一六四九）年、信盛のとき一万九二五〇石の大名となり、その後、二万二〇〇〇石に加増された。代々の当主は摂津守または丹波守に任じられている（『日本史諸家系図人名辞典』）。

1 家祖・安部元真と井川金山衆の活躍

「当家の祖は今川家の家臣だった安部元真の兄の系統です。この安部氏はもともと信濃国から移住してきた諏訪氏の一族でした。それが元真の父・諏訪信真より八代前の人物といわれていますから、かなり昔のことですね。諏訪の本家は有力な家柄だったようで、諏訪神社の大祝といって祭司の系統でした。ですから、井川の田代にも諏訪神社があり、『駿河記』には〝安部家の祖が信濃国から勧請した〟と書かれています」

『信府統記』の諏訪大明神縁起には、〝諏訪大祝《おおはふり》部《べ》ハ代々諏訪氏ナリ。近年、守護ノ名字ハ諏訪ト書キ、神職ニハ下ノ字偏ヲ除キテ諏方ト書ケルトカヤ〟とある。往古は大祝に嗣子がないときは守護の諏訪家からこれを出したという。さらに〝後嵯峨院ノ皇子有員親王ヲ此社ノ神職ニ下シ給ヒテ御表《みそぎ》ノ祝部トス。コレ大祝ノ祖ナリ〟ともあり、大祝の諏訪（諏方）家系図（神家系図）は有員より起こされている（『諏訪史料叢書28』）。

「駿河国に移住した諏訪家は井川一帯を治めますが、古くから名主として井川金山衆を統括していた長島家を立てなければうまくいきません。そのため、諏訪信真の長男――つまり元真の兄ですが、それが長島家と婚姻関係を結んで兵太夫《ひょうだゆう》を名乗り、金山衆を配下としました。当地の記録によると、彼らが住んでいたのは長島や寸又、尾盛、島和合などの狭隘な山間の集落で、あるとき大きな崩落があって井川平に定住したと伝わっています。彼らはいずれも大名の金山奉行などではなく、金鉱山を所有する山主たちです。同時に半ば武士ですから、鉱山技術と戦闘力を兼備した人々でした。元真の直系の子孫は後に幕府の大名家になりますが、わが森竹家は長島兵太夫の末裔なのです」

一般に元真の兄の存在は知られていないが、井川には〝諏訪信真に二人の息子がいた〟という伝承があり、井川山龍泉院（元真の菩提寺）の過去帳には〝安部大蔵殿舍兄〟と書かれた長島兵太夫（法名宗眼）の記録が残るという（『井川村史』）。

子孫の一人が著した『わが安部家の歴史』は、元真の父・信真が長島家からの聟養子で長男（兵太夫）に同家を継がせた可能性に言及しており、『井川山軍最後の智将 安倍大蔵』（海野榮久著）も〝元真は薬沢村の長嶋家で生まれた〟という井川の伝承を紹介している。

安部は郷士・海野家に娘を嫁がせてもおり、各筆頭家と関係を深めていたことになる。

「当時、安部家は今川氏の家臣で、信真の代も含めると氏親から氏真まで四代に仕えています。氏真は駿河に侵攻した武田信玄に敗れますが、元真とその男・信勝は最後まで駿府城を守っていました。よく防戦する彼らに感じ入った信玄は臨済寺の鐵山長老を介して和議を申し入れ、麾下に入るよう促します。本丸を守っていた岡部正綱らはそれに従いましたが、安部だけはどうしても返事をしません。寛政譜などには〝今川が危うきを捨て武田の大敵に属するは勇者の道にあらず〟と書かれていますが、すでに今川は滅んだも同然でした。むしろ、元真は諏訪本家を滅ぼした仇の信玄に降ることをよしとしなかったのではないかと……これは推測ですけれどね」

森竹敬浩氏

今川氏真は信玄の駿河侵攻（永禄十一年十二月）の

際に掛川城に敗走しており、駿府城も焼き討ちにされた。その掛川城も駿河安堵の条件で家康に明け渡している。

一方、信玄は翌年十二月に再び駿府に侵攻、安部元真は修築半ばの駿府城二の丸に入り、久野弾正宗政らとともに決死の攻防戦に臨んだ。

このとき、主君の氏真は北条氏政の子（後の氏直）を養子に迎え、すでに駿河を譲渡していた。駿府城では信玄の和議申し入れのあと、安部父子を除く〝勇士五十余人〟が武田に降ったという（『駿河記』ほか）。

「結局、信玄の誘いを断った安部父子は本領の井川に閉じこもることになります。しかし、それに怒った信玄は井川の村々に元真を襲うよう秘かに文書を発し、一揆をそそのかしたわけです。『了無《りょうむ》先祖書』などによると、七郎左衛門と市之丞の主導で夜討ちがありました。安部の家臣四五人が討たれ、脱出できたのは元真の妻子および一族を含む二三人だけでした。逃走途中の山は金山衆の拠点ですから、兄の兵太夫や金掘たちが道案内をしたのではないでしょうか」

『了無先祖書』とは、寸又峡の庄屋・望月惣兵衛（寸又峡温泉「翠紅園」の祖）が元禄九（一六九六）年に書いた先祖の記録である。駿遠信の国境問題など、訴訟関連の資料であると同時に、同家の歴史を子孫に伝えようとする文書でもあった（『井川村史』）。

2 徳川家康との関わり

「駿河国が武田の領土になると、金山衆の頭梁・安部家は逆賊です。そのせいか、元真の父・信真の墓はありません。おそらく、土饅頭程度だったのでしょう。現在の龍泉院にある供養塔は明治二（一八六九）年に建てられたものです。一方、井川を逃れた元真たちは遠江国浜松で徳川家康公に拝謁し、家臣となって知行地も賜りました。『駿河記』などに〝元真は家康公から三〇人の兵を与えられ、川根を通って本領・井川に向かった〟と記されていますが、『了無先祖書』によると、これは天正四（一五七六）年、井川一揆から八年も後のことです。井川の田代へ八三人を連れてきたとありますから、途中で金山衆たちも配下についたのかもしれません。この八年の間、元真父子は家康公の命により、駿河や遠州にある武田方の城を軒並み陥落させていました。特に諏訪原城では配下の金山衆が城内まで進入路を穿ち、火を放って活躍しています。家康公より感状を賜るほどでしたから、武田にとっては頭の痛い存在だったでしょうね」

『了無先祖書』によると、時期と背景は不明なものの、安部家を夜襲した七郎左衛門と市之丞が元真のもとへ井川に至急帰るよう書状を送り、〝戻ったら旗本として仕える〟と書

井川山龍泉院　信真・元真父子が祀られる

信真・元真父子の墓（向かって左側が元真。二基おいてその右側が信真）

いている。しかし、これは軽率な飛脚のために露見し、二人は武田方に捕縛されている。『駿河記』に〝ある時、安部元真井川一揆の旨を上聞に達しければ、台命にて……〟とあるように、元真は家康から命を受け、旧本領を奪還すべく乗り込んでいったのだった。

「井川に戻った元真が一揆衆を退治した、と一般には言われるのですが、私は使用された武器などから武田方の兵がいたのだろうと考えています。おそらく、井川一揆の夜襲でも同様だったと思います。そもそも、山間の農民がいきなり領主を襲って四五人も殺してしまうなんて、かなり無理がある話ですよね。……さて、井川に戻った元真らが田代に着くと、土地の年寄りたちが〝話をつけてくるから待て〟と三日ほど留め置きました。おそらく、戦を避けようとしたのでしょう。でも、この交渉は決裂してしまい、こうせ嶋（高瀬島）というところで戦いになりました。このとき、敵の戦死者は二人、味方にも一人の死者が出て名前も記録されています。元真も張抜《はりぬき》で撃たれたと記録されています。これは当時の大砲だそうですから、武田方の武器だったのでしょう。負傷した元真を背負って運んだのが兄の長島兵太夫でした」

敬浩氏によれば、この後、元真は井川に隠居し、信勝は家康に仕えている。

「家康公の麾下に入った安部家の本領・井川を継いだのが、元真の娘聟である海野弥兵衛本定です。当初は武田方についていていましたが、後に徳川家の御家人に加わって合戦にも供奉し、信濃路の道案内や御茶壺預かりなどを命じられました。家康公の関東転封の際、安部家はそれに従いますが、海野家は井川に残り、江戸時代を通してずっと領主を務めました。やがて土地の人々から〝井川の殿様〟と呼ばれるようになります。一方、家康公とともに関東に行った安部信勝は五二五〇石の知行地を賜り、その男・信盛のとき加増されて一万九二〇〇石の大名となりました。さらにその男・信之のときに二万石を超えています。でも、信真や元真など先祖の年忌を欠かさなかったようで、『海野信茂日記』を見ると、岡部藩主の安部家から槍や銀などが贈られています。また、駿河国にも安部の邸があって、場所は現在の安倍町でした。『駿河記』にもそう記されていますが、今は〝部〟が〝倍〟の字になっていますね」

海野家に慶長十（一六〇五）年二月二十日付で本多佐渡守正信から海野弥兵衛・朝倉六兵衛に宛てた書状が残され、駿府に屋敷分の土地を（家康から）拝領した旨が書かれているという。『井川村史』によると、その井川屋敷は浅間神社の向かいの安部町にあり、〝海野本定の舅安部大蔵が住んだのでついたという〟と町名の由来が記されている。

なお、武蔵国岡部藩は信勝の知行地である岡部（現、埼玉県深谷市）に置かれた陣屋がその始まりとされ、安部信盛が初代藩主となった。元真の妻（白蓮院）は同地の白蓮寺に葬られ、隣接地には歴代の安部氏の墓が立てられている源勝院がある。

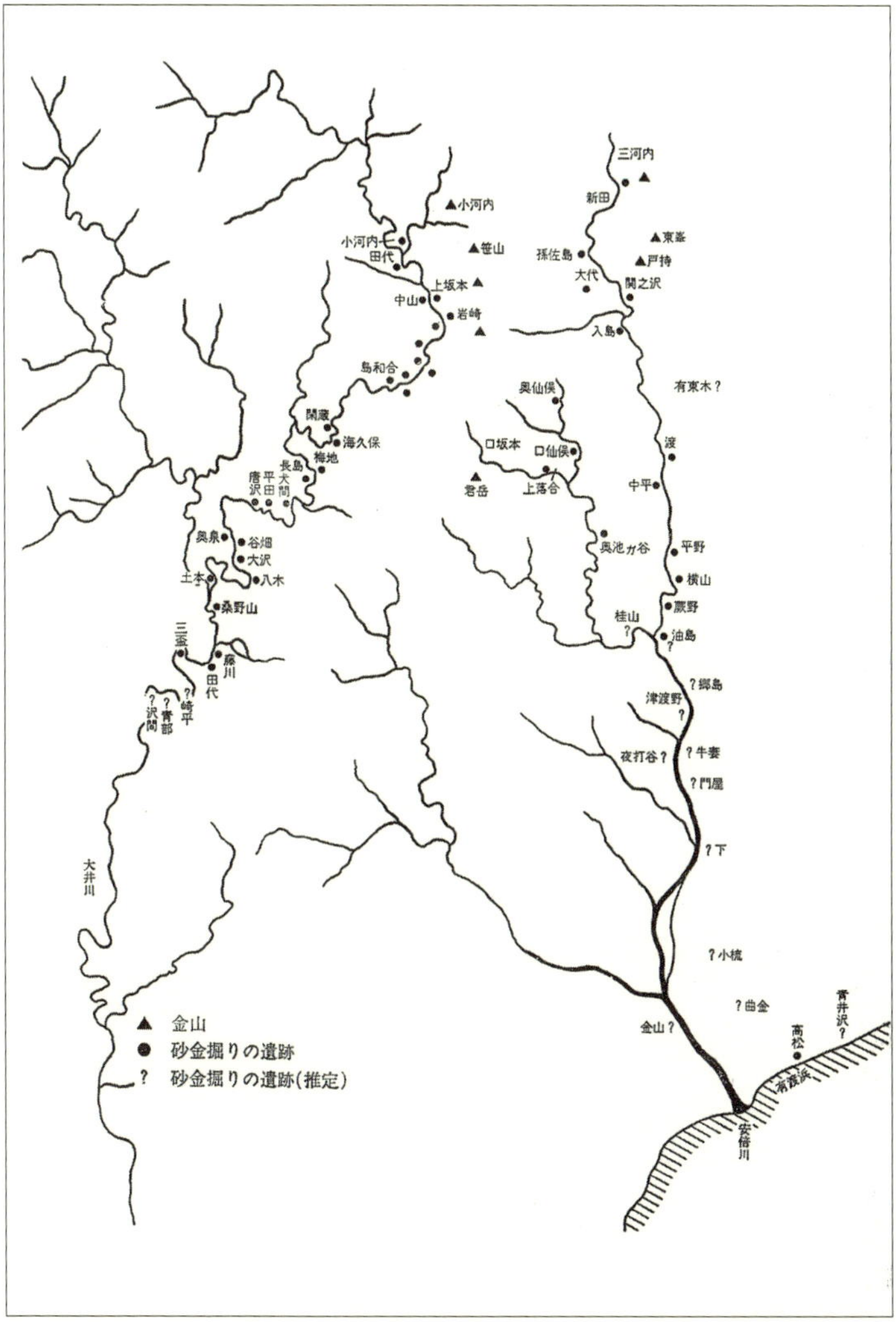

砂金掘りの村および遺跡（『井川村史』より）

3 先祖や歴史への思い

「私が安部家について調べるようになったのは四、五年前からで、文書にし始めたのが去年からです。当初は明治時代にお茶の輸出に尽力した海野孝三郎という人物について調べていました。平成五年にそれを『世界に静岡茶売った男』という本にまとめて出版したのですが、次に安部家がどうなったのか知りたくなってきました。ただ、安部本家は途絶えておりました。そこで東京の菩提寺に手紙を出してみましたら、分家の方を教えてくれたのです。元真の嫡男と同じ名で安倍信勝といい、『わが安部家の歴史』という本を出していましたので、いろいろ資料も送ってくださったんです。それで、それらを見るうち〝安部の伝説は多いけれどバラバラだし、自分も井川出身だからやってみようか〟と考えるようになりました」

現在の長島家に行ったり、金山衆が本拠としていた井川で話を聞いたりするなかで、当地に伝わる口伝や逸話、さらには往古の金掘衆が使っていた道具や遺品が数多く残されていることに驚かされたそうだ。

「井川のほうに行きますと、今でも金掘の使っていた道具が残されています。川底から砂

森竹家所有地・金畑平（カネッパターラ）の一画（現在は市有地）
往昔は砂金の採れる河床だったといわれる

江戸期に金山衆が使っていた道具
上：揺り蓋
右：細かくなった金鉱石を鉛と一緒に溶かす鍋

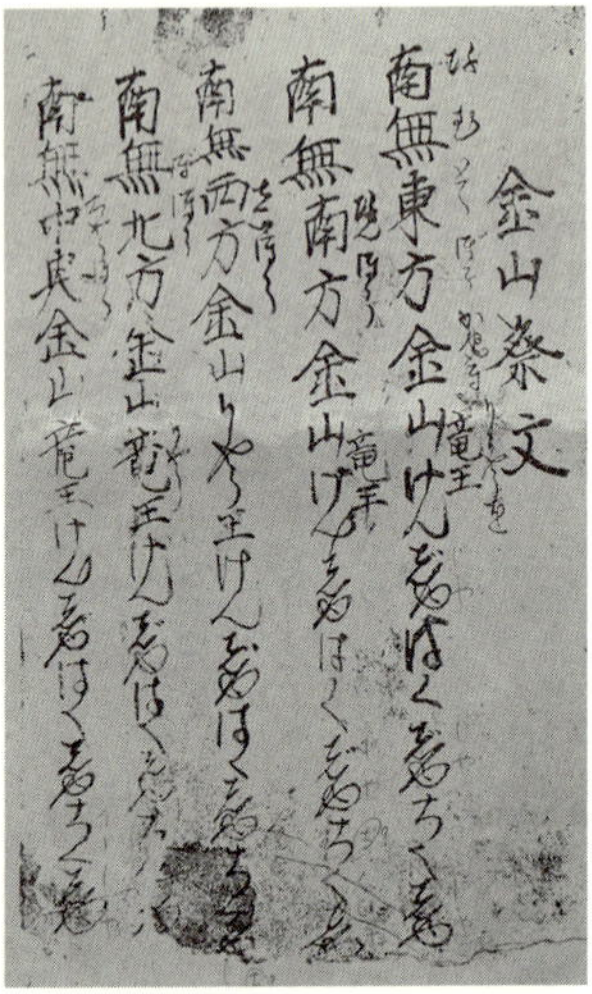

金山衆が唱えていた祭文

金を採るための道具や金山独自の信仰に根ざした古文書などがあるんです。あるとき〝こんなのがあるよ〟と見せてくれたのが、金山衆が唱えていた祭文《さいもん》を書いた古い文書でした。〈山例五十三条〉といって、昔から金や銅などの鉱山には全国共通の決まりがあり、例えば一般の僧侶が山に入るのを不吉だと禁じていたようです。ですから、金山で安全無事を祈禱するのは山伏、つまり修験者だったわけですね」

当時、全国の鉱山には〈山例五十三条〉といわれる独自の規約があり、井川では家康が規定したといわれる〈徳川家山令五十三カ条〉があった。その規約によると〝山師金掘師を野武士と号すべし〟〝山中出入の儀は腰の物可停止、譬《たと》ひ侍《さむらい》たりとも舗内大小無用の事（帯刀の禁止）〟など、鉱山技術者を特別な存在としていた。さらに〝一山は一国たるべし、他の指揮に及ばず〟とあり、金山を自治領のように扱ってもいた（『井川村史』）。明治維新後も各地の鉱夫たちの決まりごとは〈山例五十三条〉を踏襲していたという。これは鉱夫の安全を保障すると同時に、鉱夫社会における秩序や先任者の権威を守るための厳格な作法だった（『呪詛の足尾銅山』）。

「山の衆は東西南北の様々な神の名前を順番に唱え、安全の祈願をしたそうです。その題目を書いたものが残されているわけですが、当時の金山に関わる職業にはたくさんの種類があったわけですね。掘削、運搬、鉱石の鎔解、道具作り、道具を研ぐ人もいました。金山は総合産業でしたから、様々な人が分業で従事していました。その一つ一つの職種に対しても、順番に安全祈願をしていたわけです」

森竹氏は歴史を調べるうち、井川金山衆が安部氏や海野氏を通して戦国大名たちと深く関わり、合戦に大きな役割を果たしたことがわかってきたという。

「金山衆の活躍が記録としてはっきり残るのは、現在、浜松城として知られる引間城と諏訪原城の戦い、それに小牧・長久手の戦いの際にあった前田城の戦いなどでした。たとえば、引間城の戦いは元真の父・諏訪信真が今川氏親に仕えていた頃のことです。『宗長手記』に〝安部山の金掘をして、城中の筒井悉く掘りくづし、水一滴もなかりしなり〟と書かれていますから、金山衆が城の井戸をすべて掘り潰してしまったわけですね。これについて『静岡県史』（資料編7）では、今川家譜の〝安部ヨリ金掘ヲ召シ、城中ノ筒井ノ水皆掘抜ケレハ敵次第ニ弱リ〟というくだりを紹介しています」

宗長とは室町後期に活躍した駿河の連歌師である。一般に『宗長手記』と呼ばれる作品は彼の晩年に書かれた紀行文で、各地の見聞が意欲的に書きとめられているため史料的価値が高いといわれる（『廻国雑記』）。

「当時の安部家にしても金山衆にしても、自分たちが歴史にかかわるという意識はなかったと思いますね。険しい山間の村に住む人たちでしたから、実際のところは毎日の暮らしで精いっぱいだったでしょう。自分たちの職業や技術が家康公や戦国大名の力となり、歴史に影響を与えたという自覚もたぶんありませんでした。ただ、山の人間はとても純朴ですから、領主に対してはとても従順だったのだと思います」

4 徳川家康について

「家康公はまず信義に厚く、熟慮して作戦計画を立てる能力を有する人物だと思います。領民にも愛されていましたから、単に武勇だけで評価できる人ではありませんね。人質になったり、妻子を死なせなければならなかったりしたことなど、あれだけ苛烈な生涯を送ったわけですから、人の〝痛み〟を骨身にしみてわかっていたのではないでしょうか。そんな人物であればこそ、徳川家臣団の堅い結束が築かれたはずです。そうでなければ、戦国時代のうち続く戦いを耐えきることなどできなかったと思います」

　家康は井川一揆を逃れてきた安部元真を召し抱え、采地も与えたが、元真の配下にあった井川金山衆の存在も念頭にあったのかもしれない。

「あったと思いますね。今川時代以前から金の存在は知られていましたし、駿府を奪った武田も初めに井川金山に目を向けたと言われています。ですから信玄は何としても元真を服従させたかったんです。一説に四〇〇〇石で、と言ったそうですが、元真は拒否したんですね。当然、家康公には〝武田に抵抗している元真を支えて井川の金山も〟といった考えがあったでしょう。ただ、家康公は彼らから搾り取ってはいません。私有地の金山を直轄とせず、金山衆の自治に任せていました。金山衆も維持管理費用が必要ですし、鉱石の一割か二割しか家康公に出していません。気持ちで納めていたわけです。ほかの戦国大名なら直轄にしたかもしれませんが、家康公のやり方は大したものでしたね」

　最後に森竹氏が引用したのが家康自身の言葉だった。それを読むと、〝家康公は人間というものを知り尽くしている〟と感じたという。

「家康公が〝人の一生は重荷を負て遠き道をゆくがごとし、いそぐべからず〟という言葉を残していますね。人間のことを知り尽くし、その上でよく人材を登用したのだろうと感じましたね。ですから、人心をつかむということでしょうか、それが非常に優れていたのだろうと思います」

安部氏略譜

（成重まで「諏方家譜(注)」『尊卑分脈』、以後『寛政重修諸家譜』および当家家伝）

- 清和天皇（人皇56代）
  - 貞純親王（四品　号桃園親王）
    - 源経基（正四位上大宰大貳　鎮守府将軍　号六孫王）
      - 源満仲（正四位下　鎮守府将軍　号多田）……
      - 満快（従五位下　下野守）
        - 満国（従五位下　甲斐守）
          - 為満（従五位下　甲斐守）
            - 為公（従五位下　信濃守）
              - 為衡……
              - 為実（依田六郎）
                - 実信（依田次郎大夫）
                  - 信行（依田三郎）
                    - 信澄（手塚太郎）
                      - 信綱（手塚太郎）
                        - 盛重（号諏訪太郎）……?……
                          - 諏訪信真（刑部大輔）
                            - 長島兵太夫（井川金山衆頭梁）
                              - 長島家（名跡は代々兵太夫）……
                              - 長島はる（兵太夫妹）＝森竹吉右衛門
                                - 庫作（兵太夫二男）
                                  - 森竹家……
                            - 元真（号安部／大蔵）
                              - 信勝（彌一郎）
                                - 信盛（従五位下　摂津守　彌一郎）
                                  - 信之（従五位下　丹波守　彌一郎）
                                    - 信友（従五位下　摂津守　彌一郎）
                                      - 信峯（従五位下　丹波守　彌一郎）
                                        - 信賢（従五位下　摂津守　彌一郎）
                                          - 信平（従五位下　摂津守　鋲三郎）
                                            - 信允（従五位下　摂津守　彌一郎）
                                              - 信亨（従五位下　摂津守　彌一郎）……

（注）諏方家譜…『諏訪史料叢書27』に掲載される諏訪氏系図

第二部　御茶壺屋敷　井川の殿様・海野家

『駿河記』によると、海野《うんの》氏は信濃国の住人、滋野《しげの》氏より出た一族と伝わる。

往昔、海野氏支流の一族が駿河国井川に土着し、鎌倉初期には小太郎左衛門を名乗った幸氏が初代鎌倉将軍・源頼朝に仕えた。その幸氏から数えて九代の後胤を弥兵衛尉本定といい、安部元真の嫡女の聟となって井川に居住し、安部井川屋敷の家督を継いでいる。後に安部家が関東転封となった家康に従って関東に移住すると、海野家は郷士として井川に残って御茶壺屋敷の管理をはじめとする様々な役目を担った。

海野氏の源流とされる滋野氏は天つ神・天道根命《あめのみちねのみこと》の後裔と伝わり、延暦年間に伊蘇志《いそし》臣（勤臣）姓を賜った後、滋野宿禰《すくね》・滋野朝臣《あそん》を賜姓された（『姓氏家系辞書』）。弘仁十三（八二二）年十一月一日、滋野宿禰家訳《いえおき》が嵯峨天皇から従五位上を授けられており（『日本後紀　逸文』）、その家訳から数えて六代の後胤・幸俊（信濃国望月牧監）が海野を名乗って海野氏の祖になったといわれる（『古代豪族系図集覧』）。

また、一説に滋野氏は源を本姓とする清和源氏の後胤ともいわれ、「滋野系図」「信州滋野氏三家系図」などでは清和天皇から系譜が起こされている。

これらの系譜によると、滋野氏の祖は清和天皇より四代の後裔・善淵王と記される。平安中期、平将門の乱が起きると大将としてその鎮圧に活躍し、このとき、醍醐天皇から〝月輪七九曜の幡《はた》〟とともに滋野姓を下賜された。

この月輪七九曜の幡とは、垂仁天皇の御宇、大鹿島尊と日本姫皇女が天照大神の神勅を蒙り、その御鎮座を伊勢国五十鈴川上流に定めたとき、天から降りた二流の幡の一流といわれる。これらは内宮と外宮の尊形といわれ、その御託宣によって内裏に奏遷された後、三種の神器と同じく神殿へ奉納されていたという。

その後、滋野氏は信濃国を中心に繁栄し、滋野三家と呼ばれる、望月氏、禰津氏、海野氏の源流になった。

1 海野家と御茶壺屋敷

「安部家の旧本領を継いだ海野本定は弥兵衛を名乗り、以後、海野家当主はその通称を受け継ぎます。代が替わるたび、安部の大名家に挨拶に行ったという記録も残っており、安部家から刀や槍などを下賜されていました。ですから地元では相当な家柄で、〝井川の殿様〟と呼ばれていました。実際は殿様ではなく領主ですが、その海野家が朝倉家とともに

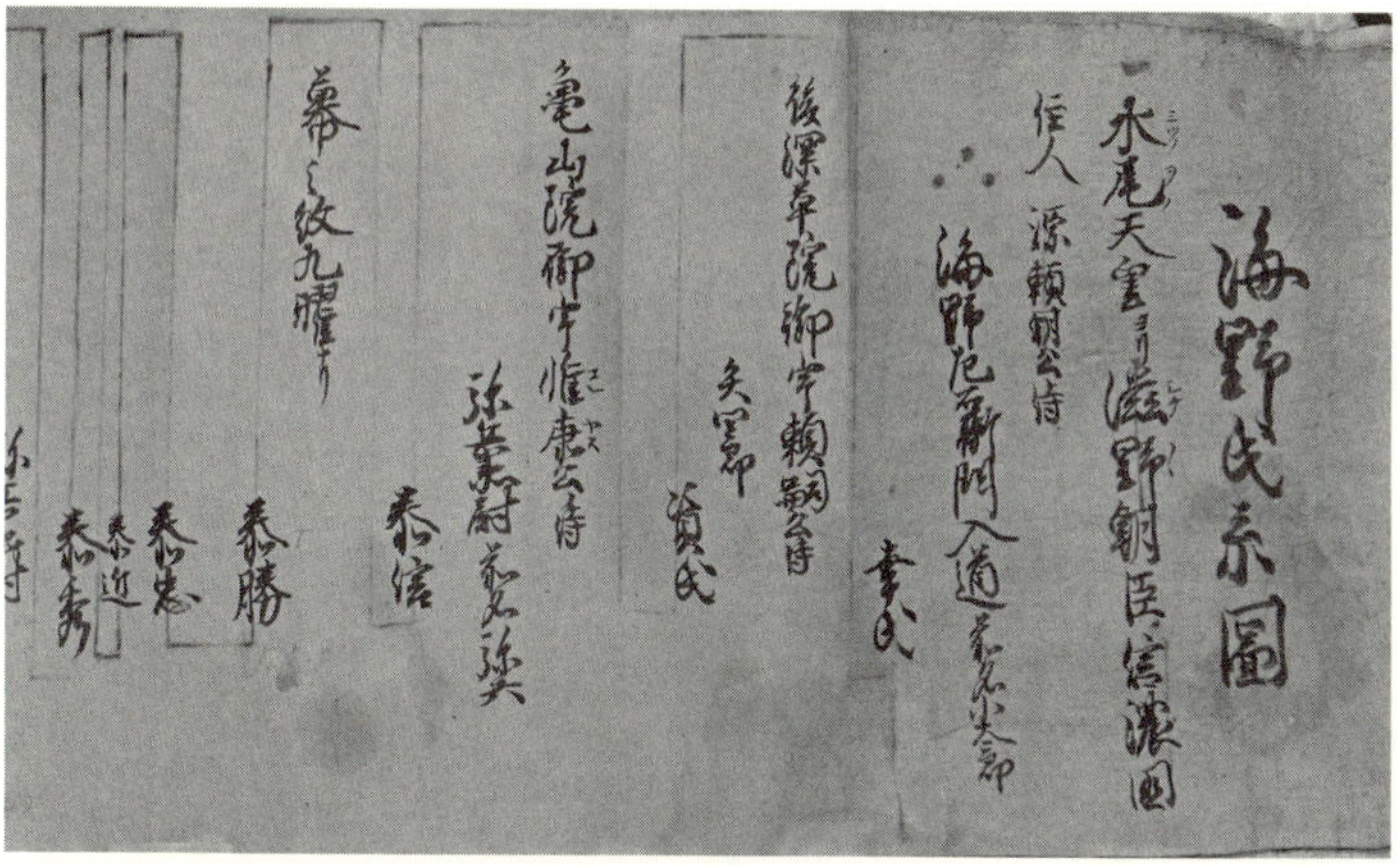

海野家に伝わる系図

命じられたのが御茶壺屋敷の設置と管理でした。この朝倉家は玉川の住人で、先祖が越前国から移住したといわれています。実際に使用されていた御茶壺保存帳が海野家に現存しています」

海野弥兵衛本定とともに御茶壺屋敷を管理したとされるのが朝倉六兵衛在重である。朝倉氏は安倍郡柿島の郷士で、長妻田の松尾山曹源寺を菩提寺としている（『駿河記』）。

「御茶壺屋敷というのは、新茶を御茶壺に詰めて保存するための蔵で、大日峠にありました。当時はほとんどが碾茶で、石臼で挽いて抹茶にしていたそうです。その保存に適しているのは冷所でしたから、井川の山間が適地だったわけですね。ただ、御用茶の管理や運搬にはかなりの費用がかかったらしく、一〇〇〇人を養える

大日峠近くに復元された御茶壺屋敷

御茶壺屋敷跡の碑　かつて御茶壺屋敷のあった跡に建てられている

といわれるほどだったとも伝わっています」

現在、御茶壺屋敷跡に記念碑が立てられており、近年、大日峠に同屋敷が復元された。十月下旬には蔵出し・御茶壺行列・口切りなどが行われ、駿府本山お茶祭りが開催される。また、「大般若」「判官」などの銘をもつ御茶壺が現存し、徳川美術館に所蔵されている。

2 御用茶の管理

「御茶壺はけっこう大きなもので、御用茶は袋に小分けして入れられました。今も宇治茶でやっているように、それらの隙間にも茶を詰めて封をしたのではないかと思います。『静岡市史』に両家が管理した御用茶と御茶壺の流れが出ていて、長いときは一年以上保存されて駿府に運ばれていたようです。そのとき、現在のお茶壺道中行列の起源になっているように、峻険な山道を通って大きな壺を運ぶのですから、駕籠などに載せて運んでいったのではないでしょうか」

『静岡市史・近世』の流れ図によると、旧暦の四、五月に摘まれた新茶は口坂本の海野屋敷で壺に詰められ、大日峠の御茶壺屋敷に保管された。これらは八月末に駿府代官所の御茶蔵に届けられ、九月頃に封を切られた（御口切り）。茶は駿府で御用を務める茶師・宗

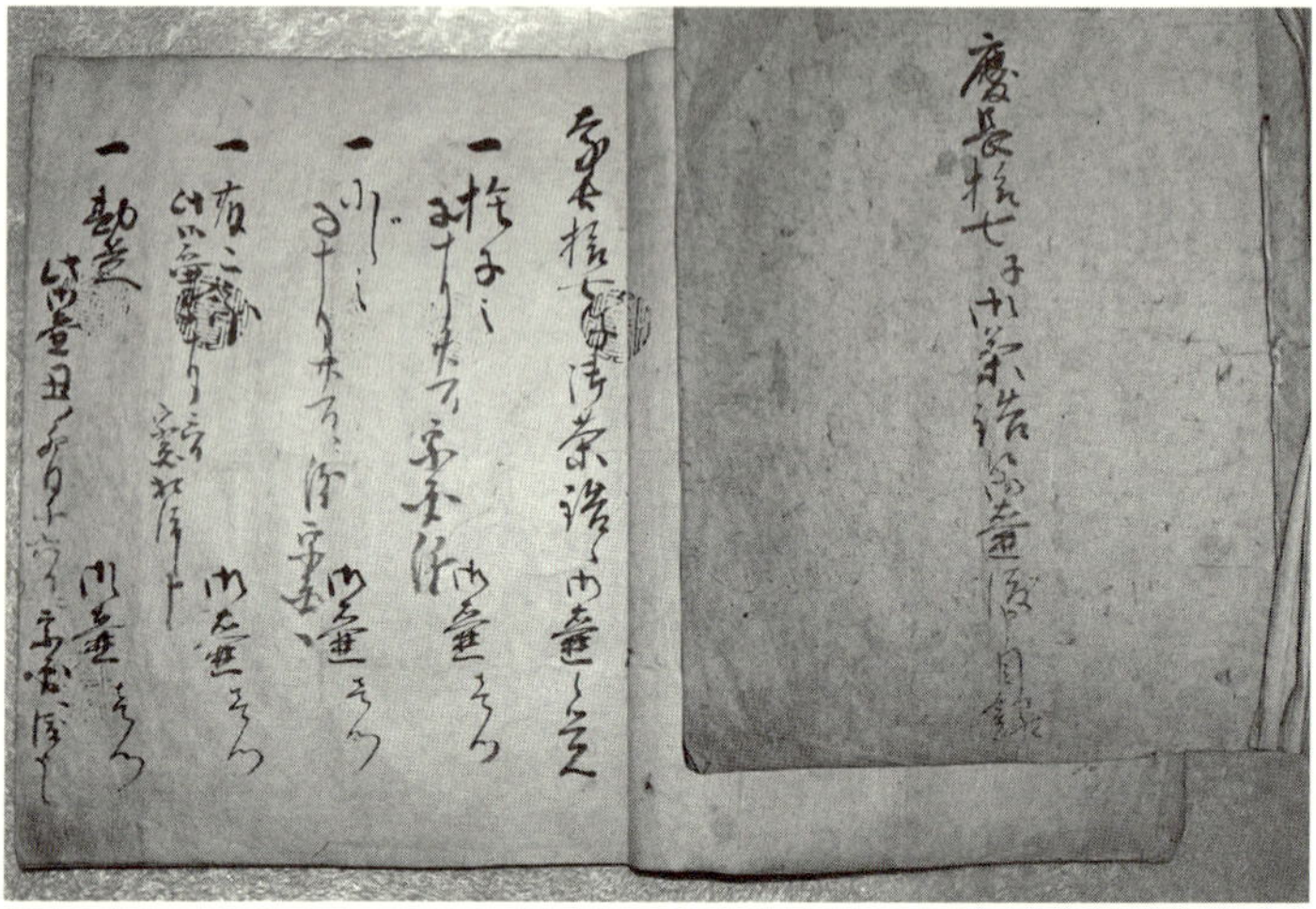

慶長17年の御茶詰御壺渡申目録（海野家所蔵）

圓らの差配で家康や妻妾、側近などに分けられ、茶会などにも用いられた。そして空になった御茶壺は預かり状・請取状とともに海野屋敷に戻されている。

「実のところ、井川の御茶壺屋敷がいつまであったのか、あるいは使われていたのか、はっきりとはわかりません。記録だけから判断すると、家康公の代で終わっていたようにも見えます。というのは、海野家所蔵の古文書にその後の記録が見当たらないのです。ただ、駿府の町奉行をした加藤正行という人が書いた『なおりその記』のなかには、正徳年間まで御茶壺があったと記されてもいるんですよね」

『なおりその記』に紺屋町や足久保の御茶小屋の記事があり、〝足久保村ヨリ産スル茶ヲ此所ニ持来タリテ製セシ……正徳四年ヨリ此事ヤミテ〟と記されている。これを海野弥兵衛と朝倉六兵衛が奉行したとあるものの、森竹氏の話のように井川の御茶壺屋敷については触れられていない。

「大日峠の御茶壺に詰められた茶ですが、どこで採れたものだったかまではわかりません。聖一国師のこともあって、足久保茶の名は有名だったと思いますが、海野家が持っていた井川の茶畑もかなり広かったようです。もちろん、それは小作人たちにやらせておりまして、その駄賃にいくら支払ったかという記録も残っています。いずれにせよ、御茶にこれだけ手間暇や費用をかけられたわけですから、戦国時代から一転、平和そのものだったのだと思いますね」

『井川村誌』の記事には御茶壺に付けられていた銘が列挙されている。例えば、大般若、捨子、一文字、ニジミ、清香、明月など、壺の姿を彷彿とさせる銘のほか、遠江頼宣君、阿茶局、於万ノ方など家康の子や妻妾の御茶壺があり、さらに本多正純なども〝自分ノ壺アリ〟と記されている。

海野氏略譜①

（幸俊まで『古代豪族系図集覧』、以後『駿河記』）

天道根命（紀国造祖）―宇遅彦命―豊耳命―紀豊布流（紀君）―富持古―楢原久等耳（楢原造）―伊加支―長吉古

押根―田狭―夜布多―道足―鷲取―東人（駿河守 伊蘇志臣）―綿麻呂（大学助教）―滋野家訳（尾張守 賜滋野宿禰）

貞雄（少納言侍従）―善淵（大宰少弐）―恒蔭（信濃守）―恒成（因幡介）―幸俊（信濃国望月牧監 海野氏祖）…某…幸氏（注）（小太郎左衛門）―資氏（弥四郎）

泰信（弥兵衛）―泰勝―泰忠―泰近―泰秀―泰頼―本定（弥兵衛尉）―元重（弥兵衛）

正成（五左衛門）―…

信典（御巣鷹役）―…

（注）海野小太郎幸氏…両略譜に共通して登場する人物で、『駿河記』と「信州滋野市三家系図」でともに源頼朝の侍と記される。

海野氏略譜②

（幸氏まで「信州滋野氏三家系図」、以後『駿河記』）

清和天皇（人皇56代）―貞保親王（二品 式部卿）―目宮王（菊宮）―善淵王（従三位 賜滋野朝臣姓）―滋氏王（信濃守）―為広（従五位上 号三寅大夫）―為通（左衛門督）―則広（武蔵守）

―重道（野平三大夫）―広道（海野小太郎）―幸親（小太郎）―幸広（弥平四郎）―幸氏（源頼朝御家人 小太郎（注））―資氏（弥四郎）―泰信（弥兵衛）―泰勝

―泰忠―泰近―泰秀―泰頼―本定（弥兵衛尉）―元重（弥兵衛）┬正成（五左衛門）…
　　　　　　　　　　　　　　　　　　　　　　　　　　　　└信典（御巣鷹役）…

（注）海野小太郎幸氏…同系譜に「左衛門尉志水冠者義高ノ伴シテ鎌倉へ下向。義高没落時忠懃被召捕。頼朝却而感之賜海野本領。任兵衛尉」とある。志水冠者義高とは以仁王の平家追討の令旨を受けて挙兵した木曾義仲の嫡男で、源頼朝に質として差し出された。その随身の一人が海野小太郎である（『平家物語』）。義高は頼朝の長女・大姫の聟とされていたものの、父・義仲が鎌倉と対立して討たれると、連座の危険を察した大姫によって逃がされた。このとき、海野小太郎が義高の身代わりとして館に残った（『吾妻鏡』）。

譜代家臣　匂坂六郎五郎の末裔

姉川の合戦　豪傑・真柄十郎左衛門との対決

静岡県磐田市　匂坂正實・和子・裕

遠江国を本国とする匂坂《さぎさか》氏は姉川の戦いで朝倉方の豪傑、真柄《まがら》十郎左衛門直隆を討ち取った六郎五郎吉政の末裔として知られる。同エピソードは伝説的逸話として、『信長記』や『四戦紀聞《しせんきぶん》』など多くの書に掲載されており、十郎左衛門がふるったとされる刃渡り九尺五寸（約二八八センチ）の太郎太刀は熱田神宮（愛知県名古屋市）に所蔵されている。

戦国期、匂坂氏は遠江国を領した今川家の家臣だったが、同家没落後は遠州に進出する徳川家康に仕えた。以後、江戸時代を通して幕府旗本に列したが、当家の直接の先祖となる家は江戸初期に帰農し、豪農として現在の磐田市匂坂上に土着した。

匂坂家の系譜を『寛政重修諸家譜』で見ると、清和源氏支流として〝向坂《さきさか》〟の名字で掲載される。しかし、冒頭の添え書きに「今の呈譜、藤原氏にして……」とあるように、当家によると本姓は北家藤原氏、五摂家の一つ二条家の末裔という。平安後期の関白太政大臣・藤原忠通の男に九条家の祖・九条兼実がおり、その四代孫が二条家の祖・良実である（『尊卑分脈』）。当家家伝に従えば、良実の五代の後胤・則実が匂坂十郎を名乗って匂坂家の初祖となった。十郎左衛門との伝説を残した六郎五郎吉政は則実から数えて一四代目の当主にあたる。

1　匂坂六郎五郎の活躍

左から　和子氏、菊野氏、市川氏、裕氏　後のソテツは戦国時代の匂坂城にあったものと伝わる

当家の証言者は匂坂正實《まさみ》・和子・裕《ゆたか》の三氏。また、磐田市歴史文書館で主に古文書の解読をされている市川恒《ひさし》氏が補佐された。

「当匂坂家の本姓は藤原、家紋は丸に三つ盛り亀甲に花菱、替紋は九曜です。系図で藤原氏の祖である大織冠鎌足公からたどると、当家は摂関家の一つである二条家の子孫にあ

たっています。二条家の祖となった二条良実の四代孫にあたる参議中将共実の子・則実が匂坂十郎と称して、これが初祖ということになっています。ただ、当家に残っていた古い記録などは明治時代に盗難に遭って焼かれてしまい、まったく残っていないのです」

「いろいろな文献を見ていくと磐田市匂坂が匂坂氏発祥の地だと書いてありますね。時々、歴史文書館に匂坂という家のルーツを知りたいという人が来ますので、そんなふうに説明をしています」

　明治期、当家は盗難の被害に遭って放火され、所蔵していた多くの資料や遺品を失った。かろうじて残ったものも、太平洋戦争の際に行方がわからなくなっている。現在ある匂坂家系図は祖父の貞太郎《ていたろう》氏が残した記録をまとめたものだという。

「先祖が当地に来たのは南北朝時代のことで、その当時、当家は南朝方でした。後醍醐天皇の皇子・宗良《むねなが》親王についてきたのですが、結局、南朝が滅びてここに土着したわけですね。土地の名が匂坂でしたので、それを名字としました。つまり、初めからこの土地に来

たというより、結果的にここを開拓することになったということなのです」
「宗良親王については言い伝えがあって、乗っていた船が難破して白羽というところに着いたといわれています。ただ、そんな地名がいくつかあって、上陸地点がどこだったのかはっきりしていません。親王は井伊氏のところで旗揚げをしますが、そのあとは負け続きでした」

当時、宗良親王は東国を経略するべく、船で伊勢から東国に下向する途上にあった。その際の遭難について『桜雲記』には、〝伊豆崎に於て難風に逢ひ、船漂い、或は没す。…（中略）…宗良親王并《ならび》に尊良《たかなが》の一宮の船、遠州白羽湊に着く〟とある（延元三〈一三三八〉年九月十一日条）。当家の初祖がこれに随行していたなら、匂坂氏は十四世紀前半から遠江国の住人になっていたことになる。

「戦国時代、当家は今川家の家臣で、一一代当主の長能《ながよし》が氏親から氏真まで四代に仕えていました。『寛政重修諸家譜』だと長能の次の当主に吉政がおり、六郎五郎と称しています。この六郎五郎吉政が姉川の戦いで朝倉方の豪傑・真柄十郎左衛門を

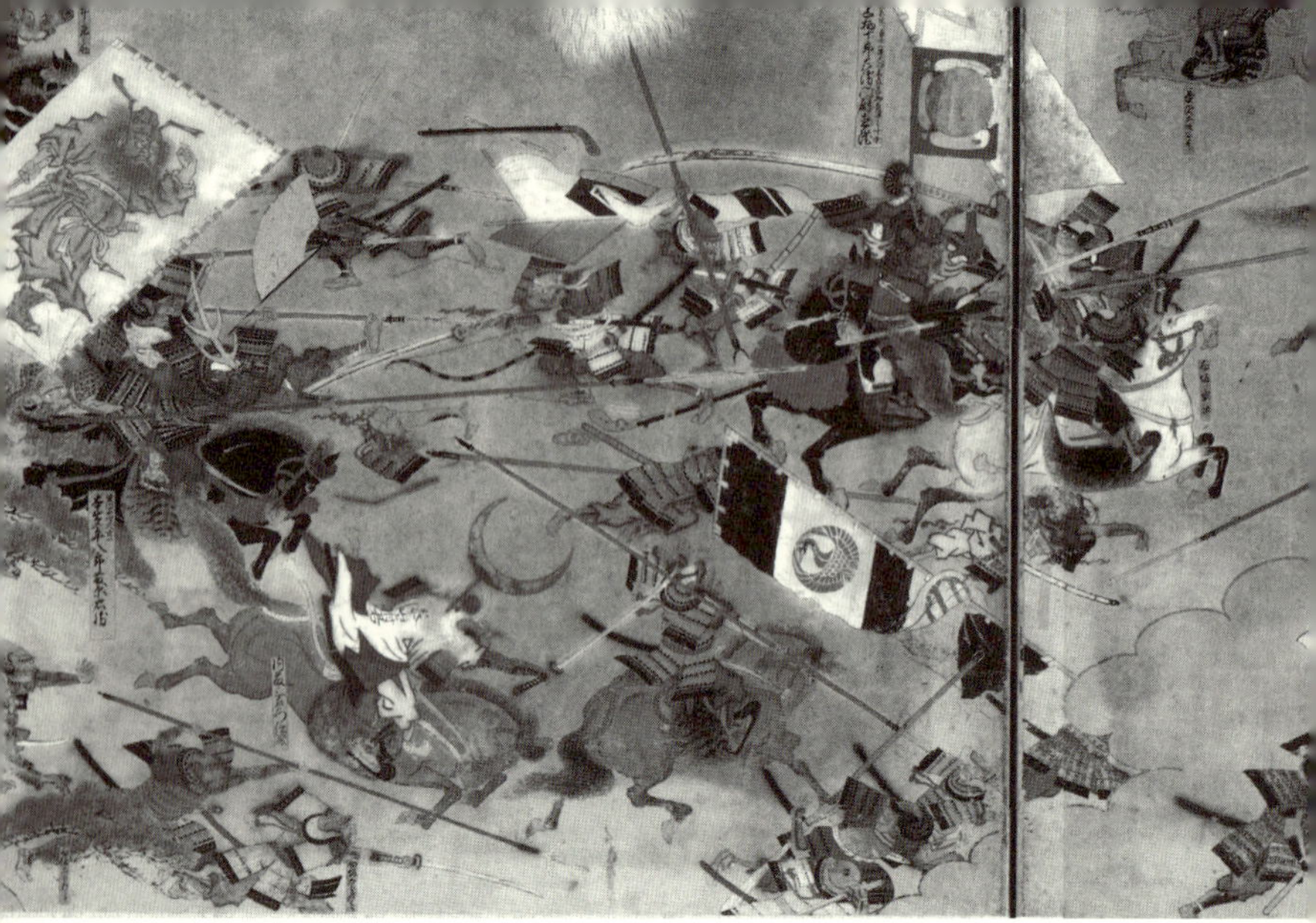

姉川合戦図屏風（福井県立歴史博物館蔵）より
長い太刀をふるう真柄十郎左衛門（右上）、その隣で白馬にまたがる匂坂式部。
十文字槍を構えているのが匂坂六郎五郎（左下）

討ち取った人物といわれています」

姉川の戦いは元亀元（一五七〇）年、織田信長・徳川家康連合軍と浅井長政・朝倉義景連合軍との間で行われた。このとき、無双の力と武勇を誇る朝倉方の大将・真柄十郎左衛門が竹竿のような大太刀をふるって力戦したと伝えられる。

「十郎左衛門に立ち向かったのが徳川麾下の匂坂三兄弟、式部政信と六郎五郎吉政、五郎次郎政吉でした。式部が前に出ると、十郎左衛門はその槍を大太刀で払い、兜を打ち砕きました。五郎次郎が助太刀に来ますが、やはりかないません。これを見た六郎五郎が十文字槍で真柄を突き伏せ、ついに首級を挙げました。言い伝えだと、六郎五郎が兄の式部に首級を取れと譲るのですが、式部はお前の手柄にしろと答えたわけですね。まあ、美談のような最後になっているのですが、古い時代のことですし、史実として残っている話でもありません。私たちも本に書かれている以上のことはわからないのです」

「福井県立歴史博物館で姉川合戦図屛風を見たことがありまして、大太刀を手にした真柄十郎左衛門の姿が描かれていました。白馬に乗る式部が打ちかかり、六郎五郎は長い十文字の槍を手にしています。匂坂の家臣・山田宗六もいましたが、すでに討たれたあとでした」

2 徳川家康との関わり

「一一代の長能は今川家の家臣でしたから、徳川家康に仕えたのはそのあとからです。『寛政重修諸家譜』には六郎五郎吉政が長能を継いでいるように書かれていますが、当家系図では少し異なっています。長能のあと一二代当主になったのは十郎左衛門に兜を割られた式部政信、つまり一緒に十郎左衛門と戦った六郎五郎吉政と五郎次郎政吉の兄です。……実はこのあたりが少々複雑な話になるのですが、式部政信が没したあと、その息子・政祐が継いで一三代当主になります。が、このあとにお家騒動のようなことがあり、争い

匂坂城跡の石碑

ごとになったり、当主が変わったりしたらしいんですね。それで一四代当主になったのが六郎五郎吉政でした」

「騒動の原因になったのは武田信玄の侵攻です。駿河に侵攻した武田勢が遠州に入ってきたとき、匂坂家では徳川につくか武田につくかで意見が分かれたわけです。一族にはたくさんの人がいますし、戦国時代のことですからね」

『寛政重修諸家譜』と異なる部分の系譜は匂坂城跡の石碑裏に刻まれる。市川氏の話では、この地にあったのは同家の館で、砦は洞《ほら》の谷と呼ばれた要害の地にあったという。

「その後、六郎五郎吉政の家系は江戸に出て幕府の旗本家となっています。『寛政重修諸家譜』では大番や御小姓番の番士などに列していたとありますが、最後は断絶してしまいました。また、一三代当主だった政祐の弟・長政の家系も同じく幕府旗本に列しています。長政の孫・政定は出世して二三〇〇石を知行するまでになりました。一方、政祐の子・信重の家は当地に残って帰農し、豪農として庄屋になりました。これが当家の直接の祖となる家で、代々の当主は善兵衛を襲名していました」

「お家騒動がなければ、吉政の手柄もありましたし大名家になったかもしれませんね。でも、当時はどこの家にもこういったことがあって、なかには本家と分家が異なる勢力について、どちらかが生き残れば家を滅ぼさずにすむと考える場合さえあったわけです」

吉政は一四代当主だったため、帰農した信重は当家にとって一五代当主にあたる。庄屋として当地に残った匂坂家はそれから一二代を数え、現在の当主は二七代である。

3 先祖や歴史への思い

「長能や吉政など武士だった代と帰農してからの先祖とは異質というか、違う考え方で生きていたのだろうと感じますし、私自身とは大きな隔たりがあるような気がしますね。ですから、それぞれを別の括りでとらえているのですが、それでもお家騒動のことだけは残念ですよ。せっかく六郎五郎吉政が手柄を立て、家康に可愛がられていたのに、とは思います。『寛政重修諸家譜』にもありますように、吉政は永禄十一（一五六八）年に家康から七九〇貫文の領地を安堵されていましたし、当家にはその判物が残されていました」

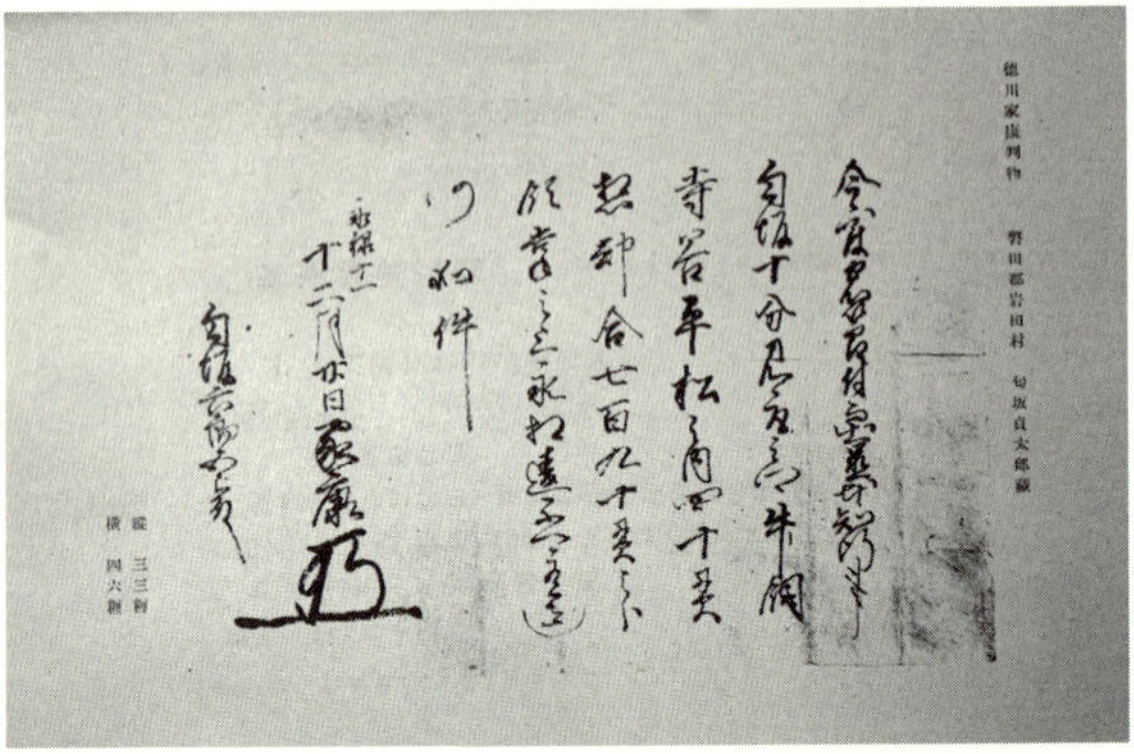

徳川家康から匂坂六郎五郎に下賜された領地の安堵状（複写）
永禄 11 年 12 月 20 日の日付がある

「『武徳編年集成』を見ると、こちらの判物にある日付とちょうど同じ永禄十一年十二月二十日の記事に家康が井伊谷より掛川まで大天竜　小天竜を東渡という記録が出ていました。ですから、その途中で匂坂館へ寄り、これをくれたのかもしれません」

同文献の記事には〝神君ノ諸軍次第ヲ遂テ船橋ヲ渡リ、佐野郡掛川ノ城ヲ一里計《ばかり》斜ニ見テ張陣ス〟とある。その〝船橋〟を天竜川に架けたのが前日の十九日だったという。

「そのとき吉政が家康に父親・長能の武勲を言上すると、家康はこれを非常に誉め、長能の霊を金吾八幡に祀れと言ったそうです。これは記録にありませんから言い伝えなんですが、実際に最近まで金吾八幡があって、長能の木像が御神体になっていたんですよ」

金吾とは皇居諸門の警護を司る衛門府《えもんふ》の唐名《からな》で、その長官（督《かみ》）を金吾将軍という。すでに同神社はないが、今も当家敷地内の社《やしろ》に金吾八幡が祀られているほか、当地には長能

増参寺に移植された２株のソテツのうちのひとつ

を開基とする増参寺《ぞうさん》があり、かつて匂坂城にあって徳川家康に誉められたといわれる三株のソテツのうち二株が移植されている（一株は当家敷地内。一〇七ページ写真参照）。

また、領地の安堵状は〝匂坂六郎五郎〟宛になっており、当時は『寛政重修諸家譜』に掲載される〝向坂〟が用いられていないことがわかる。

「五代将軍・綱吉の時代に〝向〟の字を使うよう命令があって、一六代の政重か次の政勝の頃から向坂と改めています。明治維新後、匂坂に戻っていますが、今でも庭に〝向〟という字のある瓦が残されています。現在の家に建て替えるまで、江戸時代の家屋を使っていたんですよ」

「江戸時代の文書を見ると、土地の名も向坂

“向”という字の入った瓦

に改められていたようです。でも、もともとの地名はやはり〝匂坂〟なんですね。曳馬野《ひくまの》の萩と当地のツツジが有名なため〝匂う坂〟としたという記録もあります。もう一つ〝鷺坂《さぎさか》〟という名もあって、室町将軍・足利義教《よしのり》の富士見物に随行して当地に来た堯孝《ぎょうこう》が〝打ちはぶき 飛びや立ちけむ 白鳥の 鷺坂山ぞ やすくこえぬる〟と詠んでいます。これは鳥の鷺なんですね。今も田んぼに白鷺がいますが、室町時代にはもっと多かったはずです。たぶん、坂の名を里人から聞いたとき、鳥の鷺だと思ったのでしょう」

　鷺坂山の歌は僧・堯孝の紀行文『覧富士記』に登場する。また、この旅には歌人・藤原（飛鳥井）雅世も同行して『富士紀行』を著しており、当地で〝遠くみる ふじの高ねも 白鳥の 鷺坂山を けふぞこえぬる〟と詠んでいる（永享四〈一四三二〉年九月十六日条）。

4 徳川家臣の末裔として

「家康像というと、遠州と静岡では見方が違うかもしれません。というのは、こちら遠州のほうでは家康に〝公〟をあまりつけないような印象があります。文献などには東照公とありますし、静岡の方もよく家康公と呼びますけれどね」

「遠州では家康が三方原で負けたという話が多く、そのあたりの違いがあるかもしれません。昔は子供念仏という盆の風習があって、その一節に〝元亀三年申の年……家康公と信玄が―〟なんて言い方もしてはいましたね」

「それに家康が浜松城にいたのは三十代くらいのころで、若くて神格化されていない時期でした。逆に静岡のほうだと、もっと年齢のいった大御所の家康がいたわけですし、地域によって見方が異なってくると思うんですよ」

「遠州の伝説というと家康が逃げた話ばかりなんです。それで〝家康を助けた〟といった根も葉もないような話があちらこちらにできたのでしょうね」

「そういうこともあって、よけいに呼び捨てにしますね。でも、いろいろな話を聞いたり読んだりしますと、やはり家康というのは特別な存在だったということが窺えます。織田信長と同盟したころからいろいろと策略も練って、秀吉との関係を見ても、その家臣たちを徐々に自分のほうに向けさせて、取り込んでいったような感じですね。要するに先見の明があったのでしょう。信長や秀吉にはできなかったことをやり遂げた人ですよ。

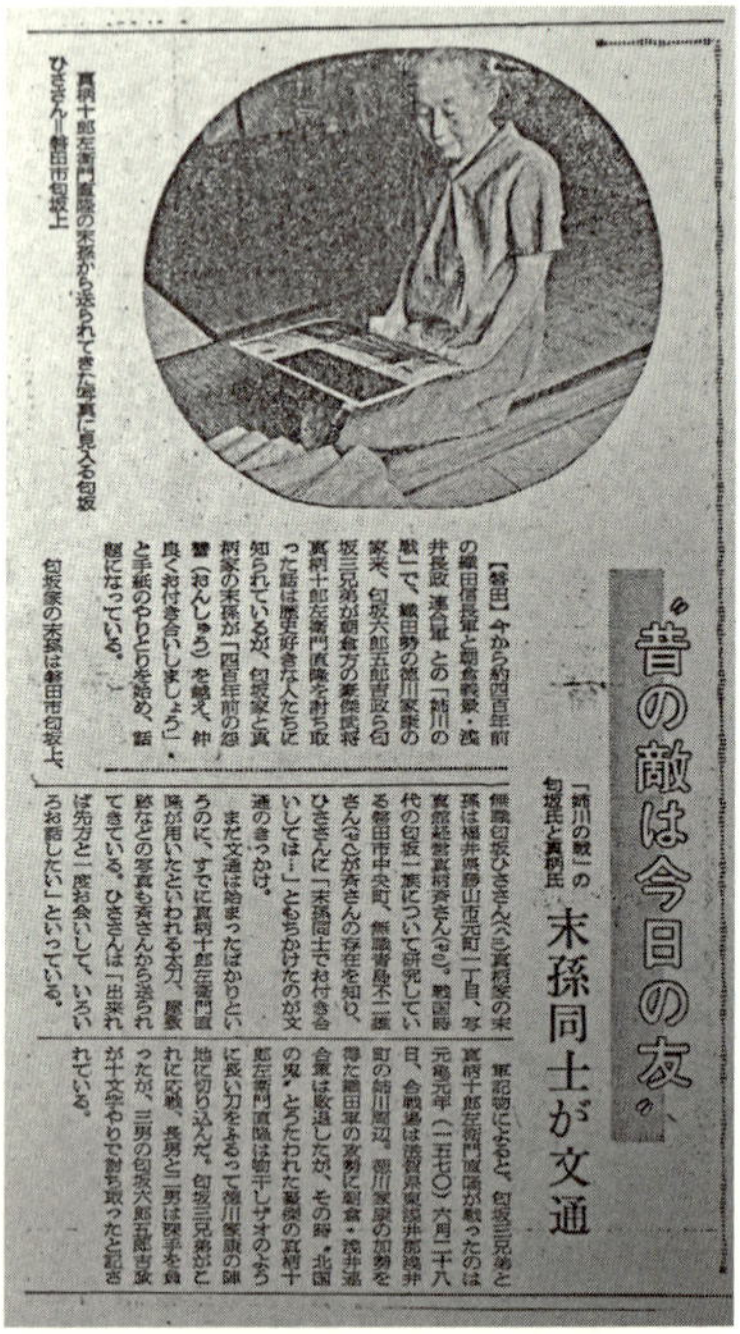

〝昔の敵は今日の友〟

「姉川の戦」の匂坂氏と真柄氏　末孫同士が文通

【磐田】今から約四百年前の織田信長軍と朝倉義景・浅井長政連合軍との「姉川の戦」で、織田勢の徳川家康の家来、匂坂六郎五郎吉政ら匂坂三兄弟が朝倉方の豪傑武将真柄十郎左衛門直隆を討ち取った話は歴史好きな人たちに知られているが、匂坂家と真柄家の末孫が「四百年前の怨讐（おんしゅう）を越え、仲良くお付き合いしましょう」と手紙のやりとりを始め、話題になっている。

匂坂家の末孫は磐田市匂坂上、無職匂坂ひささん（八三）。真柄家の末孫は福井県勝山市元町一丁目、写真館経営真柄斉さん（七〇）。戦国時代の匂坂一族について研究している磐田市中央町、無職青島不二雄さんが斉さんの存在を知り、ひささんに「末孫同士でお付き合いしては…」ともちかけたのが文通のきっかけ。

まだ文通は始まったばかりというのに、すでに真柄十郎左衛門直隆が用いたといわれる太刀、屋敷跡などの写真も斉さんから送られてきている。ひささんは「出来れば先方と一度お会いして、いろいろお話したい」といっている。

軍記物によると、匂坂三兄弟と真柄十郎左衛門直隆が戦ったのは元亀元年（一五七〇）六月二十八日、合戦場は滋賀県東浅井郡浅井町の姉川周辺。徳川家康の加勢を得た織田軍の攻勢に朝倉・浅井連合軍は敗退したが、その時〝北国の鬼〟とうたわれた豪傑の真柄十郎左衛門直隆は物干しザオのように長い刀をふるって徳川家康の陣地に切り込んだ。匂坂三兄弟がこれに応戦、長男と二男は深手を負ったが、三男の匂坂六郎五郎吉政が十文字やりで討ち取ったと記されている。

真柄十郎左衛門直隆の末孫から送られてきた写真に見入る匂坂ひささん＝磐田市匂坂上

家臣との信頼関係も清康などの時代から培われていたのではないでしょうか。三河一向一揆のときも、敵対した相手を許すだけの寛容さがありました。しかも、何もかも完成させてから後継者に渡していますよね。そういった資質すべてを含め、組織作りや統率力に長けていた人物だったと思います」

現在、匂坂家は真柄十郎左衛門直隆の末孫家と親しく文通をしているという。これは昭和四十八（一九七三）年に始まったことで、当時の静岡新聞に〝昔の敵は今日の友〟と題した記事が掲載された。

匂坂氏略譜

（良実まで『尊卑分脈』、良資より当家家伝）

藤原鎌足（大織冠）――不比等（右大臣）――房前（左大臣）――真楯（正三位 大納言）――内麿（従二位 右大臣）――冬嗣（正二位 左大臣左大将 号閑院大臣）――良房（摂政太政大臣 号白河殿）――基経（従一位太政大臣 摂政関白 号堀川殿）――忠平（従一位太政大臣 摂政関白）

――師輔（右大臣）――兼家（従一位 摂政関白太政大臣）――道長（従一位 摂政関白太政大臣）――頼通（従一位 摂政関白太政大臣）――師実（摂政関白）――師通（正二位 関白内大臣）――忠実（従一位 摂政関白）――忠通（太政大臣）――兼実（太政大臣 号九条）

――良経（太政大臣）――道家（摂政関白）――良実（関白左大臣 号二条）――良資（法務権大僧都）――貞実（権大僧都）――共実（参議中将）――則実（匂坂十郎）当家初祖――共則（六郎三郎）――共重（六郎左衛門）

――共長（六郎）――長兼（六郎三郎）――長重（六郎太郎）――長正（六郎五郎）――重能（従五位下 備中守 六郎左衛門尉）――政重（六郎五郎尉）――政久（従五位下 筑前守 六郎五郎）――長能（従五位下 筑前守 六郎五郎）

――政信（式部 六郎四郎）――政祐（重左衛門）――信重（六郎五郎 匂坂善兵衛）帰農――政重（善兵衛）――政勝（改向坂／善兵衛）――勝重（善兵衛）――重武（善兵衛）――重高（善兵衛）――重堅（善兵衛）

――吉政（六郎五郎）……

――政広（善兵衛）――政栄（善兵衛）――政家（善兵衛）……

譜代家臣　成瀬藤蔵正義の末裔

三方原の戦い　壮烈な最期をとげた忠臣

静岡県浜松市　林　信志

成瀬家の本姓は藤原氏と伝わる。『寛政重修諸家譜』には〝（成瀬氏の）先祖は洛陽の神笏なり。流落して参州に下り、成瀬の郷に居住す……〟とあり、五摂家の一つ、二条家の五代当主・良基の末裔という。

『尊卑分脈』によると、関白太政大臣・藤原忠通の男に九条家の祖となる兼実がおり、その四代孫・良実が二条家の祖となった。『寛政重修諸家譜』の記述によると、その五代の後裔・良基がはじめ三河国加茂郡に一時寓居し、公達、基久という二子をもうけた。これら二子は足《あ》助庄《すけのしよう》成瀬に居住してこれを家号とし、基久の子・又太郎基直が松平氏初代当主・親氏に仕えた。以後、成瀬家の子孫は松平家累代の家臣となる。

基直の孫・藤五郎直庸は三河松平一族の基盤を築いた三代当主・信光に仕え、安祥城攻めなどで武功をあげた。その後、安城に封じられた四代当主・親忠に附属されて木戸村に住し、その男・国平も親忠、五代当主・長親に歴仕した。国平の四代の後裔が当家の祖となる藤蔵正義で、成瀬家当主として初めて徳川家康に仕えた人物である。

前掲家譜によると、元亀三年十二月二十二日（一五七三年一月二十五日）、正義は三方原の戦いに臨んだが、家康軍が劣勢に陥ると弟の正一を退却する家康の供とし、自らは戦場にとどまって武田勢のなかに斬り込んでいった。享年三十八、法名は大忠。墓碑が入野村（現、浜松市中区蜆塚）の宗源院に建てられ、今も毎年十二月二十二日には供養の法要が執り行われている。

1　遠州の成瀬家初代　藤蔵正義

「成瀬家は二条という摂関家から続く家といわれます。徳川幕府の公的な記録である『寛政重修諸家譜』にも同様に紹介されていて、南北朝時代に二条良基という人が都の争乱を避けて、三河国足助庄に来ていたと伝えられています」

北朝暦の文和二（一三五三）年六月、北朝第四代天皇・後光厳《ごこうごん》院は京から美濃国垂井宿

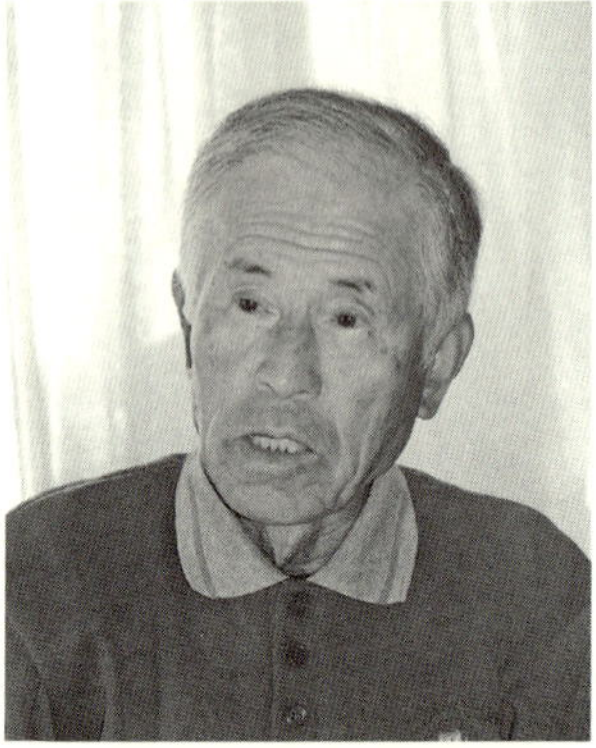

林信志氏

小島の行宮《あんぐう》に行幸し、九月に帰洛した。このとき関白太政大臣・二条良基は瘧《おこり》の病で伏せていたが、七月になると京を出て美濃に逗留中の院と合流した。ただ、このとき著した紀行文『小島の口すさみ』の冒頭で〝かかる身に関の外まで出たる事も例しなきこと〟と書いており、紀行文もこれのみであることから、三河国に赴いたとされる時期ははっきりしない。

「そのとき地元の武士・足助次郎の娘を側室のように召して、できた子の子孫が成瀬を名乗る一族として続きました。それが当成瀬家の直接の祖ということになり、徳川家康に仕えた藤蔵正義が初代とされています。ただ、当家に伝わる過去帳や古い記録から系譜をつくってみると、三方原で正義が討ち死にしたあとの系図は『寛政重修諸家譜』と少し異なる部分もありました」

当家が参加していた「全国成瀬会」という同族の会（平成二十一年解散）による資料などでは二条良基との間に子をもうけた女性を足助次郎重範の娘〝竜の方〟としている。そのほか、当家では『寛政重修諸家譜』や寺院などに残された古い資料などを加味し、記録に忠実な成瀬家の系図をまとめている。

天文年間、家康の祖父・清康が没すると桜井松平の祖・信定が自立を図り、幼い広忠（家康の父）を三河から追放した。その際、広忠の岡崎城復帰に尽力した家臣の一人に正義の父・正頼がおり、〝その忠節比類なし〟と称されている（『寛政重修諸家譜』）。

「成瀬は松平家の譜代家臣でしたから、家格もかなり上のほうだったと思います。ところが、この正義がかなり荒い性格だったようで、同僚と争って相手を殺してしまい、遠州に出奔したのです。それで家康からの評価が下がってしまいました。これが永禄五（一五六二）年のことです。しかし、翌年、三河一向一揆が起きると岡崎に戻り、家康から帰参を許されています。戻るのにちょうどいい機会だと思ったのかもしれません」

また、藤蔵正義が一向宗（浄土真宗）の信徒だったかどうかは不明だが、岡崎に帰参する際、真宗の寺院から妻子を連れ出したとの記録が残るという。

「妻が一向宗を信仰していましたから、正義もおそらくその信徒だったのだろうと思います。当時、同族の人たちもけっこういたでしょうから、家康側についた人もいれば一向門徒として争った人もいたはずです。正義は一向専修の徒でありながら、家康のもとに味方として馳せ参じたわけですね」

『改正三河後風土記』（巻第八）で当時の主だった武将の名を見ると、一向門徒方に成瀬新兵衛という人物がおり、一方で〝岡崎忠義勇士〟の一人に成瀬藤蔵が列している。これを見ても成瀬一族内で敵と味方に分裂していたことが窺える（後者は文献によって諱が異なるため、正義本人を指しているのかどうかは不確実）。

2 藤蔵正義の討死

「藤蔵正義が三方原で討ち死にする直前、鳥居四郎左衛門という同僚と喧嘩をしたと伝わっています。どうやら、どちらが手柄を立てるかといったようなことが原因だったらしいのですが、言い合いになったあげくに刀を抜く寸前までいったようです。今も講談などにこの逸話が出てきて、二人が隣同士だったようなことを伝えています。講談の話というのでは、どこまで本当なのかわかりませんけれどね。ただ、当時の両家は御使番というか伝令や偵察などをやっていたようですから、よく顔を合わせてはいたのでしょう」

『常山紀談』にも同様の逸話があり、合戦前夜、先後を争った成瀬と鳥居は周囲の者から〝二人とも家康の大切な兵ではないか〟となだめられ、ともに〝明日の軍《いくさ》に功名比べして討死せん〟と酒を酌み交わしたと書かれている。

「結局、鳥居四郎左衛門も藤蔵正義も三方原の戦いで討ち死にしてしまいました。これは

成瀬藤蔵正義の供養塔　宗源院

私の想像なんですが、正義は一向一揆の前に出奔していますから、成瀬家の名誉回復といった意識もあったのではないでしょうか。あとのことは弟の正一に託し、（成瀬の評価を下げた）自分はもうこれでいいんだということじゃなかったかと思うんですよ。……これ以後の正義について正確な資料は残されていないのですが、彼のお墓は浜松の宗源院という寺に建てられ、今も立派な供養塔があるのです」

『寛政重修諸家譜』で正義の事蹟をみると、最後に三方原の戦いの場面が記載されている。その記事には〝弟正一を呼ていひけるは、汝は此道の案内をしれり。（家康に）御供して浜松の城に入れ奉るべし。我はここにとどまりて討死せんとて敵中に馳入、数人を斬りてついに討死す〟とあり、忠義を貫いた豪傑の最期として伝えられている。

「宗源院という寺と当時の成瀬家にどのような関係があったのかはわかりません。そもそもこの寺の宗派は曹洞宗でしたから。ただ、この寺には〝敵に斬られた瀕死の正義がここまでやって来て、ついに腹を切って死んだ〟という話が伝わっていて、昔からそのあたりの低い土地は〝成瀬谷〟と呼ばれていました。しかし、当地の伝承の一つとして〝正義は敵に斬り刻まれて首を持っていかれた〟ともいわれていますし、正義には家来がついていたでしょうから、その誰かが主人である正義の亡骸を持ってきて葬ったという可能性もあるでしょうね」

現在、宗源院にある正義の廟所は〈家康の散歩道〉で一三番目の旧跡に指定されている。〈家康の散歩道〉とは浜松市が設定した散策コースのことで、同市内に点在する家康ゆかりの地を二時間ほどで歩いて巡れるようになっている。

3 正義の妻と子供たち

「藤蔵正義が戦死したあと、浜松に妻の妙意と四人の子供たちが残されました。この妙意というのは奥さんの法号で、俗名を〝勒《ろく》〟といいます。夫の菩提を弔うため出家しました

大澤寺本堂

が、彼女は四人の子供たちの身の振り方も考えねばなりませんでした。四人の子のうち、二男は他家の養子になって本多氏に仕えました。三男は武士を嫌って菊川の西方村というところの百姓家に入り、これが当家の祖となりました。四男の祐伝《ゆうでん》は相良の大澤寺《だいたくじ》に入って住職の今井家を継ぎ、これも今に続いています。一方、長男の正成は家康に仕え、後にずいぶん出世して犬山城主になりました。妙意とすれば、やはり四人のうち一人は夫の遺志を継がせたいと思ったのでしょう。ただ、この正成は『寛政重修諸家譜』で正義の弟・正一の長男と書かれていますので、ここのつながりが当家の系譜と異なる部分ですね。これらのことについては寺の過去帳や釈尼妙意記など

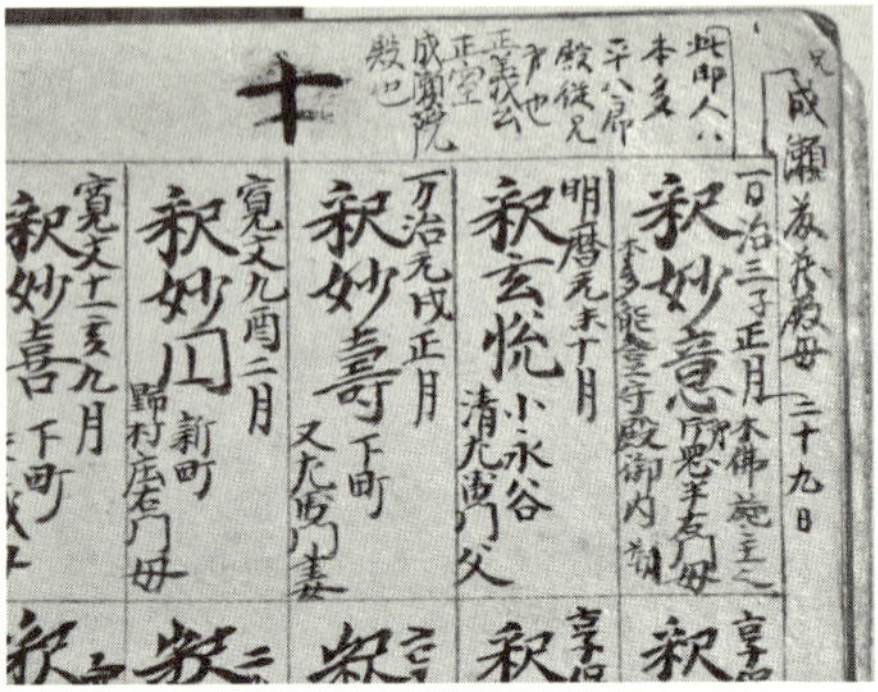

大澤寺過去帳　正義の妻・妙意尼の記録

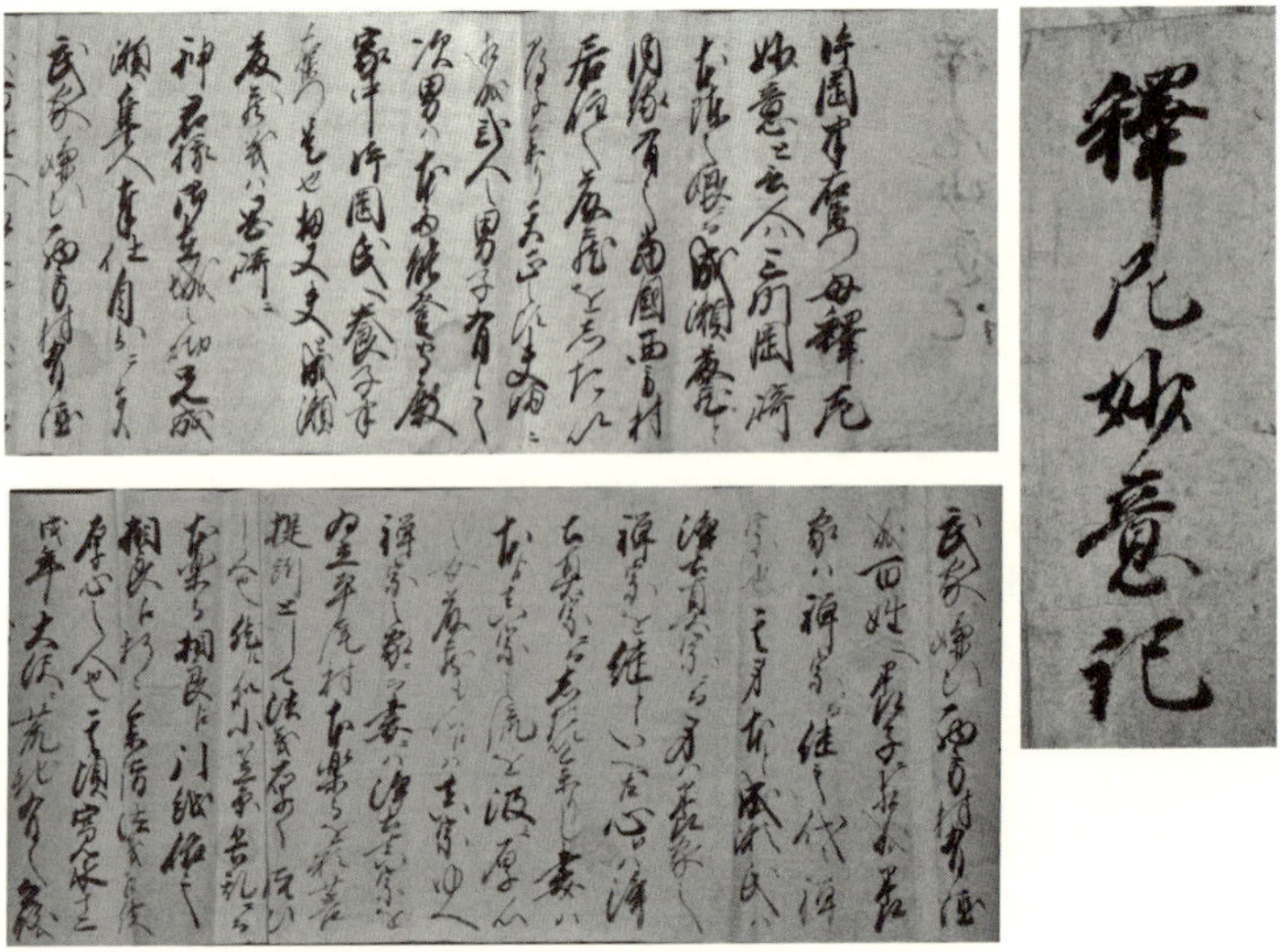

釈尼妙意記　成瀬正義とその妻子たちの歴史が綴られる

の古文書で確認できますが、もちろんそれらは公的な記録というわけではありません」

『寛政重修諸家譜』では正義から続く系譜がなく、旗本以上の子孫がなかったように書かれている。この後、正成は家康に信頼され、本多正純らとともに駿府の宿老として天下の政務を執るようになる。尾張藩の付家老として犬山城主となるのは、さらにその後のことだった。

「妙意のことをもう少し詳しく言いますと、子供たちの身の振り方を決め、四男の祐伝を連れていったのが菊川の段平尾《だんびらお》にあった本楽寺でした。妙意はここで出家し、本楽寺に入ったわけですね。ただ、この寺は高天神城攻めの際、家康の陣場となって焼かれてしまいました。その後、藤蔵正義の功や寺院への保障ということもあり、本楽寺は家康によって相良の大沢というところに大澤寺として再建されました。このとき、四男の祐伝がこの寺を継ぎ、三代目の住職となっています。ただ、これも火災や地震で何度か再建をして、現在の寺につながっていくわけですね」

祐伝が大澤寺第三世となったとき、第二世の住職は以前の本楽寺があった土地に戻り、西林寺を建てているという。

「もとの地に西林寺を建てたのは、やはりその土地に多くの檀家が残っていたからです。寺は再建されたものの、大澤寺のある相良まで通うのは大変だったのでしょう。一方、西

暁心翁之碑（右）とその碑文を写しとった拓本（左）　法讃寺境内

方村の百姓家へ養子に入った三男は正義と同じ藤蔵を号し、その農家も成瀬の姓を名乗るようになります。ただ、この農家がそれ以前に名字を持っていたのかどうかについては記録がありません。おそらく、藤蔵が来たことで成瀬を家号にしたのではないでしょうか。その後、藤蔵の長男は何か故があってこの家を出て、日坂のほうで別家を興します。この百姓家は禅宗の家だったそうですから、宗教上の理由もあったのかもしれません」

　このあたりの経緯は日坂の成瀬家の子孫が菩提寺の法讃寺に建て

た暁心翁之碑《ぎょうしんおうのひ》にも刻まれている。それを書いたのは明治期に書家として東京で活躍した成瀬の子孫・温《ゆたか》で、暁心と号した父・半五郎の事蹟と先祖の帰農後の歴史などを記しており、ここにも三方原で戦死した藤蔵正義の長男が犬山城主となった正成であると書き残されている。

「温は大域《たいき》という号で別号を賜硯堂《しけんどう》といいました。これは明治天皇から硯を下賜されたことがあるためで、その硯というのが天皇家に伝わる楠木正成が使っていたものだそうです。明治中頃まではかなり有名な人だったらしく、山岡鉄舟とも交流があって、西郷隆盛の弟・従道《じゅうどう》や紀州徳川家当主・徳川頼倫《よりみち》も弟子だったようです。一時は小野鵞堂《がどう》も門下にいたそうですよ」

『現今名家書画鑑』によると、小野鵞堂は〝駿河、田中藩士、小野成長氏ノ男、文久二年二月、藤枝城内ニ生ル、名ハ鐗之助、鵞堂ハソノ号〟という。明治期、その草書体（女筆）が人気を博し、流行した。

「この温、つまり大域は長男でしたのでいったんは日坂の家を継いだのですが、書家として家を出ましたから、その弟の辰平が替わって当主となりました。当家はその子孫の別家にあたります。大域家にはその後ずっと温が賜った楠木正成の硯がありました。ただ、それを受け継いでいた大域の孫も老年となり、平成十四（二〇〇二）年に相談を受けましたので掛川の美術館に寄贈することになりました。大域の生まれた日坂は掛川市になりましたからね。現在、硯は二の丸美術館に所蔵されているんですよ」

4 徳川家臣の末裔として

「家康は部下思いの人物だったと感じますね。大澤寺には明朝時代のものと伝わる中国の古い皿があるのですが、本楽寺が再建されたときに家康から下賜された供物です。もしかすると藤蔵正義が家康からもらっていたものかもしれませんが、おそらく妙意が賜ったものだと思います。伝承によると、もとは家康が今川家の人質だった時代に義元から拝領したものらしいですね。それら供物に加えて寺領も寄進されましたから、太平洋戦争後の農地改革で接収されるまで財政的にずいぶん助かったそうです」

本楽寺を陣場にした家康は、その代わりとして大澤寺を相良に再建したが、これが火災に遭うと再びその復興に協力している。

「それから妙意の長男・正成は御小姓に取り立てられ、やがて駿府で宿老にまでなりました。やはり藤蔵正義の遺児ですからね。妙意が一人は夫の遺志を継がせたいと願ったように、家康も自分の家臣に、と考えたのだろうと思います。それに非常に信頼されてもいたのでしょう。これも有名な話ですが、家康の九男・義直が尾張の徳川家を継いだときまだ幼かったため、正成は家康に頼まれてその付家老となります。つまり、直参ではなく陪臣になりますから降格のように見えますが、むしろ家康からの信頼が厚かった証拠だと思うんです」

林氏によると、戦国の世からすでに数百年の時が流れ、当時の祖先に対する遥かな思いもないわけではないが、むしろ古い歴史を調べることの面白さを感じているという。

「調べる楽しみというのはありますね。そういう意味ですと、徳川幕府の家臣団はひとつのきっかけになったでしょうか。いろいろと資料をみていくと、一般的な通説といいますか、記録と異なる部分も見つかってきましたので、今後はそういったところを調べていってみたいですね。それで、ある程度のことがまとまったら、家族や親戚に渡したいと思っています」

5　釘浦山大澤寺　その後の妙意尼

大澤寺の一光《いっこう》住職は成瀬正義の四男・祐伝から数えて一三代の後胤であり、同寺院の住職としては一五世にあたる。

「当寺院の開祖は近江の出身で安土の住人だった今井権七という人物です。それが遠州菊

今井一光住職

川の段平尾というところに本楽寺を建てますが、林氏の話にもあったように、戦禍や火災などを経験して今の大澤寺につながっていくわけです。その間、家康の朱印状などの資料を焼失していますが、当寺の由緒記の写しや釈尼妙意記などの古文書が残されています。この由緒記が書かれたころは元の寺の名をとって、本楽院を名乗っていたのですが、現在は釘浦山という山号になっています」

一光住職によると、開祖今井権七は浄了と号した僧で、その祖は平安末期に木曾《きそ》義仲《よしなか》と命運をともにした今井四郎兼平だという。

今井兼平は源平争乱の時代に活躍した武将である。寿永三（一一八四）年正月二十日、源頼朝から木曾義仲追討の命を受けた源範頼《のりより》と義経《よしつね》が数万騎を率いて京に入ると、義仲は源義広、今井四郎兼平らを勢多・宇治の両道に派遣して応戦したがいずれも敗れている（『吾妻鏡』）。

「妙意というのは成瀬藤蔵正義の奥さんの法号ですね。高天神城攻めのとき、もとの本楽寺が焼かれてしまいましたが、そこに妙意さんが子供たちと一緒に入っていたわけです。

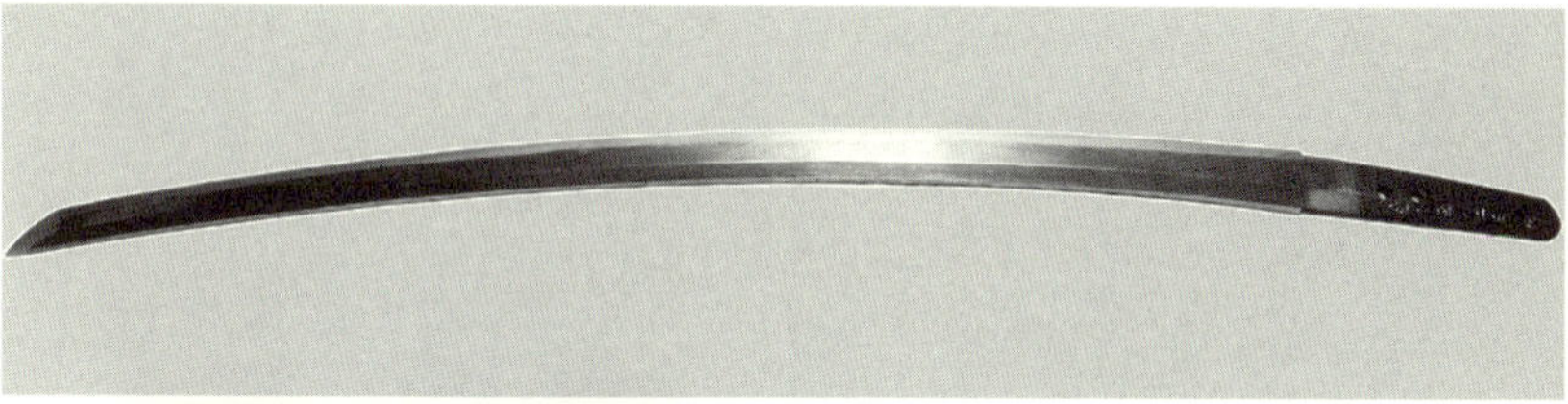

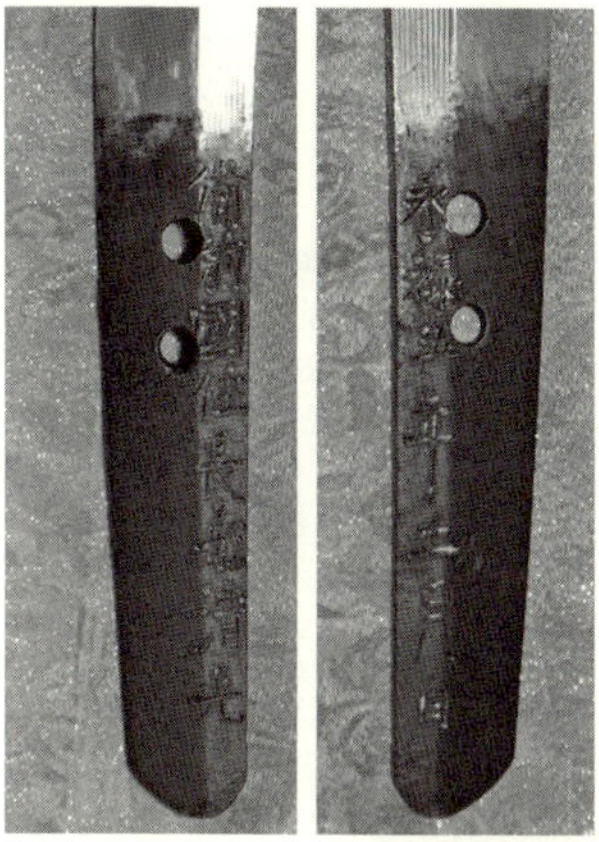

大澤寺に伝わる太刀（備前長船）
江戸期に犬山城主の成瀬家から拝領
柄の部分に「永禄五年　備前国住長船清光」とある

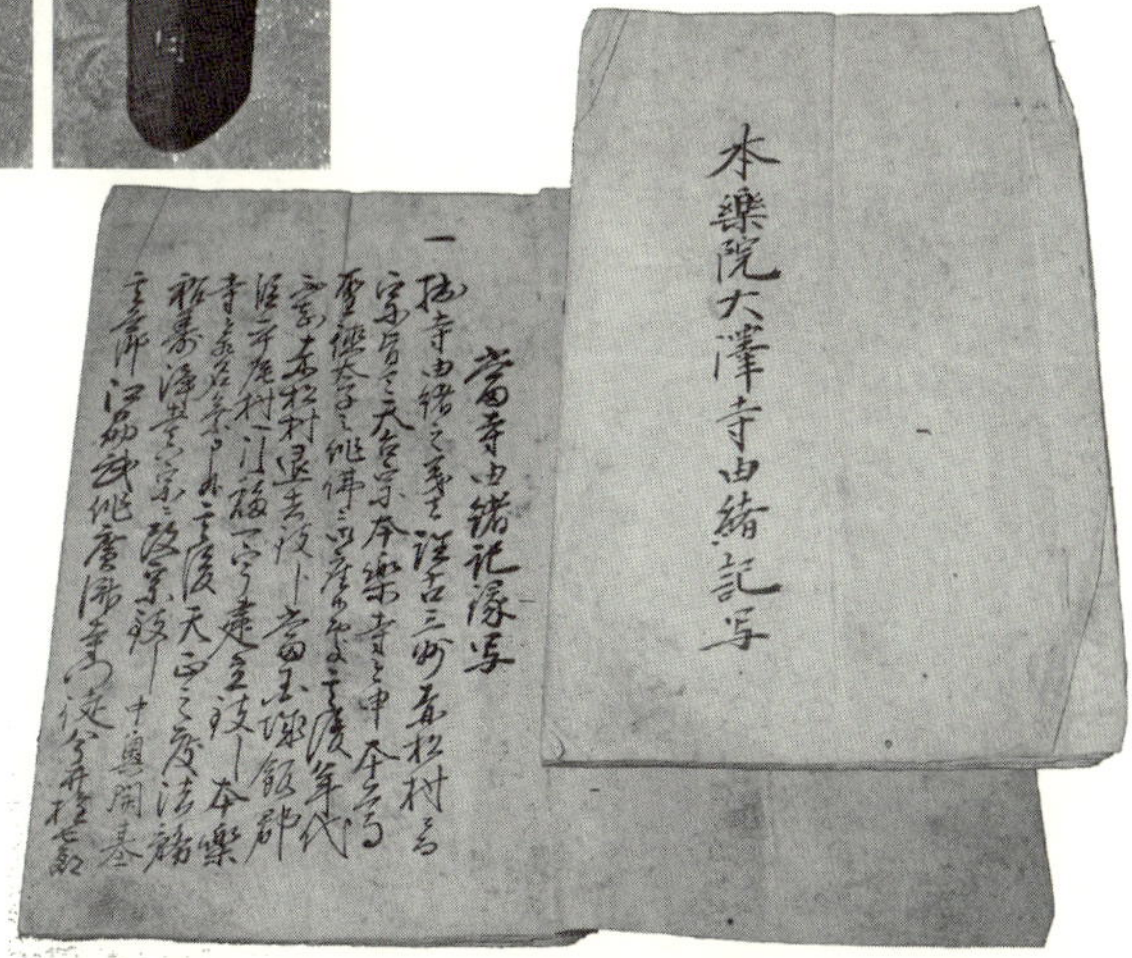

大澤寺由緒記写　表紙に本楽院という院号が記されている

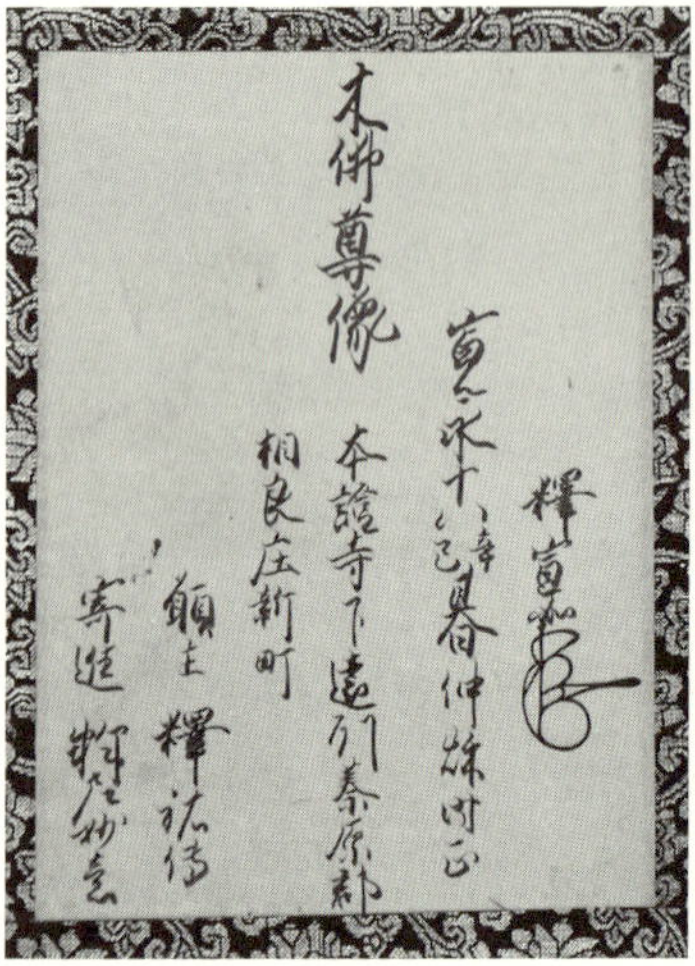

徳川家康が寄進した木造阿弥陀如来像（右）とその証明書（左）

彼女は熱心な一向宗門徒、つまり浄土真宗の信徒でしたし、夫の藤蔵が亡くなって出家していましたからね。それで、家康は寺を焼いてしまったこと、藤蔵の家族がそこにいたということで、相良大沢の土地を寄進しました。また、家康が妙意尼に木造阿弥陀如来像を寄進したという記録があり、それが妙意を通して大澤寺の本尊にされたんです。これは室町期に造られた仏像で、現在も変わらず当寺の御本尊ですよ」

浄土真宗では寺の本尊を決める場合、いったん本山に出して門跡の判のある証明書をもらうという。大澤寺の阿弥陀如来像にも寛永十八（一六四一）年に発行された証書が残されており、〝願主 釈祐伝、寄進 釈尼妙意〟とあり、東本願寺一三世・

宣如《せんによ》の署名と花押が記されている。

「昔は今と違い、すでにある本尊を本山に出して、お墨付きをもらうようなことをしていました。いわば既成事実ということですけれど、普通、本尊の由緒は口伝ですから、こういう証明書があるというのは浄土真宗以外では珍しいと思いますね。それから、三方原の戦いで討死した成瀬正義と妙意の位牌が残されています。いずれも当時のものですが、そのとき家康が主催した葬儀が執り行われましたので、浄土真宗の形式ではありません。おそらく、成瀬谷の宗源院で行われたのだろうと思いますが、そうだとすれば曹洞宗です。が、そこまではわかりません。葬儀の際、妙意も夫の位牌と同じ形で位牌を作ったのでしょう。普通、浄土真宗だと位牌はないんですよ」

成瀬正義（右）と妻妙意（左）の位牌
隆功院殿節雄大忠大居士（藤蔵正義）
成瀬院釈妙意大姉不退（妻・妙意）

　二人の位牌は木製で、書かれている字はかなり読みづらくなっている。藤蔵正義の葬儀で使われたものといえば、作られてからすでに四四〇年以上が経ったことになる。

「成瀬正義の葬儀が行われたときだと考えていますが、家康は明朝の皿を供物として寄進しています。これは現在も当寺に残っておりまして、もとは今川義元が家康に贈ったものと伝わっているんですね。義元が絡んでいるものとなると、なかなかほかに見当たりませんから、かなり珍しいものだろうと思います」

6 成瀬家の子孫として、徳川家臣の末裔として

「成瀬正義については英雄的な書かれ方をしていますが、僕のイメージとしては真面目で一本気な三河武士です。鳥居四郎左衛門と喧嘩したり、口論した同僚を斬って出奔してこっちのほうに来たりなんてことをしていますからね。家康の初期の時代に生きていた三河武士のグループだったんですよ。それもその中でもよりおっちょこちょいなタイプで、それで早死にしてしまったなと思うんです。それでも、成瀬への思いというのは、やはり深いものがあります。今は今井を名乗っておりますが」

「僕は歴史が好きなんですね。人間の歩んだポカというか、それを見て笑ったり自分も直さなければいけないと反省したり、それが楽しいわけですよ。持論と言ったらおかしいですが、人間って歴史にあることを必ず繰り返すんですね。歴史上の人物となると、一つの

今川義元から徳川家康に贈られたと伝わる明朝の皿

ポカで首が飛んだ人間もいっぱいいます。家康はそれをくぐり抜けてきてるんですね。三方原でもそうだし、鈴鹿越えでもね。秀吉と対面した小牧・長久手の戦だって不利な状況を勝ちにしてしまうわけだから、運がいいというか、運も実力、まれに見る実力者ですね」

「家康という人物については一言では言えないですね。それなりのかたちで偉大な平和な時代を作ったわけですが、やはり幸運がどんどん転がりこんできたというふうに思うんです。すべてがうまい具合にね。幼少期の人質時代を出発点として、それからあとは家康の方向にすべて歴史が動いていった、ひとつには偶然の賜物だと思います。何もかもすべて家康の実力だったというのには無理があると思いますし、僕はそういった偶然で人生が変わっていくものだと家康を見て思ったんです」

「……というのは宗教的な考えからではないんですよ。豊臣家が自滅していったというかたちがありましたし、信長が本能寺で討たれたタイミングなどを考えますとね。……まずは家康の持つ強さのベースとして幼少期を今川の下で過ごしたこと、人質だったということがあります。その上でやはりチャンスを生かしたことが大きい。ですから、そういう機転というか、機会を捉える高い能力があったということは確かなことでしょうね」

ただ、自らの祖先が家康の家臣だったことや家康との関わりの歴史を知っているため、先祖や家康、徳川家に対する見方、考え方は一般とは違っているという。

「この寺自体、家康の力がなければ再興できませんでしたしね。ご本尊もそうですすし、すべてのものが家康の力によって安堵されて今があるわけですから、大御所様に足を向けて寝るわけにはいきません。……これは架空の話ですが、もし徳川家が再興するような、あるいは政治の世界に出て総理大臣になるようなことがあったとしたら、ぜひ今一度応援したいと思うくらいです」

成瀬氏略譜

（良基まで『尊卑分脈』、以下当家資料）

藤原鎌足（大織冠）—不比等（右大臣）—房前（左大臣）—真楯（正三位 大納言）—内麿（従二位 右大臣）—冬嗣（正二位 左大臣左大将 号閑院大臣）—良房（摂政太政大臣 号白河殿）—基経（摂政関白 号堀川殿）—忠平（従一位 摂政関白太政大臣）

—師輔（右大臣）—兼家（従一位 摂政関白太政大臣）—道長（従一位 摂政関白太政大臣）—頼通（従一位 摂政関白太政大臣）—師実（摂政関白）—師通（正二位 関白内大臣）—忠実（従一位 摂政関白）—忠通（太政大臣）—兼実（太政大臣 号九条）

—良経（太政大臣）—道家（摂政関白）—良実（関白左大臣 号二条）—師忠（左大臣）—兼基（太政大臣）—道平（太政大臣）—良基（太政大臣）

良基の子：
- 師良（関白左大臣）…
- 公達…
- 基久（号成瀬）—基直（又太郎）

—政直（重左衛門）—直庸（藤五郎）—国平（藤左衛門）—国重（弥兵衛）—正頼（藤右衛門）

- 正義（当家初代 藤蔵）
- 正一（吉右衛門）…

正義の子：
- 正成（犬山城主 隼人正）…
- 半右衛門…
- 藤蔵—宮内衛門—四兵衛—半五郎—浅右衛門—忠兵衛
- 祐伝（大澤寺第三世住職 今井）…

—半五郎（暁心）

半五郎の子：
- 温（賜硯堂・大域）…
- 辰平—啓太郎（号東域）…

譜代家臣　旗本・柴田家の子孫

家康の長男・松平信康の御小姓

静岡県静岡市　柴田晴通

柴田家の本姓は藤原氏（北家藤原氏秀郷《ひでさと》流）で、家祖は平安時代末期に常陸国から下総国を本拠とした下河辺《しもこうべ》氏にさかのぼる。戦国時代、当家は三河国に移住し、松平家に従ってその四代当主・親忠《ちかただ》から元康（後の徳川家康）まで仕えた。江戸期には譜代の家臣として旗本に列し、後には甲府勤番として勤仕した。

『尊卑分脈』によると、奈良時代の左大臣・藤原魚名の五男にあたる伊勢守藤成の四代孫に鎮守府将軍・藤原秀郷がいる。その男・千常《ちつね》と孫・文脩《ふみなが》はともに鎮守府将軍に任官し、その後胤にあたる藤原行義が常陸国下河辺庄に住して〝下河辺〟を名乗った。

その兄・政光は下河辺の本家筋に当たる小山氏の祖となり、さらにその男・朝光は挙兵直後の源頼朝を烏帽子親として元服し、後に徳川家康の二男・秀康が養子として入ることになる結城氏の祖となっている。

下河辺行義の嫡男・行平は下河辺庄司次郎を名乗り、父とともに鎌倉幕府初代将軍・源頼朝に従った。治承四（一一八〇）年十月二十三日には頼朝から下河辺庄を安堵され、以後、行平は鎌倉幕府の有力な御家人として活躍する（『吾妻鏡』）。そして、当家家伝によれば、その行平の嫡男・行縄《ゆきつな》（行綱）が柴田を号して柴田氏の祖になったという。

現在、当家には江戸期に書かれた先祖書や由緒書、系譜、書簡など多くの文書が残されており、その一部は先代当主の柴田亥三男氏によって『柴田家八百年史』という本にまとめられている。

室町期までの系譜集『尊卑分脈』に掲載されるのは行縄（行綱）の孫にあたる政平までで、『寛政重修諸家譜』が掲載するのは二代将軍秀忠に仕えた一七代当主・柴田忠勝からである。故・亥三男氏によれば、その間の人物名は江戸期に書かれた地誌『新編常陸国誌』の記事や鹿島神宮に所蔵される資料などによって確認でき、欠落の多くが埋められたという。

1 当柴田家について

柴田家の現当主・晴通氏は第三〇代にあたる。初めに当家の歴史について、その概略を伺った。

「柴田家の歴史については父がまとめて『柴田家八百年史』という本にしました。いろいろと調べるなかで、当家の先祖がもともと鹿島神宮で神職をしていたことがわかっています。それがだいたい一四〇〇年代らしく、記録をさらに遡っていくと下河辺行縄が初めて〝柴田〟を名乗ったということで、この人物を柴田の家祖としたわけです。当家に残る古文書のなかに系譜があり、それには〝常陸国鹿島の庄柴田に住す。下河辺行縄より名字柴田に改め申し候〟と書かれていたわけですね。これは一七代当主の三男・勝治が書き残していますから、江戸初期といっていい頃の文書です」

柴田晴通氏

下河辺氏の祖である藤原秀郷はもともと下野国の武将で、平将門の乱の際には押領使として活躍した

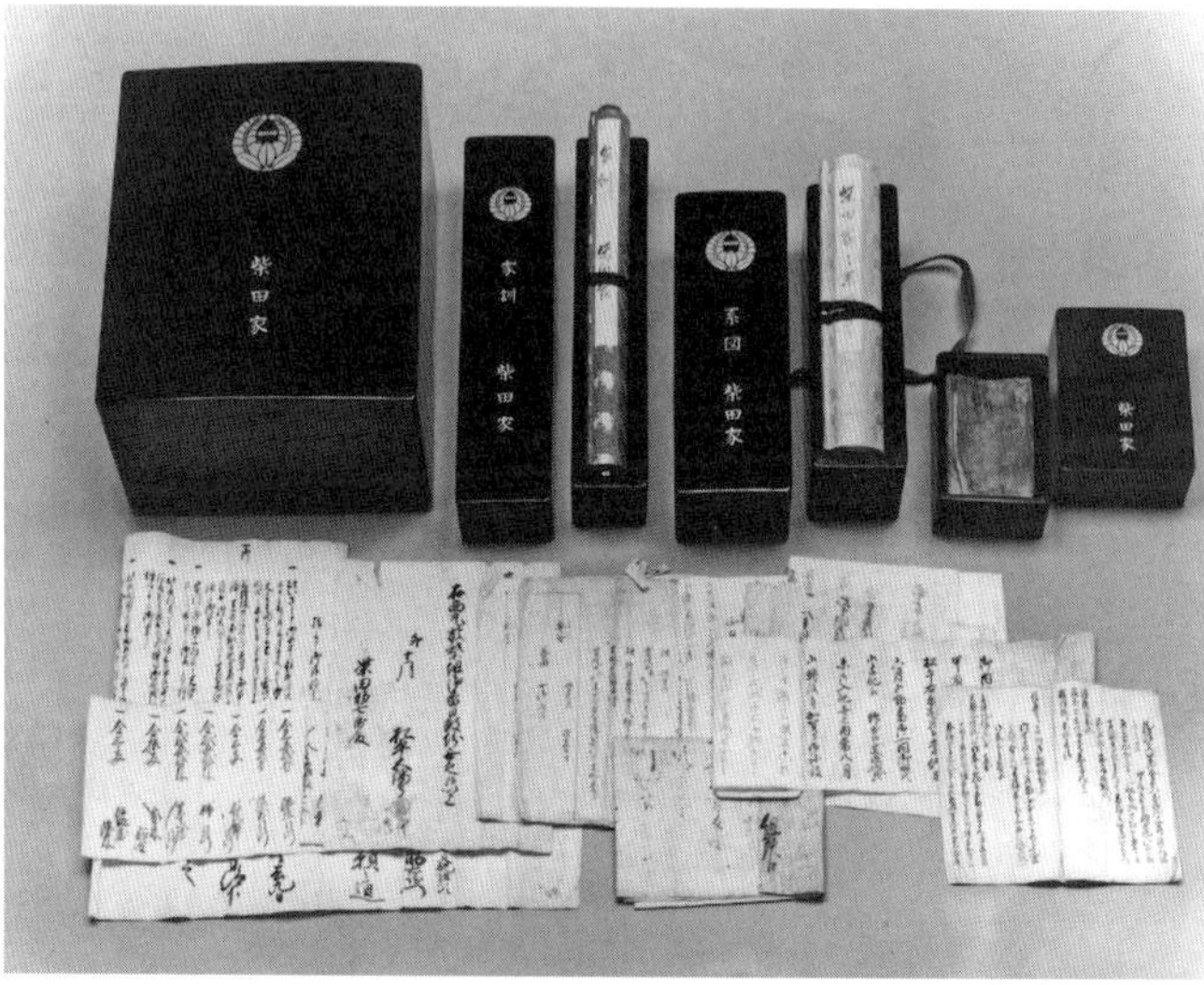

柴田家に残される古文書

人物である（『将門記』）。下河辺氏は行平の時代に鎌倉幕府の重鎮として本領を安堵されていたが、『尊卑分脈』によるとその男・行縄（行綱）の時代から〝幸島〟を名乗っており、その頃から本拠を移していたようだ。

　同系図に幸島の由来は書かれていないものの、平将門が秀郷らに討たれたのが下河辺庄にほど近い下総国幸島郡であったことを考えると、行平の子孫たちは柴田という地を含め、その周辺地域に移住していたことが窺える。

　また、神職を務めていたという鹿島神宮は香取神宮とともに藤原氏の氏神として知られている。

「その後の系譜を『柴田家八百年史』で

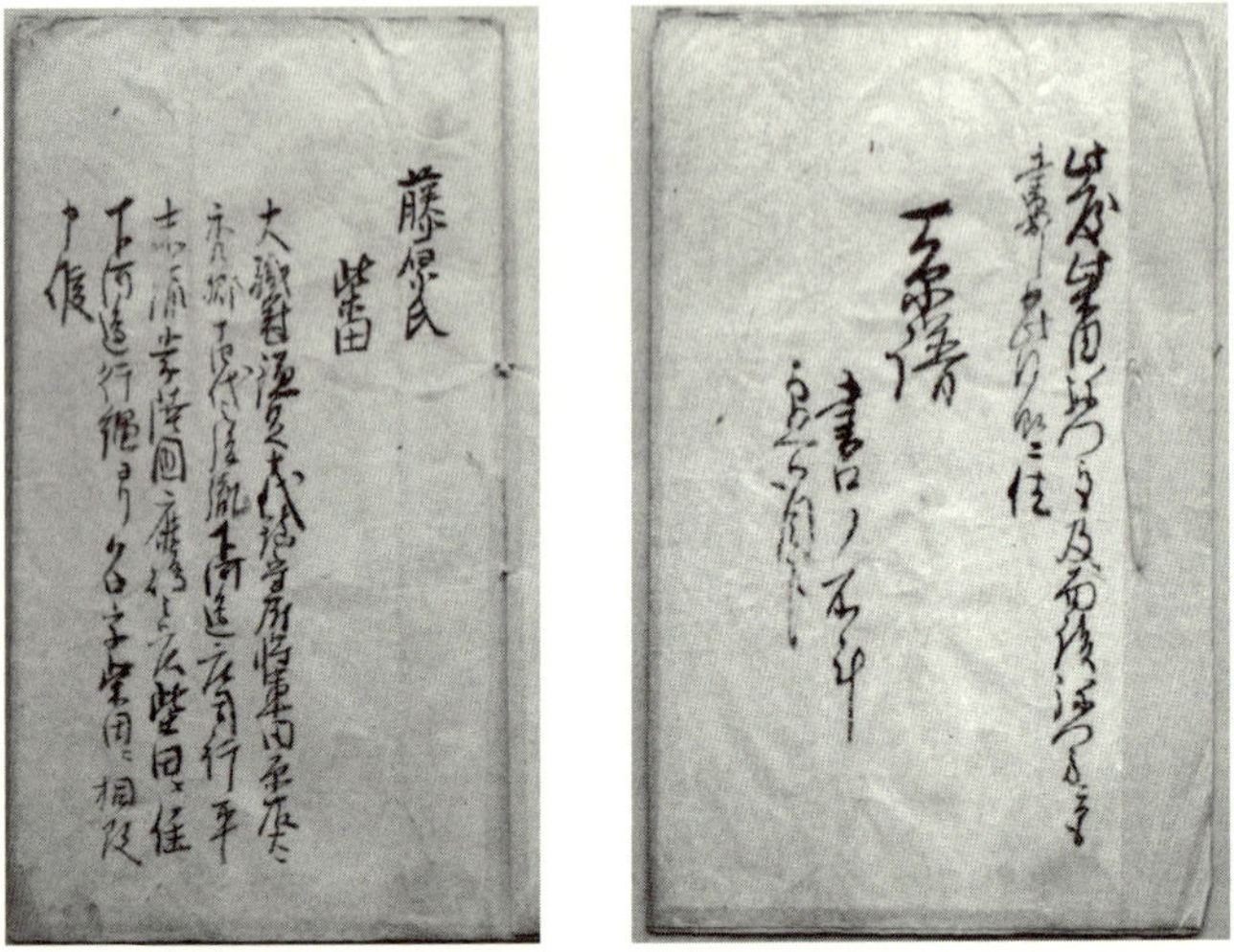

柴田家系譜の冒頭に本姓と家祖・下河辺氏の記述がある

たどると、行縄の六代孫に宗通という人物がいます。その子が村重、さらに村忠、忠国……と続いて、忠長から鹿島神宮の神職になっています。これらの名前は『新編常陸国誌』からも確認できたようです。その後、私の父母は何度か鹿島神宮に赴き、昔の記録に柴田の名があることを確かめたそうですが、どうやら当時の神官というのは武芸をさかんにやっていたようですね。忠長の子供・行治も鹿島神宮にいたので、やはり武芸をやっていたのでしょう。有名な剣豪の塚原卜伝などもここの神官だったわけですし、同じく剣聖と呼ばれて新陰流を開いた上泉信綱も鹿島神宮の剣術を習ったという言い伝えがあるんです。ここの神官たちは剣の腕を磨き、その一部は全国の戦国武将のもとに仕官していたのではないでしょうか。当家の由緒書によると、行治の子で一四代当主にあたる左京友正も三河国に移り、松平家に仕えるようになるんです。その当時、松平家の当主は第四代の親忠公ですが、第五代当主の長親公まで奉公していたようです」

晴通氏の話にあった江戸期の地誌『新編常陸国誌（下巻）』「氏族」（下河邊）には次のような記述がある。

「……（下河辺）行平ノ後六世宗通ト曰フ、宗通左衛門尉常陸介、後五世ヲ村重ト曰フ、安房守始テ常陸ニ徒ル、子村忠大膳亮、小田原ニ居ル、子忠国、常陸ニ復帰ス、子忠郷左馬助ト称ス、常陸八甲ニ居ル、子忠長石神砦ニ遷リ、島崎安定ニ属ス、子行治石神ノ人タリ、子行平新左衛門ト称ス」

最後に登場する行治の子が行平となっているが、この人物が左京友正を指しているのかどうかは不明。あるいは、友正はその兄弟の一人だったのかもしれない。

また、新陰流の祖・上泉信綱の経歴については諸説あり、上泉城のあった前橋市には鹿島神宮に関連した言い伝えが残るという。同市ホームページには「十三歳の時には常陸国（茨城県）鹿島の鹿島神傳直心影流を習い、第二世を相伝したと伝えられ、その後、諸流を工夫して新陰流を創出した」と紹介されている。

2 徳川家康との関わり

「柴田左京友正が三河の松平家に仕えて以後、当家はずっと松平家に奉公していました。当時の記録は当家の由緒書にあり、友正が供奉した合戦のことや没年が明応元（一四九二）年二月四日であることなども記されています。その男・柄漏《えもり》康正は長親公から信忠公、清康公という三代の当主に仕えました。たびたびの合戦で七十五カ所もの傷を受けていたらしく、清康公から褒美として三河国の内に知行地を賜っています。ただ、この由緒書と先祖書では少し記述の異なるところがあります。由緒書は幕府の右筆にとりたてられた一八代当主・勝則が書いていて、柄漏康正―康則―則治―忠勝としています。しかし、一九代当主・芳雄が書いた先祖書だと柄漏康正―忠孝―忠勝となっているのです。実は系譜でも柄漏康正―忠孝となっていますので、『柴田家八百年史』の初めに掲載した当家の系図では一五代を柄漏康正、一六代を忠孝としています」

一六代目の忠孝を記していない由緒書を書いたのは一八代当主・勝則。わずか二代前のことだ。一方、忠孝を記した由緒書と系譜を書いたのは勝則の息子と弟だった。勝則が目上だったことに加え、幕府の右筆という地位にあったことを考え合わせると、忠孝の記さ

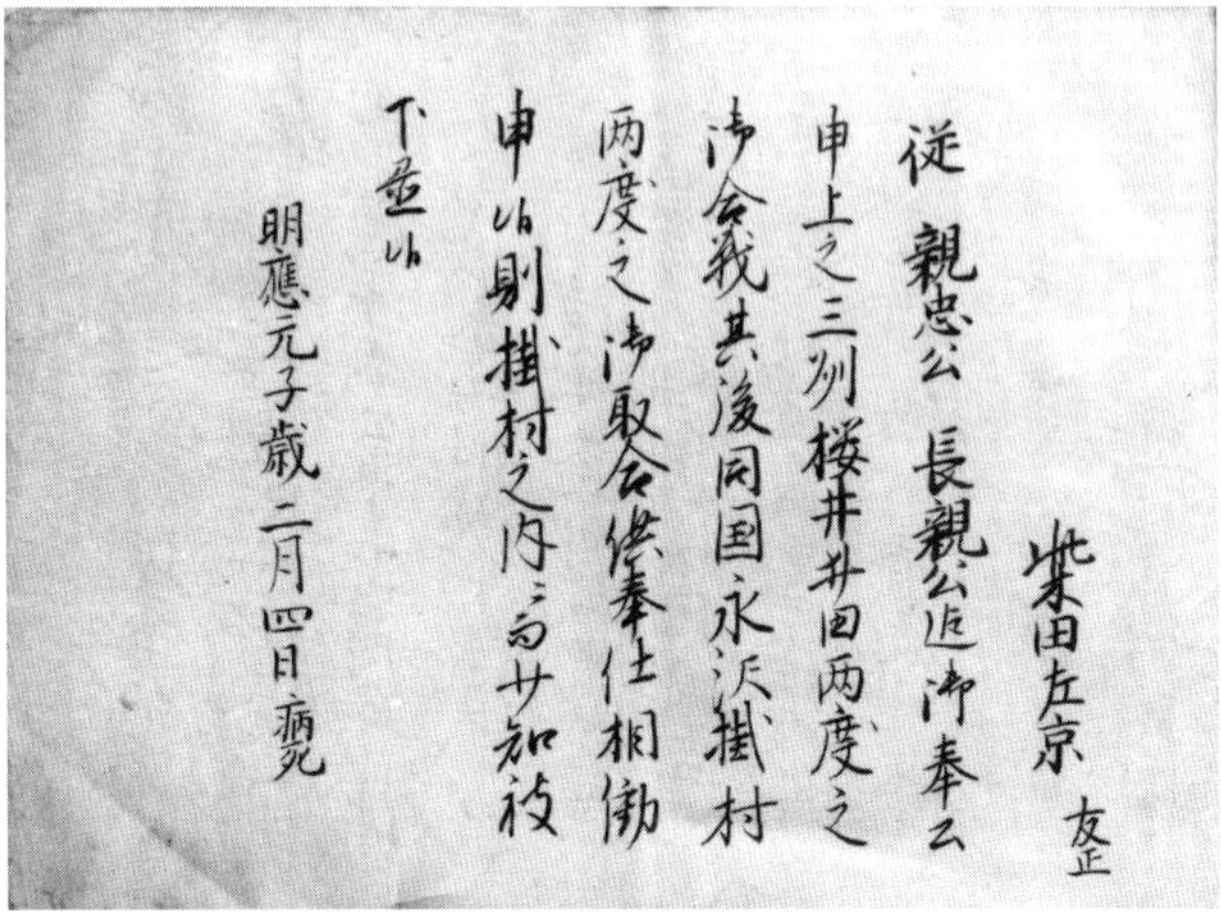
柴田左京　友正
従　親忠公　長親公迄御奉公
申上之三州桜井并田両度之
御合戦其後同国永沢掛村
両度之御取合御奉仕相働
申候則掛村之内ニ而廿知被
下置候
明應元子歳二月四日病死

由緒書に記される14代当主・左京友正

れていない由緒書のほうが正しいようにも感じられる。しかし、晴通氏によると、これには理由があるという。

「忠孝は家康公の長男である松平信康公の御小姓を務めていたんです。これも当家に記録が残っていて、先祖書には〝信康様に附属され、信康様御逝去以後は三州片寄村へ蟄居致し（その地で）死去致し候〟とあり、由緒書にも〝信康様へ附属せられ御小姓相勤め候ところ御生害遊ばされ候に付、恐れながら本意なく存じ奉り、三州の内へ蟄居仕り再び勤仕らず病死〟と書かれています。ことによると信康公とともに切腹する立場だったのかもしれませんが、命だけは助かり、三河のどこかに引き籠もることになったわけです。幕府から見れば、あまり表沙汰にしたくないことだったでしょうから、右筆だった勝則が先祖書をつくったとき、忠孝については伏せておいたのではないでしょうか」

家康の長男・信康と正室・築山殿の事件については諸説あるが、当時は連座制が当然の時代でもあり、主の咎が附属する家臣にまで影響してもおかしくはなかった。

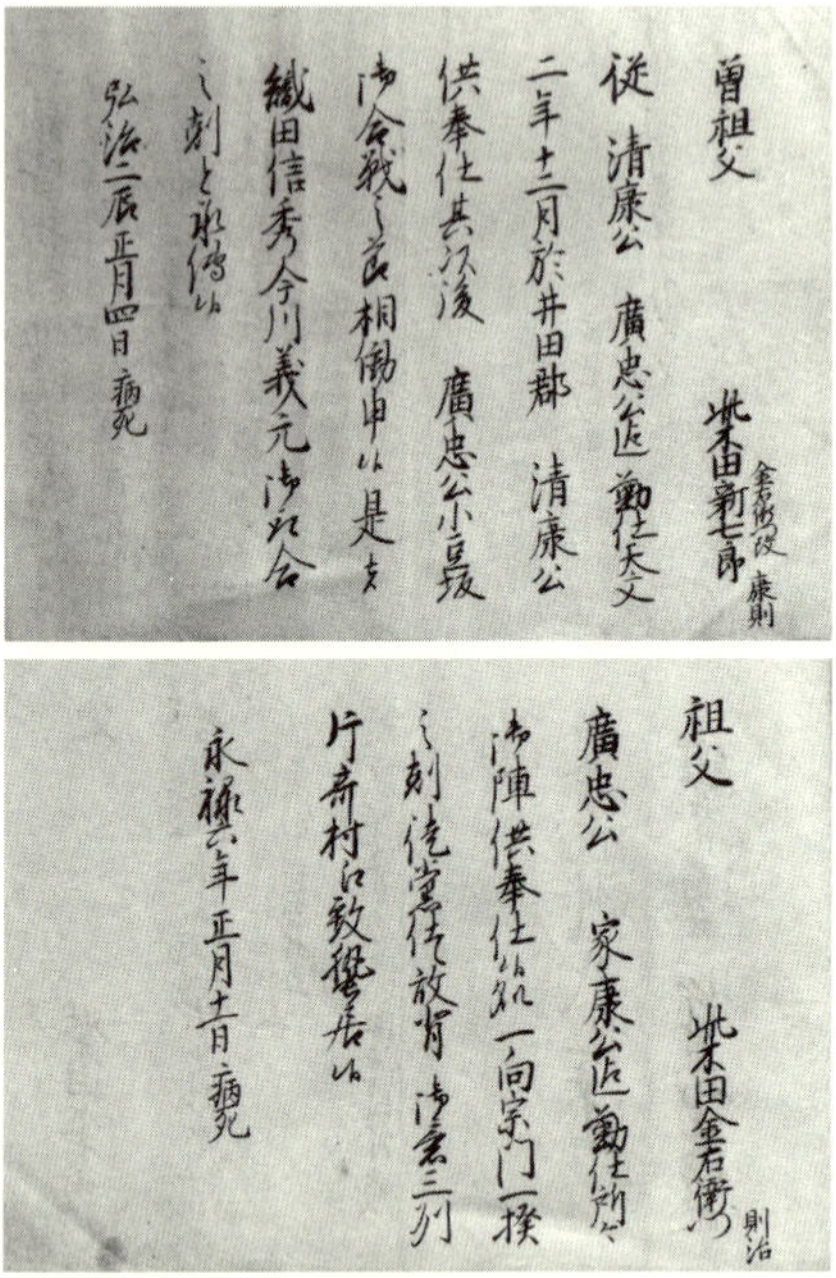
曽祖父　米田新七郎　金右衛門改　康則
従　清康公　廣忠公迄勤仕天文二年十二月於井田郷　清康公供奉仕其以後　廣忠公小豆坂御合戦ニ而相働申候是より織田信秀今川義元御和合之刻ヒ永傳候
弘治二辰正月四日病死

祖父　米田金右衛門　則治
廣忠公　家康公迄勤仕所々御陣供奉仕候一向宗門一揆之刻徒党仕候故背　御意三州片寄村ニ致蟄居候
永禄六年正月十日病死

由緒書　忠孝の代わりに康則と則治を記す

「忠孝が信康公の御小姓になっていたということは、当家がかなり信頼されていた証拠だと思います。左京友正以来、ずっと松平家に仕えていましたからね。勝則の書いた先祖書だと忠孝の代わりに則治がいるのですが、この時代に初めて家康公に仕えたと書かれています。忠孝と則治はともに家康公に仕えていたのでしょう。ところが、先祖書によると、三河一向一揆の際、則治は一向門徒となって家康公に背いてしまいます。こちらも普通なら処刑されたのでしょうが、忠孝と同じように蟄居ということになりました。このため、

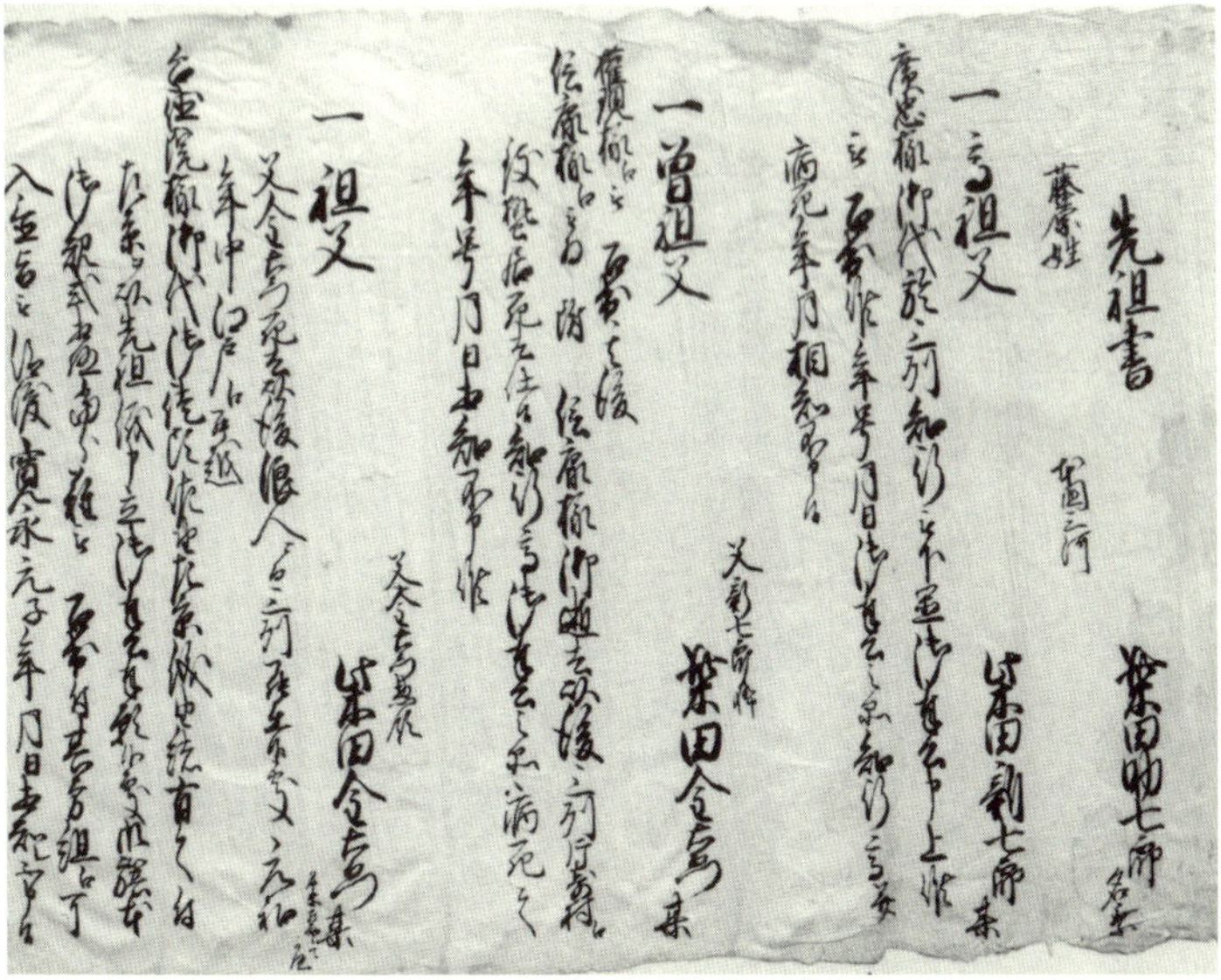

先祖書　中央が14代・忠孝の記事

次に家督を継いだ忠勝はいわゆる処士だったわけです」

三河一向一揆が永禄六（一五六三）年、信康と築山殿の自害が天正七（一五七九）年のことだった。いずれの資料も次の一七代当主を忠勝と記しているが、江戸に出て召し抱えられるのが二代将軍・秀忠の時代という。家康が秀忠に将軍を譲ったのが慶長十（一六〇五）年のことだったから、柴田家が徳川家の家臣に返り咲くまで二五年以上が経っていたことになる。

「忠勝は江戸で幕府に由緒を申し出て、すぐに召し抱えられています。由緒書には〝台徳院様御代、御歩行

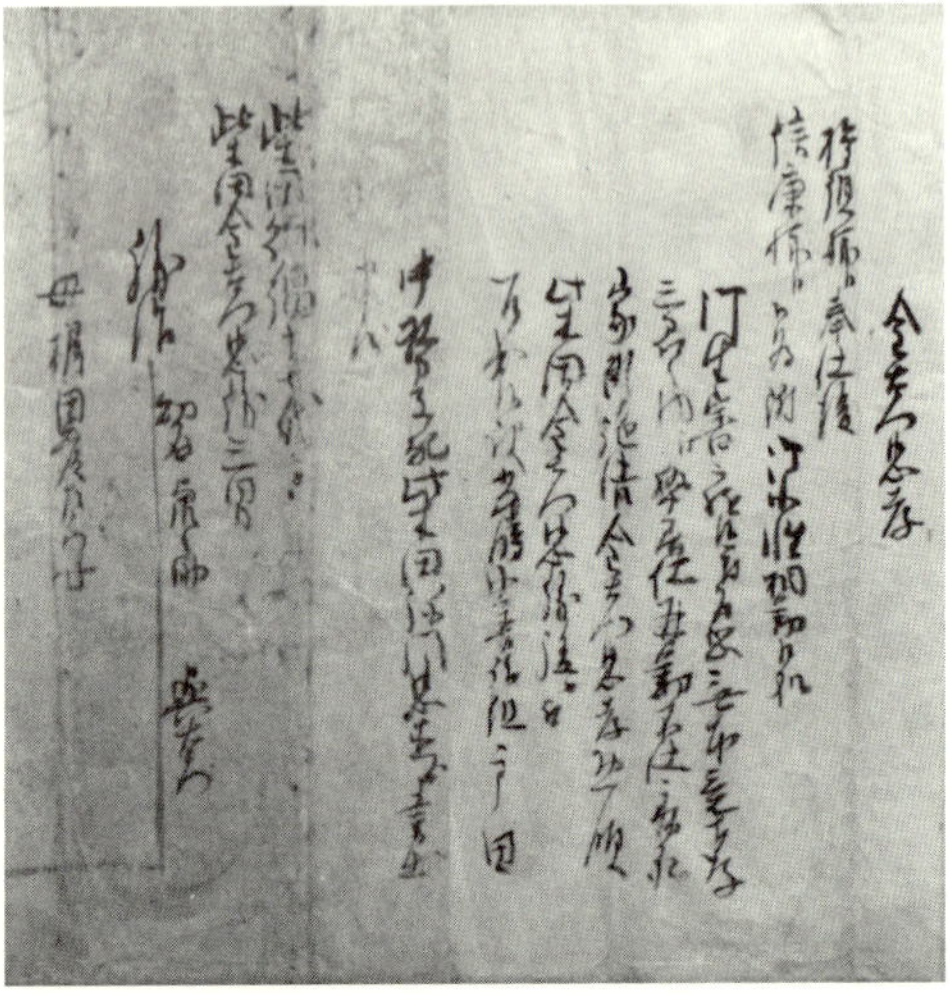

系譜　14代当主・忠孝の事蹟

御奉行罷り出づる。大猷院様御代、御徒目付。厳有院様御代、紅葉山御宮御番〃とあり、二代将軍秀忠公から家光公の時代にかけて仕えたわけですね。でも、三河時代からの家臣筋でなかったら、すぐには取りたてられなかったでしょう。その忠勝の長男・勝広が柴田の本家筋ということになり、分家した二男の勝則が当家の初代ということになります。これ以後、当家は旗本に列するようになるわけです」

御歩行とは歩行衆《かちしゅう》、つまり幕府の徒組《かちぐみ》のことである。戦時には、小姓組・小十人組などと共同で任務に就き、平時には徒歩で行列に供奉したり、将軍の警護などを務めたりしたが、やがてその職責は様々に拡大した（『徳川幕府事典』ほか）。

当家先祖書によると、忠勝は何らかの縁があった御徒頭・佐野左京を通じ、幕府に〃先祖の儀〃を申し立てている。ただ、旗本への取りたてについては〃当分召し出され難き〃

ことから、当初は左京組の徒組に入って奉公を始めることになったとある。

「別家を興した当家初代の勝則は館林藩に召し出され、当時、その藩主だった徳川綱吉公（後の五代将軍）に右筆として仕えていました。その後、組頭になり、旗本に列するようになります。ただ、その子・芳雄は大番を務めていたのですが、享保九（一七二四）年に甲府勤番を命じられ、甲府に移住することになりました。以後、当家は幕末まで代々甲府勤番を務めることになったのです」

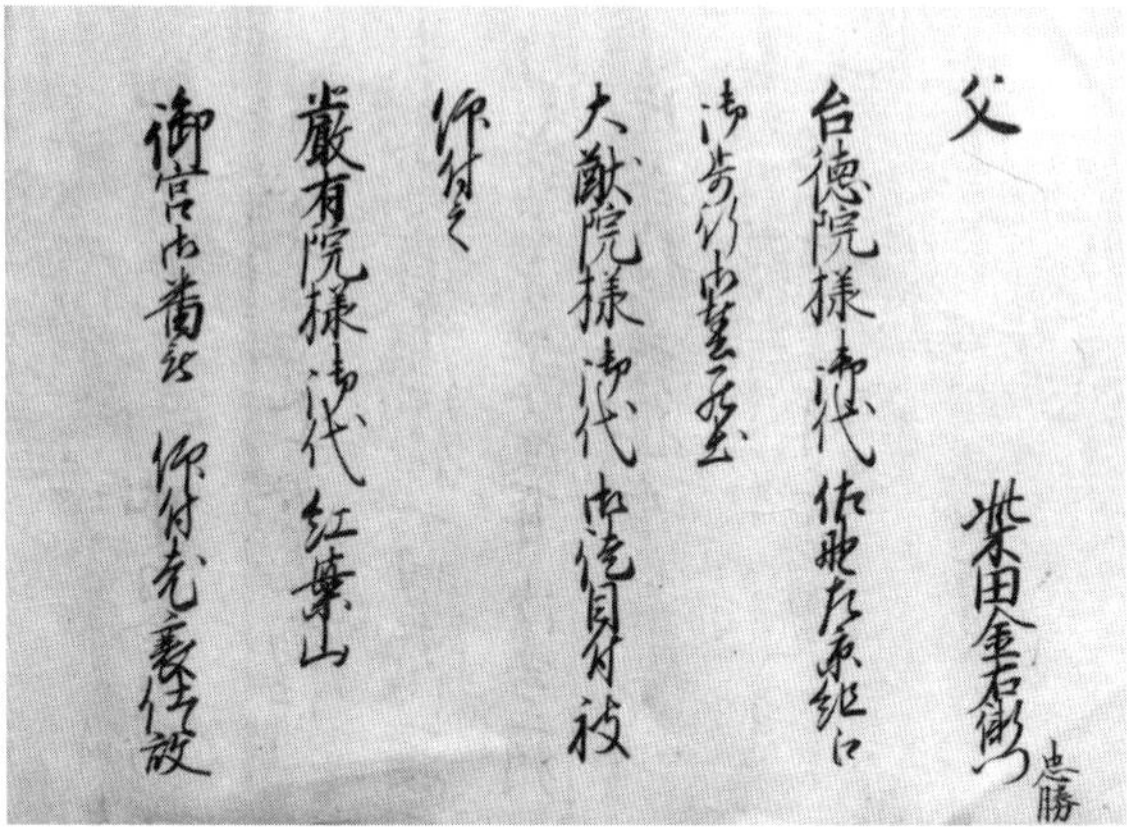

由緒書　17代当主・忠勝の事蹟

　甲府勤番を命じられた芳雄は、当家の系譜を残した一九代当主である。晴通氏によると、現存する系譜とは、甲府に移る際に芳雄が幕府に提出したものの下書きではないかという。

　なお、この甲府勤番とは当時の幕府が推進していた享保の改革の一環だった。享保九年、幕府は甲斐国を直轄領に編入しており、甲府城の警衛と城下町の管轄を強化するため甲府勤番制を施いた。

当初、江戸文化の移入や甲斐の文運隆盛に大きな役割を果たしたものの、後世には半ば左遷先のような勤務地になったとも言われる（前掲書）。

3 先祖や歴史への思い

「古文書などを見ると、絶やすことなく家を守っていくという意識を強く感じますね。というのは、幕末あたりで柴田から本多家に養子に行った人がいますが、柴田家の嗣子がなくなると自分の長男ほか二人を養子に出しています。昔の方は自分の家への意識がとても強かったんでしょう。先祖たちが古文書をずっと持ち歩いていたという気持ちも、その意識と同じだったと思います。維新後に駿府に移住したとき、生活に困って刀などを売ったのですが、家に繋がる文書は守っていました。太平洋戦争のときも、静岡大火のときも、それだけは持って逃げたと聞いています」

柴田家には維新後も槍や弓、刀、鎧兜などが残されていたそうだが、現在は失われている。しかし、江戸時代に保管された文書の多くは今でも大切に守られているという。

「柴田の家紋も絶やさずに残したいものの一つですね。当家の家紋は上り藤なのですが、真ん中に〝一文字〟のある珍しいものなんです。古文書にその記録があって、もとの家紋は上り藤に根笹だったのですが、一五代当主・柄漏康正の時代に変わっています。康正が清康公に仕えていた享禄二（一五二九）年五月二十七日、合戦のさなかに敵の吉田城主と一番に組み討ちになりましたが、耳の根を突かれてしまいました。危ういところに駆け付けた佐野政安と助け合い、ついに敵の首級をあげたそうです。そのとき、康正は短刀を失っていたのですが、清康公から〝今日の働き一番なり〟と直々に名指しされ、采地や加増のほか、手ずから短刀を賜りました。同時に、家紋の上り藤の内に一の字を付けるよう特別の下命があり、当家では長くそれを家紋にしてきたわけです」

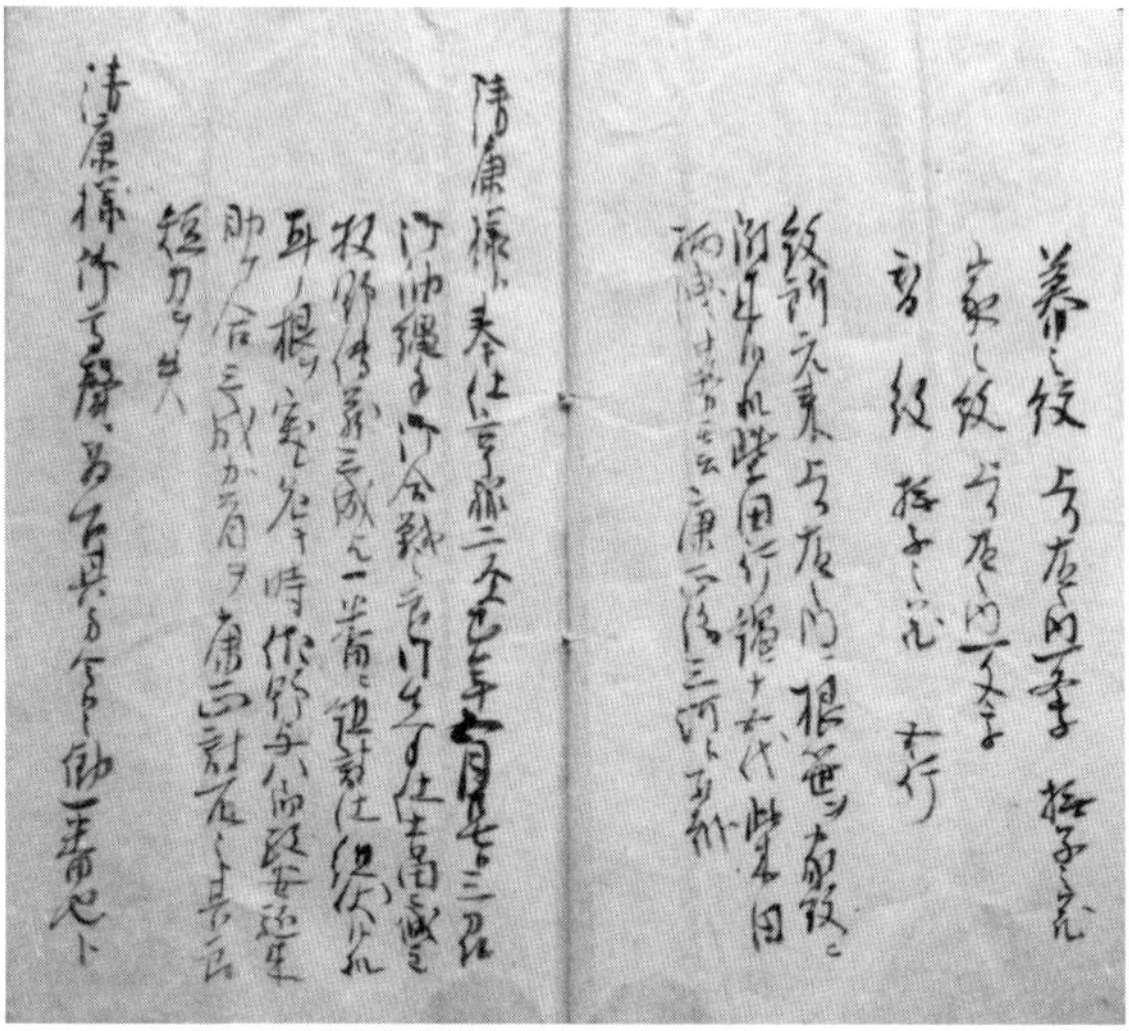

系譜　幕之紋　上り藤之内一文字　とある（右側冒頭）

　晴通氏の父・亥三男氏のまとめた『柴田家八百年史』の表紙には、一文字のある上り藤が刻印されている。由緒通りなら、この珍しい家紋は享禄二年以来、ほぼ五〇〇年にわたって受け継がれてきたことになる。

「父が歴史を調べるようになったのは晩年になってからでした。私も仕事優先なのですが、最近になって時代小説を読んだり、父のまとめた本を見たりして少しずつ興味が出てきましたね。あるとき、甲府城へ行ってみたら、勤番組頭だった忠邦や忠溜の名前が記されていまして、〝ああ、ちゃんと名が残っているのか〟と感慨深いものがありましたよ」

職制上、甲府勤番は老中の支配下に置かれ、追手《おうて》（大手）と山手《やまのて》の二人の勤番支配が統率した。各勤番支配の下には勤番士一〇〇人が属し、二人の組頭がまとめたと言われる（『徳川幕府事典』）。

「改めて当家の古文書を読んでみると、かなり面白いものがありました。たとえば、〝常に心懸け相嗜むべき条々〟という文書があるのですが、これは元禄十一（一六九八）年、初代・勝則が西の丸で大番に就いていた息子・芳雄に書いた家訓のようなものです」

その文書には次のようにあり、当時の旗本家（廩米三〇〇俵）の暮らしぶりや人生観、躾の方針などが窺える。

一　御奉公大切に仕り、傍輩《ほうばい》又は相役人と懇《ねんごろ》に、物毎《ものごと》我慢を立てず、相勤むべき事。

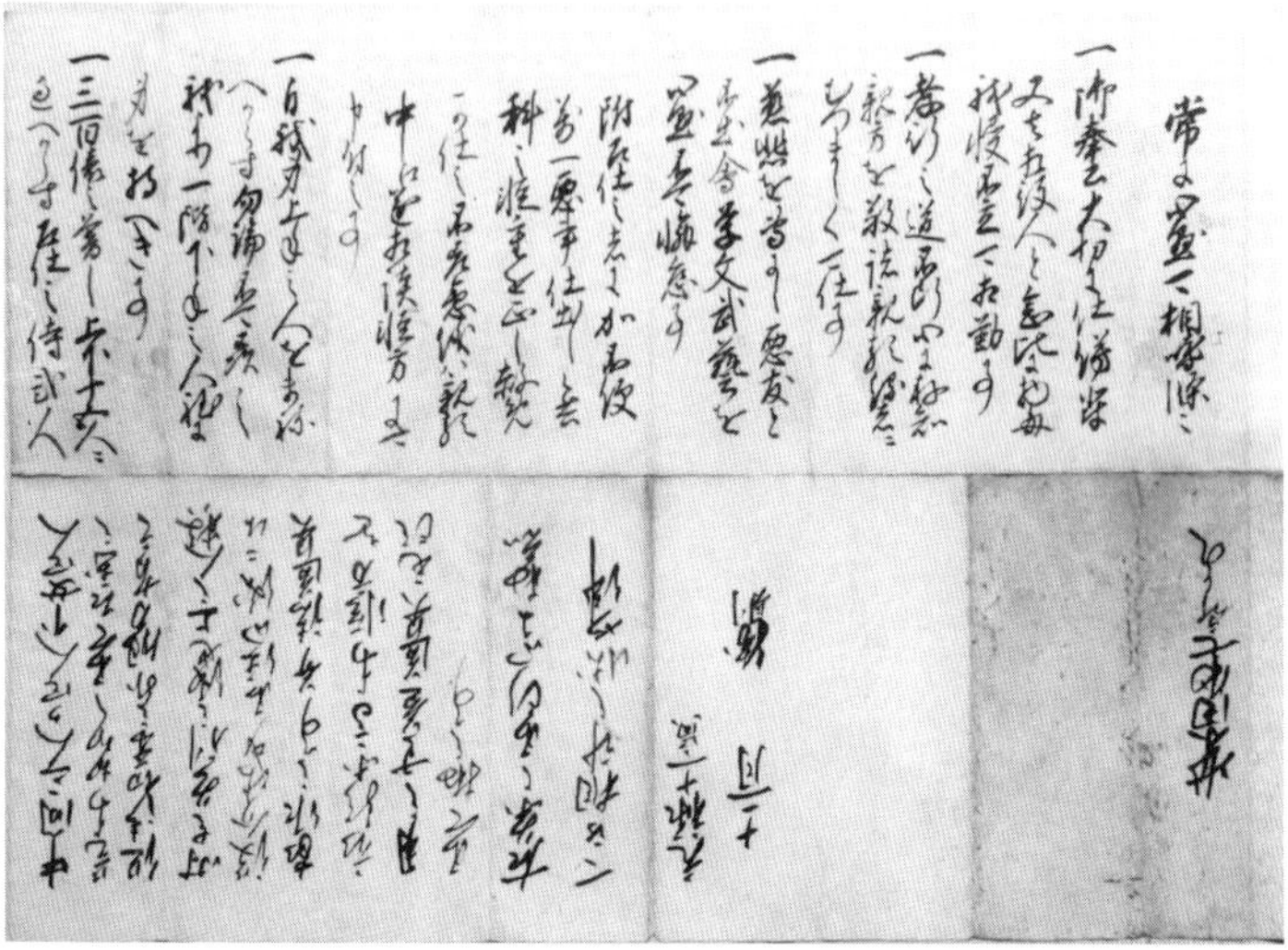

18代当主（当家初代）勝則が嫡男の芳雄に書きおくった家訓

一　孝行の道、不断、心に存じ、親方を敬い、諸親類縁者に睦じく仕るべき事。

一　慈悲をもっぱらにし、悪友と出会わず、学文（問）武芸を心懸け、解怠《けたい》すべからざる事。

付　召仕えの者に不便を加え、万一悪事し出し候とも科《とが》の軽重を正し、赦免これを仕るべし。差し急がざる儀は親類中へ相談を遂げ、軽き方に申し付けるべきの事。

一　我が身より上手《うわて》の人を真似るべからず。勿論これを羨むべからず。我より一階、下手《しもて》の人ほどに身を持つべき事。

一　三百俵の暮し、上下《かみしも》十五人に過ぐるべからず、召仕の侍二人に仲間三人か四人、下女四人、是よりおほく、これを召し置くべからず。但し、御切米《きりまい》の外、余力これある時は、格別の儀也。上の人数は役介（厄介）次第、心に任せざる儀に候。家作の事、並びに諸道具衣類等、高より軽き方をこれを用い、無益の道具、毛頭これを拵えるべからざる事。

右条々、不断心に存じ相計らるべきの状、件の如し。

「公的な文書のほかにも手紙などが残っています。昔は手紙を全部とっておいたわけですね。たとえば江戸末期、日光山に参拝したとき、忠邦が道中の様子を息子に伝えていて、長雨で苦労したこと、荒川の土手が崩れて危険な目に遭ったことなどが記されています。手紙の終わりには、帰省の時間が遅くなったら提灯を持って石和宿まで迎えに出るように、などと指示も出しています。これも含め、書状は三〇通以上が残されています」

《談話》徳川家臣の末裔として

家康公という人は辛抱強く、大した人物だと思いますね。ほとんどの合戦に勝って、戦乱の時代をくぐり抜けて天下をとるだけでもすごいですが、信長公や秀吉公の時代にじっと辛抱した末に機会を捉えたのですから。幕府の機能についてもそうです。天下を統治してから二百何十年も平和な時代を続けられたわけです。初めに家康公がいろいろな布石を打っていたわけですが、それができるというのは、単なる戦上手というだけの人物ではなかったと思います。まあ、あえて言えば、江戸幕府が最後まで完全に支配できなかったのは長州（長門国）と薩摩だと思いますけれどね。

家康公にとって、家臣はものすごく大事なものだったんじゃないでしょうか。家臣に対して、徳川を作り上げてくれた、支えてくれたと考えていたと思います。特に、柴田家は三河時代から仕えていた古い家臣ですし、そんな家来をとても大事にしている印象があるんです。それはいろいろな史料や小説などを見てもわかります。当家も信康公のことや一向一揆の際に家臣から離れたことがあって、とても苦しい時代があったわけですが、それでも幕府に先祖のことを言えばすぐに取りたててくれましたからね。普通は蟄居していた昔の家臣の子孫を、それも戦国時代に離れた家の者をそう簡単に召し抱えてはくれません。それなのに、処士だった忠勝は最後に紅葉山の番士まで務められました。おまけにその家の二男が分家を認められて旗本に列し、それが現在の当家に繋がるわけですからね。ありがたいことだったと感謝しています。

柴田氏略譜

（政平まで『尊卑分脈』、以後『柴田家八百年史』『寛政重修諸家譜』）

藤原鎌足（大織冠）―不比等（右大臣）―房前（左大臣）―魚名（左大臣）―藤成（従四位下 伊勢守）―豊沢（下野権守）―村雄（河内守）―秀郷（鎮守府将軍）―千常（鎮守府将軍）

―文脩（鎮守府将軍）―兼光（鎮守府将軍）―頼行（鎮守将軍）―行尊（大田別当）―行政（大田大夫）―行義（下河辺庄司 号下河辺）―行平（庄司次郎）

行平の子：
- 朝行……
- 行綱（左衛門尉 当家家祖 （行縄）号柴田）

―行綱―能光―政平―…某…―宗通（常陸介）―村重（安房守）―村忠（大膳亮）―忠国―忠郷（左馬助）

―忠長（鹿島神宮神職）―行治（鹿島神宮神職）―友正（左京）

友正の子：
- 康正（柄漏）―康則（新七郎）……
- 則治（金右衛門）……
- 忠孝（信康公御小姓）―忠勝（紅葉山御宮番 金右衛門）

忠勝の子：
- 勝広（太郎右衛門）……
- 勝則（幕府右筆 助右衛門 当家初代）―芳雄（甲府勤番 助右衛門）―尹克（甲府勤番 幸八郎）―勝秀（甲府勤番 金七郎）

―勝庸（甲府勤番 藤太郎）―勝邦（甲府勤番 郷蔵）―忠邦（勤番組頭 助右衛門）―忠涵（勤番組頭 清彦）……

第二章
家康のもとで活躍した家臣たち

旧武田家臣　旗本・荻原氏の子孫

甲斐軍の名軍師　荻原常陸介

東京都大田区　荻原昌幸

荻原家は甲斐を本国とする旧武田家家臣。同家滅亡後は徳川家康に仕え、江戸時代を通して幕府の旗本に列した。家紋は丸に左万字、江戸後期までに八家に分かれている。

当家の本姓は源（清和源氏）で、源氏第二代棟梁、源頼義の三男・義光の後裔と伝わる。その長兄・義家は八幡太郎を名乗り、二男の義綱が賀茂次郎を称し、義光は園城寺新羅明神の社壇で元服したことから新羅三郎と号した。

『尊卑分脈』によると、新羅三郎の四代孫・信義が武田を家号として甲斐武田氏の始祖となった。その信義の孫・信政の後胤に刑部大輔《ぎょうぶのたいふ》を称した信昌がおり、その孫・常陸介《ひたちのすけ》昌勝が荻原を名乗ったことから当家の元祖とされる。

『甲陽軍鑑』によれば、荻原昌勝は幼い武田信虎（武田信玄の父）の弓矢指南であり、後にその家老となって仕えている。飯田河原の戦い（大永元〈一五二一〉年）などで武功を立て、侍大将八人の一人にも列していた。昌勝の男・昌明《まさあきら》は武田信玄のもとで目付役槍支配をつとめたが、昌明の子（昌之ら）の代に武田家が滅亡し、以後、荻原家は徳川家康に召し抱えられた。

後に昌明の四男・昌重は一七〇石の采地を賜って別家を興し、その長男・重知の二男・正忠が当家直系の祖（初代）となった（『寛政重修諸家譜』、当家家伝）。

1　武田家重臣　荻原昌勝

荻原昌幸氏

「当家には代々の先祖がまとめてきた家譜が残っていまして、それらをもとにして作られた家系図があります。こちらは先祖の一人、昌邦が寛政十（一七九八）年につくった系図で、遡っていくと八幡太郎といわれた源義家の弟・新羅三郎義光にたどり着きます。つまり、甲斐武田と同じ清和源氏が本姓で、当家の先祖は信玄公の二代

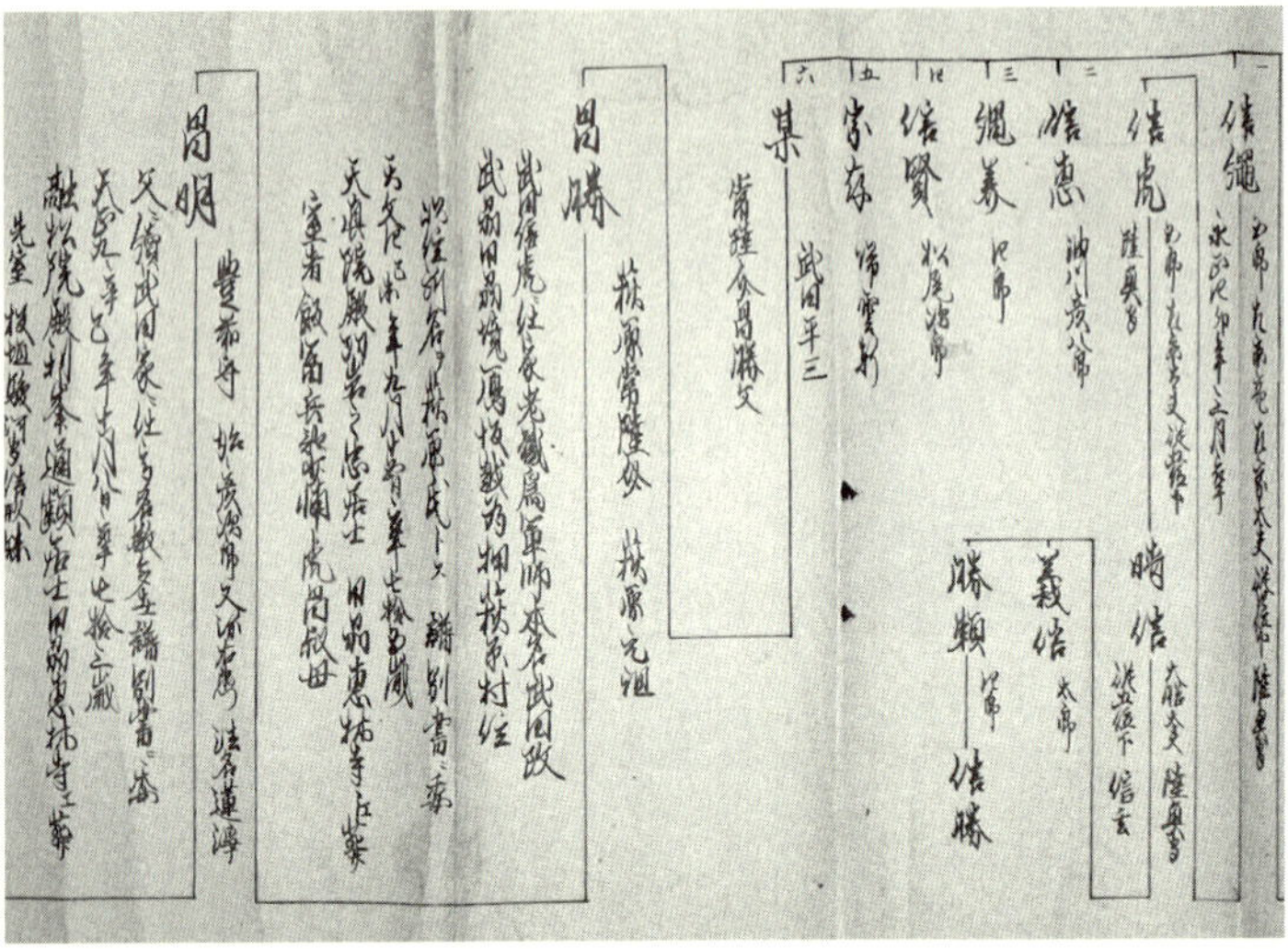

荻原家家系図

前に武田から分かれたといわれています。その人物の諱はわかっていませんが、武田平三と称していたらしく、その男・昌勝が塩山《えんざん》というところの荻原村に移り住み、荻原を名乗るようになりました。現在の山梨県の甲府より、やや東京寄りにあった村です。最初に荻原を名乗ったこの昌勝が当家の元祖ということになります。また、当家の替紋は花菱ですが、これは武田家の替紋と同じです。信玄公の菩提寺、恵林寺に行くと、山門にこの花菱がありました」

当家の家伝によると、元祖・荻原昌勝は武田信虎の従兄弟にあたり、信玄とは叔父と甥という近い続柄だった。

「戦国時代、荻原家は武田家の宿老で、

荻原昌勝は侍大将の一人でした。当時、武田信虎公が領国を確立させたともいわれる戦いに飯田河原の合戦がありましたが、このとき昌勝が軍師をつとめ、〈虚兵の計〉を用いたと『甲斐国志』に記載されています。今川方の大軍を少ない兵力で破ったといわれる戦いですね。飯田や上条はちょうど甲斐西部から甲府への防衛線だったわけです」

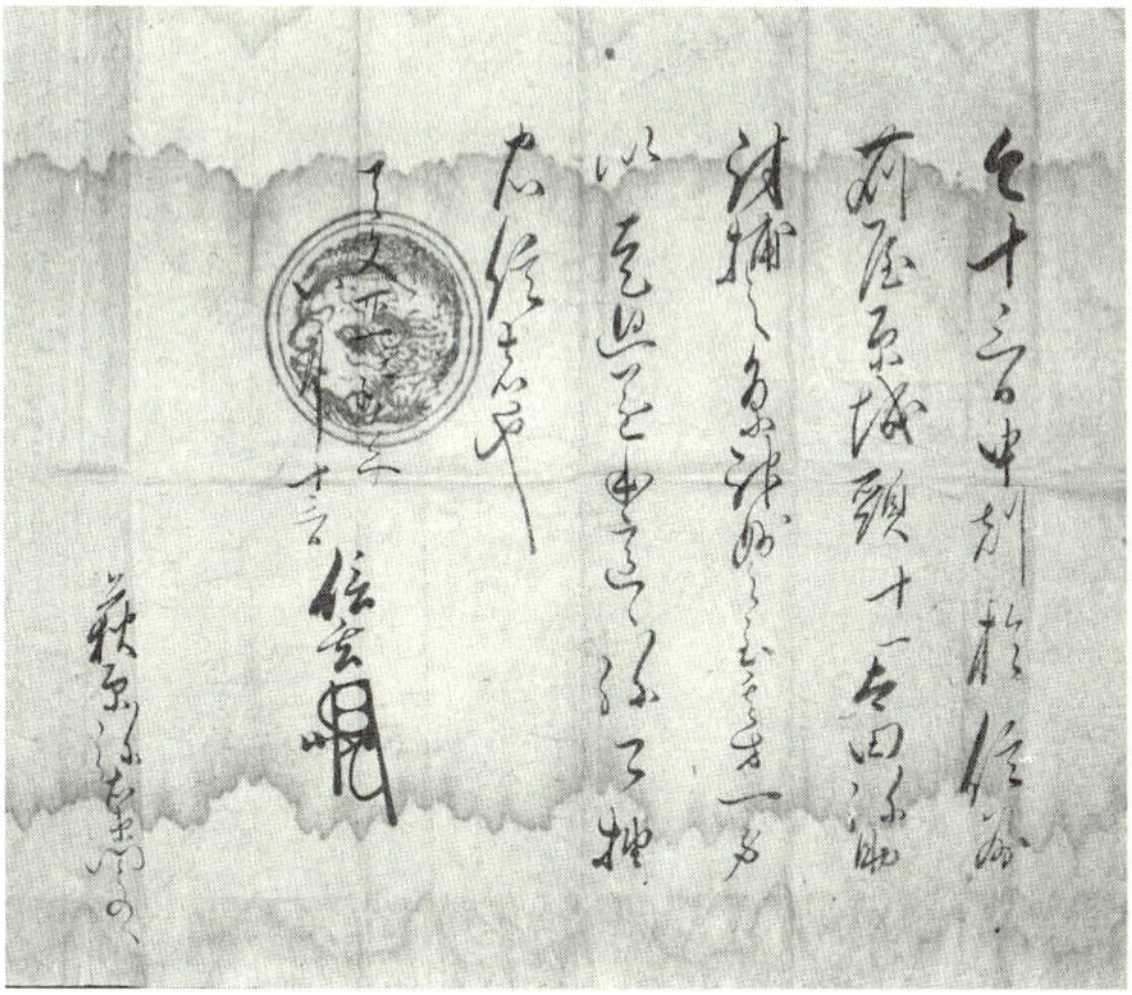

信玄公からの感状

　十六世紀初頭、甲斐の守護・武田信虎は戦国大名として力をつけ始め、本拠を甲府に移して一族の結束を図った。このころ、信濃国への侵攻を開始しているが、今川方につく甲斐の国人領主たちとの対立も続いていた。そして大永元（一五二一）年、一万五〇〇〇余におよぶ今川勢が甲斐に侵入し、信虎の本拠・甲府に迫ってきたのである。

　『甲斐国志』「荻原常陸介」の記事には、〝大永元年飯田合戦ノ時合圖ノ拠旗ト云物ヲ工夫シテ疑兵ヲ飾リ勝利ヲ得……〟とある。さらに『武田三代軍記』には〝荻原奇妙の謀〟とあり、〝軍師の荻原常陸介は味方の寡兵を補おうと町人や農民、女童《めわらわ》まで山に集めて旗をさし上げ、夜は篝火をたかせて後詰めの大軍のように見せかけた〟という。結局、二〇〇〇余の甲斐軍が一万五〇〇〇余の今川勢を打ち破ってしまった。このとき信虎の嫡男（後の信玄）が誕生し、喜びの重なった信虎は勇んで甲府に凱旋したと記されている。

「昌勝の子、昌明も武田家に属して目付役槍支配となり、岩殿城主として天正九（一五八一）年に没しています。まだ整理していないのですが、当家には信玄公から賜った感状などが残っています。その中に苅屋原城と書かれた天文二十一（一五五二）年の感状があって、昌明はこの戦でかなりの戦果をあげたようです。ところが敵の苅屋原城主・太田弥助の娘が昌明の後妻に来ているんですよ。当時はそんなことが珍しくなかったようですね」

『寛政重修諸家譜』「荻原家」の冒頭に由緒が記され、昌明（正明）から系図が起こされている。昌明の記事の最後に妻の名があり、〝後妻は太田弥助某の女〟とある。

「現在、恵林寺には信玄公の立派な廟所があって、その裏に徳川幕臣となった五〇家ほどの旧武田家臣たちが慰霊碑を建てています。ほとんどが寛政の時代に建てられたもので、まるで信玄公の廟所を守っているようです。その中に荻原家の石碑もあり、京都の拓本の専門家に頼んで碑文を写しとってもらいました。昌勝と昌明を顕彰する内容のほか、それぞれの夫妻の戒名が刻まれていました。ちょうど一番左が後妻に来た太田弥助の娘の戒名です。また、台座には建立した八人の名がありました。当時、荻原は八家ありましたから、それぞれの家が協力して建立したわけですね。そのときの当家当主は五代目の昌邦でした」

表側は昌勝・昌明両夫妻の戒名が刻まれている

裏側は昌勝·昌明の顕彰碑文（拓本）

石碑の側面には〝寛政四歳《さい》次《し》壬《みずのえ》子《ね》夏六月〟とある。建立から二二〇年以上経っていることになるが、拓本の文字は比較的はっきりしている。当時、建立者の一人だった荻原昌邦は御納戸番を務めており、ちょうどこの年の十二月にその職を辞している。

2 徳川家康との関わり

「武田家が滅亡したのは昌明の嫡男・昌之のときでした。恵林寺の碑文には〝（家康は）甲斐の士族六〇〇余人を召し抱え、荻原氏もそれに加わった〟と刻まれています。それ以後、荻原家は家康公に仕えて長久手の役にも参陣しました。そして、荻原本家の嫡流は幕末まで八王子千人頭を務めることになります。この千人頭というのは千人同心の頭のことで、旧武田家の配下にあった小人頭《こびとがしら》とその同心を前身としています。家康公が彼らを召し抱えて再編し、南関東を押さえる警備組織を置いたわけです。ですから、彼らの先祖は旧武田家の家臣でした。今でも八王子市に千人町という地名が残っていますね」

千人同心は老中支配の鑓奉行が支配した軍事組織で、一人の千人頭の下に同心一〇〇人が附属して組をつくり、一〇組一〇〇〇人の組織とされていた。八王子市によると、これらのうち頭はお目見えの許される旗本格だったが、その一方、同心はお目見えを許されず、ふだんは八王子の村に住んで年貢も納めていた。兵農分離のはっきりした江戸時代には珍しいあり方だったという。

「昌之の弟の四男に昌重がおり、その息子・重知の二男・正忠が別家を興しました。これ

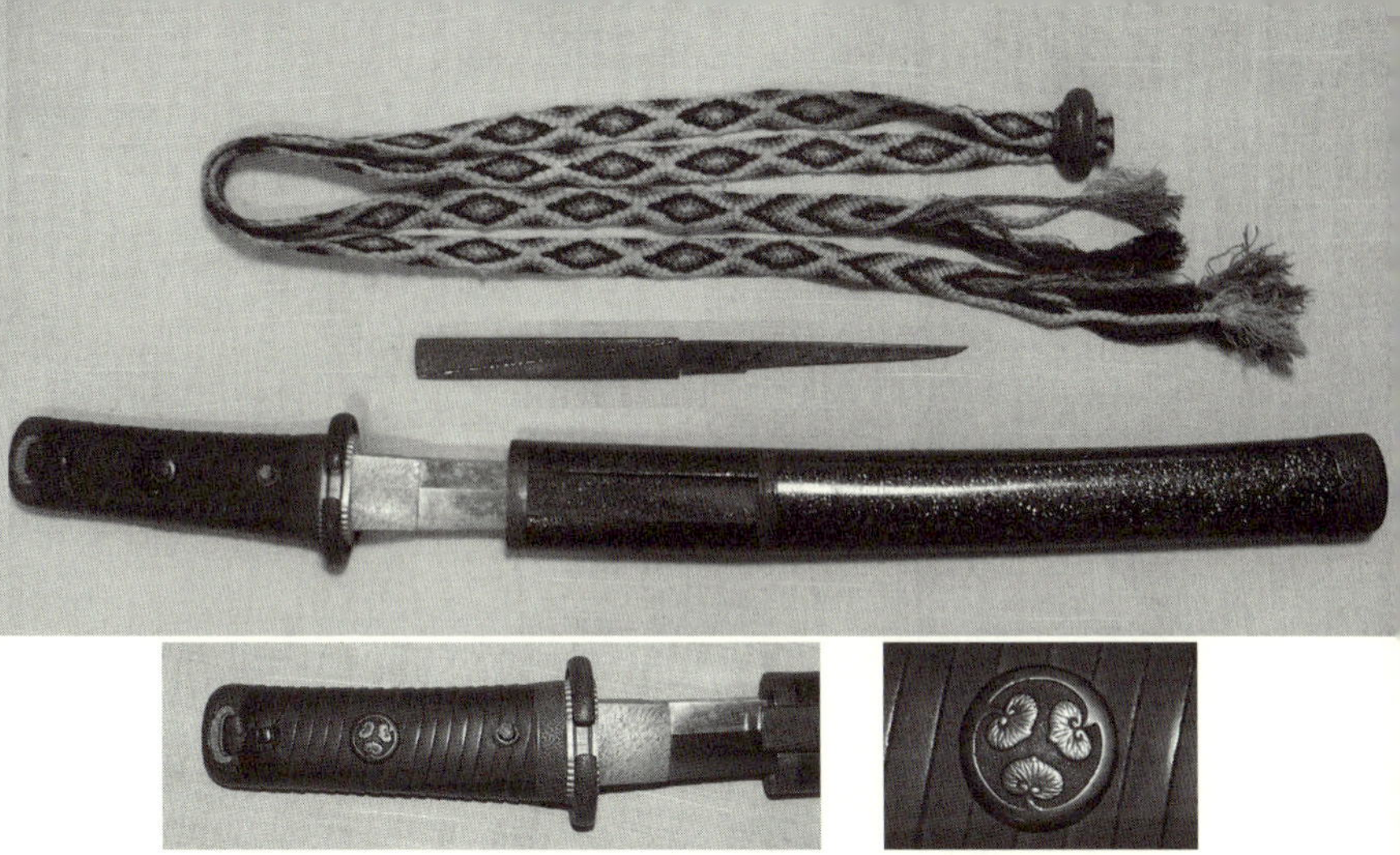

荻原祐秀が８代将軍・吉宗より拝領したと伝わる短刀。柄に葵の紋がある

が当家の直接の祖ですから、正忠を初代としています。江戸時代にあった荻原八家のうち六番目に分かれた家でした。当時は五代将軍・綱吉公の時代で、正忠は台命により徳川綱重公に附属され、桜田館で勘定奉行を務めるようになります」

徳川綱重とは三代将軍・家光の二男で、後に六代将軍となる家宣（幼名虎松、後に綱豊）の父である。寛文元（一六六一）年、甲府二五万石に封じられ、甲府徳川家（甲府宰相家）の始祖となった。同家の江戸屋敷は江戸城近くにあり、桜田御殿、桜田館などと呼ばれた。

「当家二代目・正芳も桜田館に勤仕して、綱豊公が西の丸に移るとそれに従いました。正芳の嫡男を祐秀といい、家宣公から八代将軍・吉宗公に仕えています。享保十（一七二五）年、吉宗公が日光東照宮に参詣していますが、その際に祐秀が供奉していました。どうやらそのときに将軍家から拝領したのではないかと伝わる短刀が当家に残されています。かなり厚みのある短刀で、柄の中央に三葉葵の紋があります」

将軍家の紋がある短刀は刀身の厚い重量感のあるもので、鞘の鯉口に小柄《こづか》がさしてある。昌幸氏によると〝大切に残しておくように〟と代々伝えられてきたものだが、詳しい由緒はわからないという。

「残念ながら証になるような書き物が残っていませんが、その日光社参のときだったとすると三〇〇年近く前から当家に伝わっていることになりますね。刀と一緒に残されている紐も当時のものです。いずれにせよ珍しいもののようで、私が知るかぎりでは葵の御紋のついた刀を持っているお宅をほかに見たことがありません。といっても、当家に残っている刀はこれだけです。明治維新後、駿府に移らず、江戸から離れなかった家には刀などがけっこう残っているようですね」

3 先祖や歴史への思い

「先祖への思い、誇りのような気持ちはありますね。飯田河原の合戦で活躍した荻原家の元祖、昌勝は大した人だったと思います。先日、武田旧温会の会員として合戦の地に行き、地元の人たちと会ってきました。古戦場慰霊碑を建て、月に一度清掃して花を生けて

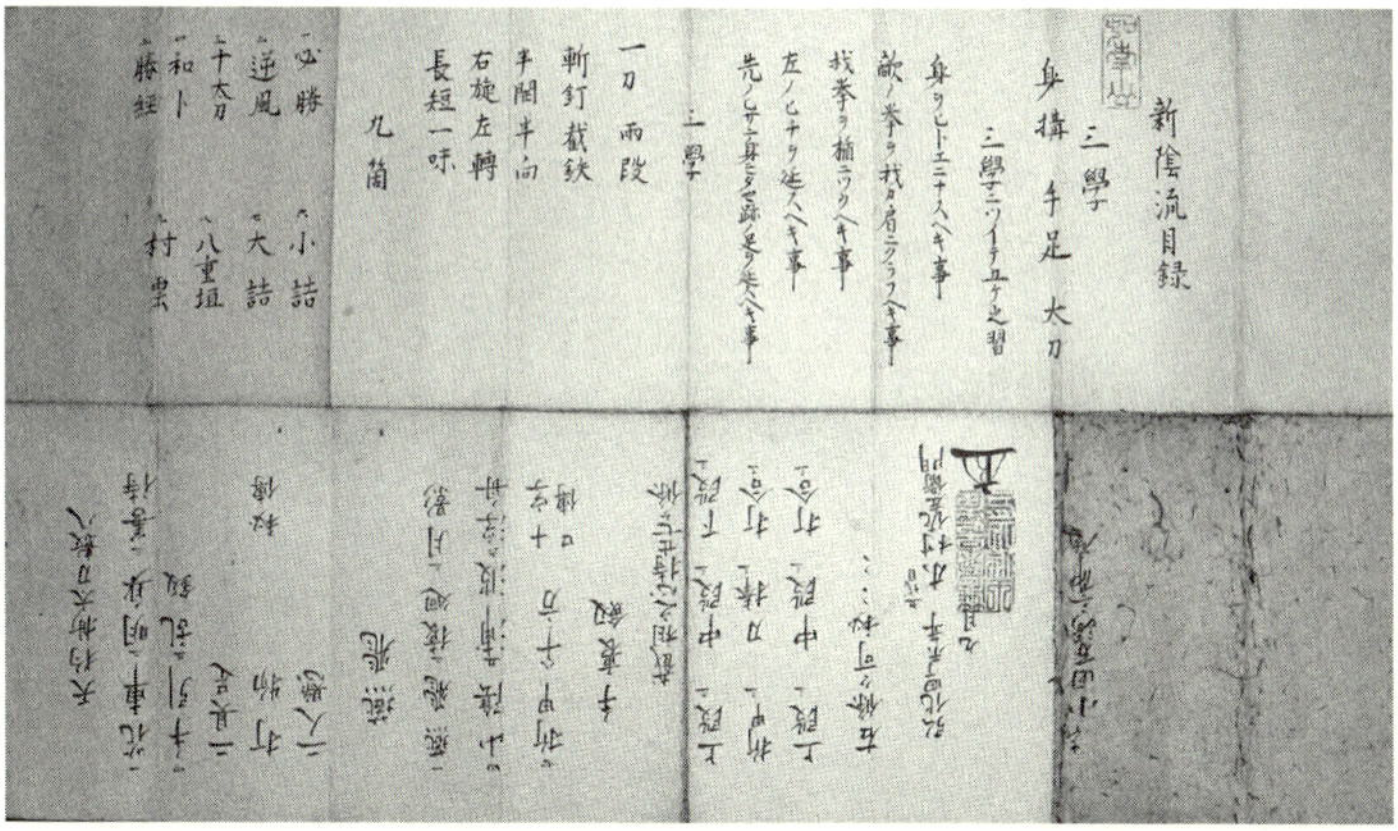
新陰流目録
三學
身構　手足　太刀
三學ニツイテ五ケ之習
身ヲヒトエニナスヘキ事
敵ノ拳ヲ我ガ肩ニクラフヘキ事
我拳ヲ楯ニツクヘキ事
左ノヒヂヲ延ヘキ事
三學
一刀両段
斬釘截鉄
半開半向
右旋左転
長短一味
九箇
必勝　小詰
逆風　大詰
十太刀　八重垣
和卜　村雲
捷径

新陰流目録　７代目・昌臣　免許皆伝

くださっていると聞いて感謝状を持っていったわけです。そこに山梨日日新聞の方がいまして〝同合戦の軍師とされる荻原昌勝の子孫をはじめ、旧温会の３人が石碑と神社を見学〟という記事を書いてくれました」

　同地には飯田八幡神社が鎮座しており、地域の人々によれば、戦の前に信虎が必勝祈願をした社だった。同神社では今も戦で落命した武士たちの慰霊法要が行われている。

「それから、先祖に感謝しているのが、古文書や遺品を現代まで引き継いでくれていたことです。普通は三代ほど前のことまでしかわかりませんが、幸いにして当家では代々の記録が残されていました。しかも、私の祖母が整理してくれていたので、かなり助かっています。祖母の名はせいといって、いわゆる〝旗本の家付き娘〟という厳格

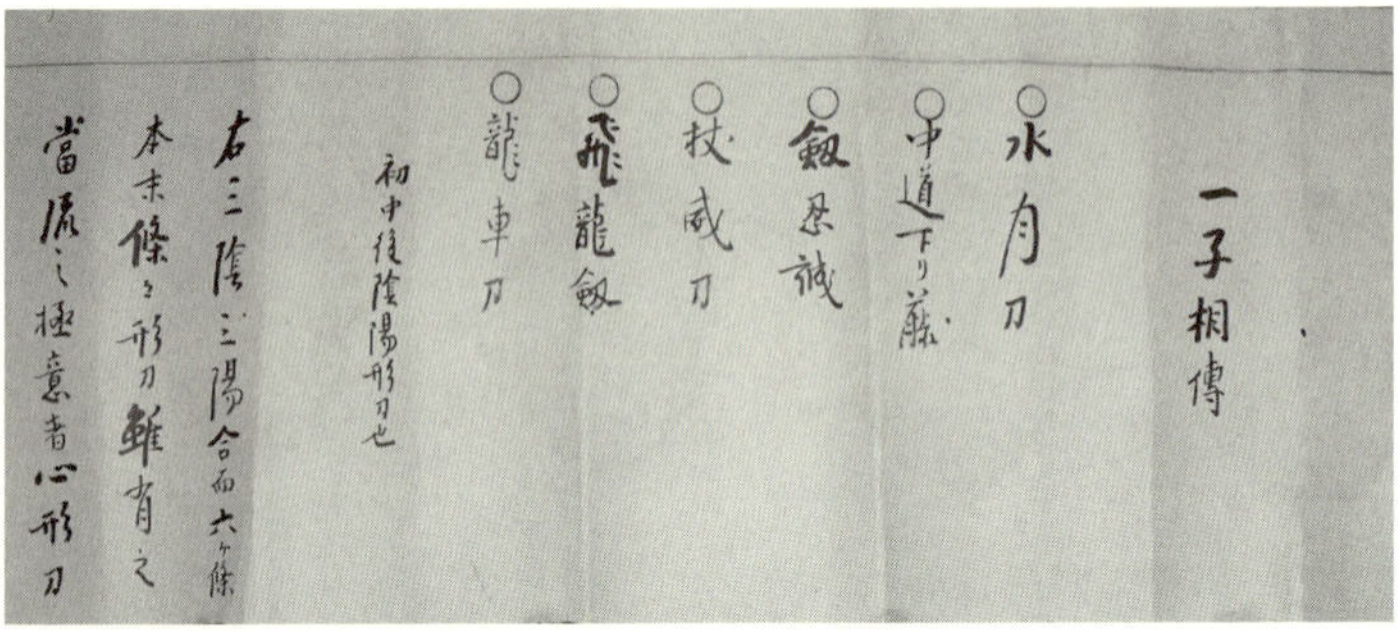

心形刀流目録（一部）　８代目・昌盛　免許皆伝

なタイプの女性でしたから、先祖のことを父親の昌盛から聞いて、いろいろとやっていたのでしょう。ちょうど昌盛が当主になった頃、当家がいちばん大変な時期でもあったんですね」

　維新後、静岡県（現、清水区庵原町）に移住した当家には嗣子がなかった。家が絶えかねなかったとき、聟養子に入って家督を継いだのが八代当主の昌盛だった。

「昌盛はもともと旗本向坂政醇《さきさかまさあつ》という人の四男で、頑固な人でしたが家のことはきちんとしてくれました。剣術が達者で、新陰流や北辰一刀流などと並んで知られていた心《しん》形刀流《ぎょうとうりゅう》の免許皆伝でした。その目録や免許状が今でも残っています。これも祖母から聞いたのですが、桜田門外の変のとき、昌盛が槍を持って駆けつけたという逸話が当家に伝わっているんですよ」

　現在、この剣術は三重県指定無形文化財である。心形刀流保存赤心会によると〝伊庭道場で免許皆伝を得た山崎雪柳軒が三重亀山に帰藩して伝え、以来一四五年余……〟という。幕末、山崎雪柳軒と荻原昌盛は同じ道場で修行し、免許皆伝を受けたことになる。

「明治七（一八七四）年、昌盛は静岡県の小学校に奉職し、病で退職するまで教師を務めました。校長に推挙されたようですが、教育者として最後まで平教員を貫いたそうです。祖母が書き残した昌盛の言葉がこうです。〝吾が一家は旧主の御供を為して此の地に移り幕臣として其の御終末まで旧主に背かず忠義の道を尽したり…（中略）…学校を第二の主君と仰ぎ此の郷を第二の故郷と愛し忠実以て此の校に仕え此の郷に尽くさん。忠臣は二君に仕えず余は他校に転ぜざるべし。武士は君の馬前に死し我は教壇の上に斃れる〟。その人となりが偲ばれる内容です。昌盛の遺言として、子孫に伝えたいと考えています」

4 徳川家臣の末裔として

「家康公の遺訓がありますよね、〝人の一生は重荷を負て遠き道をゆくがごとし〟というね。家康公の言葉ではないという人もいますが、なかなかいい文章ですし、実際に家康公はそういうつもりで生きてきたのだろうと思います。戦国大名が割拠した頃など、少しでも間違うとすぐ滅ぼされてしまう時代でしたからね。聞くところによると武術も達者で学問もよくやった人らしいですし、鷹狩りや薬作りなど多趣味な人物だったともいわれてますから、当時一流の人物だったのでしょう。祖母も信玄公と並んで家康公を尊敬していたようです。やはり荻原家は武田家に重要視されていましたし、武田家の滅亡後は家康公に召し抱えられたわけですからね」

旧武田家家臣に限らず、徳川家康は多くの遺臣を召し抱えている。それら家臣の末裔である昌幸氏は「今、家康公のような人がいたら総理大臣にもなれただろう」という。

「多くの遺臣を召し抱えましたが、一つには必要に迫られて抱えたと思います。日本全体を治めるには様々な人材が必要だったはずですし、次の時代のことを想定して政策を決めていたと思います。もし家康公が会社を興したとしても、一流企業を作っただろうと思います。……それから、家康公の時代ではありませんが、六代将軍・家宣公は荻原一族の先祖の一人、重秀を重用していました。綱吉公の頃から勘定奉行をしていた荻原重秀は金の含有量を減らして貨幣をたくさん造り、経済を活性化させた人物です。当時、新井白石らと考え方が合わずに弾劾されましたが、家宣公は〝才ある者は徳あらず、徳ある者は才あらず、誠に得がたし〟と新井白石を戒め、重秀を辞めさせませんでした。封建時代ですし、江戸時代は文武両道に秀でていないと、なかなか生きていけなかったのではないかと思います」

荻原氏略譜

（信昌まで『尊卑分脈』、昌滝まで『寛政重修諸家譜』、以後当家家譜）

清和天皇（人皇56代）――貞純親王（四品 号桃園親王）――源経基（正四位上大宰大弐 鎮守府将軍 号六孫王）――源満仲（正四位下 鎮守府将軍 号多田）――頼信（従四位上 鎮守府将軍）――頼義（正四位下 鎮守府将軍）┬義家（正四位下 鎮守府将軍 号八幡太郎）……
└義光（従五位上 常陸介 号新羅三郎）――義清（武田冠者）

――清光（黒源太 号逸見冠者）――信義（武田太郎）――信光（伊豆守 武田五郎）――信政（武田小五郎）――信時（伊豆守）――時綱（伊豆守）――信宗（伊豆守 弥六）――信武（甲斐守 号八福寺）

――氏信（刑部大輔）――満信（刑部大輔）――信守（刑部大輔）――信昌（刑部大輔）┬信縄（甲斐守護）……
└某（武田平三）――昌勝（常陸介 号荻原 当家家祖）――正明（豊前守 昌明）

┬昌之（源八郎）……
└昌重（吉右衛門）――（重知）┬種重（十助）……
└正忠（孫四郎 当家初代）――正芳（孫四郎）――祐秀（五左衛門）――昌孚（主水）――昌邦（孫四郎）――昌滝（孫四郎）――昌臣（孫四郎）――昌盛（孫四郎）……

旧武田家臣　国宝を守った忠臣・田邉忠村の子孫

関ケ原の合戦のリスクマネジメント

東京都品川区　田邉康雄

田邉氏は熊野別当湛増の後胤と伝えられる一族で、その本姓は藤原（北家藤原氏師尹《もろただ》流）である。

『熊野史』によれば、熊野別当とは、熊野の神官、宗徒社僧、神民などを統率し、三山を支配する者のことをいった。その起源来歴は官幣大社熊野速玉神社古文書「熊野別当代々次第」に記されており、熊野別当は嵯峨天皇の御宇に始まったという。

その記述によると、第一別当快慶は嵯峨天皇弘仁三（八一二）年十月十八日に補任され、第二別当慶覚は仁明天皇御宇嘉祥元年十二月二十七日（八四九年一月二十四日）に補任された。当家の家祖とされる湛増は第一八別当湛快の二男として生まれ、文治三（一一八七）年に第二一別当に補任されている。〝田邉別当〟を称し、前掲書に掲載される系図で〝歴代別当中ノ傑物ニシテ最モ威福ヲ擅《ほしいまま》ニセリ〟と書き添えられている人物である。

当家家伝によれば、湛増の後裔の一人に田邉直基がおり、永禄年間より武田家に属していた。しかし、天正十（一五八二）年に天目山で武田勝頼が自刃し、同家は滅亡した。このとき、勝頼に最後まで従った家臣の一人に直基の嫡孫・忠村がいたという。

その後、忠村とその子孫は鳥居氏、伊丹氏に預けられ、菊忠のとき処士となった。しかし、その子の丘忠の代に幕府に召し抱えられ、当家の祖として初めて徳川幕臣となった。田邉家代々の子孫はその多くが学問に才を発揮し、幕末には昌平黌の教授を務めた儒学者誨輔《かいすけ》（田邉石庵）や外交などに活躍して『幕末外交談』を著した田邉太一（田邉蓮舟）らを輩出している。

1 当田邉家について

「田邉家を遡るとその祖は熊野別当の湛増といわれています。平安末期の源平争乱のときには源氏側につき、義経の要請を受けて熊野水軍を動かした人物ですね。彼らは壇ノ浦の戦いまで源氏に従っており、その働きもあって源頼朝が平家に勝って鎌倉幕府を開きました。また、頼朝の死後、しばらくして承久の乱が起きますが、このとき湛増の子・湛全は後鳥羽上皇のほうについていたんですね。鎌倉では尼将軍が御家人を率いて京に上り、上皇の軍勢を破りましたから、湛全は処刑されてしまいました。このとき、湛憲の子・快実もやはり殺害されました。ただし、この快実には生まれたばかりの子供がおり、これが当家に繋がる家祖となりました」

建仁二（一二〇二）年、朝廷内で実権を掌握していた源通親が没し、結果として後鳥羽上皇の独裁体制となった。当時、上皇は鎌倉幕府三代将軍の源実朝と良好な関係を築いてはいたが、承久元（一二一九）年に実朝が暗殺されるとこれを討幕の好機ととらえた。そして承久二（一二二〇）年五月、上皇は諸国に鎌倉討幕の挙兵を号令し、京都と鎌倉の間に争乱が起きた。しかし、鎌倉では北条政子が故・頼朝の名を掲げ、執権・義時とともに配下の御家人たちを見事にまとめ上げていた（『吾妻鏡』）。

「快実の妻は幼い子を抱えて丹後の田辺というところに逃げました。ここの地名がなぜ名字と同じなのかはわかりませんが、おそらく実家を頼ったのだと思います。紀伊国の田辺に住む（妻の実家の祖先の）熊野神社の神官が丹後に下って熊野神社分社を設立した際、故郷の田辺を地名としたものと思っています。その神官の家から快実のもとに嫁いできたのでしょう。この子は左衛門尉常直と名乗って丹後に土着しますが、その子孫、つまり丹後の土豪田邉家は鎌倉時代から室町時代に丹後守護大江氏、長井氏、一色氏のもとで過ごし、応仁の乱以後は若狭武田氏の支配下に入りました。その後、越前朝倉氏が若狭武田氏を滅ぼしたので越前に移り、朝倉氏が滅んだ後に甲斐武田氏に仕えたと口伝されています。おそらく越前から甲斐に至り、武田家に仕えるようになったのでしょう。武田家臣になったのは永禄の時代ですから、快実から三〇〇年ほど後のことになりますね。これらの言い伝えは『田辺・田邉一族』という書物にあって、口伝と一致するところがあるんです」

『田辺一族』に掲載される同部分の言い伝えは、旧武田家臣一〇〇家の由緒を記した『菱華遺芳』（前掲書では『菱花遺芳』と表記される）からの引用である。同書によれば、丹後に土着した常直の一族も田邉を家号としており、四郎左衛門直基《なおもと》のとき、嫡男・四郎兵衛忠直とともに甲斐の武田家に仕え、駒井右京昌直に属したという。

田邉康雄氏

「武田の家臣だったのは直基を含めて三代ほどで、豊前忠直、佐左衛門忠村と続いていますが、いずれも金山衆だったと伝わっています。

そのせいでしょう、『田辺一族』には〝(佐左衛門忠村は)天正壬午《てんしょうじんご》の時、幕府に謁し、鳥居元忠に黒駒口の戦に従ひて功あり。後命ぜられて黒川金山衆を督す〟とあります。これは、武田家が滅亡した後のことで、徳川家康公の命で鳥居元忠の麾下に入り、黒駒口の戦いで立てた武勲によって金山衆を監督する立場に取りたてられたというわけです」

〝壬午〟とは干支を指す。天正年間で壬午《みずのえうま》になるのは天正十(一五八二)年のみで、この年の三月に武田氏が滅亡し、六月には織田信長が本能寺で討たれた。その結果、甲斐国は領主不在の状態となり、この間隙をついて家康と北条氏直が侵攻し、八月にはそれぞれ新府城と若神子に陣を張って対峙することになった。『改正三河後風土記』によると、このとき家康軍八〇〇〇に対し、北条氏直は四万三〇〇〇の兵を擁していたという。やがて、一万の軍勢を率いる北条氏忠が黒駒山、上口山方面に進み、氏直の本隊と家康勢を挟撃しようとしたが、これを兵数一五〇〇の鳥居元忠らの軍が迎え撃った。数では北条方が勝っていたが、徳川勢を寡兵と侮って兵力を分散させていた。一方の徳川軍は武川衆など旧武田勢の働きも大きく、結果として大勝利を収めることになった。

「その戦いより少し前、天目山で武田勝頼公が自刃し、武田家が滅びましたね。このとき、武田二十四将もほとんどおらず、土屋惣蔵昌恒公をはじめとする四十数人しか従っていませんでした。このなかに当家の家祖である田邉佐左衛門忠村もいたわけです。二十四将のような身分ではありませんでしたが、最後まで従っていました。そして勝頼公から〝これをどこかに隠してくれ〟と武田家重宝の鎧と旗を預けられたそうです」

『菱華遺芳』に同様の内容が記され、〝旗を雲峯寺に納れ、於曽《おぞ》の邑《むら》に帰り、鎧を屋後《やじり》の土窖《どこう》に蔵す〟という。

『甲斐国志』（中巻）に於曾郷の記事があり、〝倭名鈔ニ載ル所、山梨（郡）ノ東部トス…（中略）…於曾ノ名義ハ洪水〟と記される。この郷には於曾を名乗る一族がいたが、左《さ》京亮《きょうのすけ》信安のとき武田信玄の命によって板垣氏の家号を継いだという。当時、忠村はこの地域に居住しており、鎧を埋めたのが館の裏手にあたる方角だったということだろう。

「忠村は金山衆でしたから、一般の家臣と違い、そういった隠し場所や抜け道などをよく知っていたわけですね。重宝を託された忠村は鎧と旗を持って走り、間道か坑道から逃れて山に入り、旗を寺に納めると、鎧のほうを土の中に埋めたと伝わっています」

この新羅三郎義光以来とされる武田重宝の鎧は楯無《たてなし》と呼ばれ、この銘が『保元物語』の一節にも登場する。これは源氏の頭梁・為義が新院（崇徳院）に召される場面のことで、その際、為義は源氏重宝の鎧（八領）の銘を口にしており、膝丸《ひざまる》、薄金《うすかね》、八龍《はちりゅう》などと並んで楯無の名を挙げている。

武田氏の祖・新羅三郎義光は源氏正統の嫡流ではないため、これが源氏重宝の鎧と同じものかどうかは不明だが、現在、〝小桜韋威鎧〟という名称で国宝に指定されている。文化庁によれば〝（勝頼が）長篠合戦に敗れた際に家臣田辺左衛門がこれをもって逃れ、向嶽寺の杉樹下に埋めた〟という。

「これは田邉左衛門重信のことだと思います。『田辺・田邉一族』の〈藤原北家・熊野別当族田辺氏〉の章によると、〝（重信の子、重真は）武田家没落の後、徳川氏に仕う〟とありますから、重信は長篠の敗戦後、楯無を守ったものと思われます。したがって、田邉重信と田邉忠村という熊野別当田邉湛増の子孫が、別の場面で二回にわたって武田家の家宝の鎧を守ったことになります」

2 徳川家康との関わり

「武田家が滅亡すると、佐左衛門忠村は駒井昌直などを通して徳川家康公に仕えることになりました。当然、全員が直参になれるわけではありませんので、忠村は鳥居元忠のもとに預けられました。元忠という人物も忠義に厚い家臣ですから、よいところに預けられたと思います。このあと、北条氏政と黒駒口の戦があり、忠村は先ほど触れたように手柄を立てています。……これは個人的な調査だから公的なものではありませんが、当時、駒井昌直がとりまとめて家康公に出した旧武田家臣の名簿があって、それを見ると八二四人もいるわけです。もちろん、そこに忠村の名もありますが、実際、これだけの人数を召し抱えたのですから、家康公という人も大した人物だと思います。ちゃんと天下を取る準備をしていたんですね。ただ、鳥居元忠は関ヶ原のとき伏見城を守って西軍に討たれてしまいます。田邉は伊丹氏という旧武田家臣で家康公から一万石以上の藩を賜っていた家に預け替えとなり、地方代官を務めていました」

伊丹氏は摂津国を本国とする一族である。康直のとき駿河国で今川家に仕え、同家没落後は武田信玄に臣従した。いずれも船大将として功があり、武田氏滅亡後、その武勲を知った家康に召された。子の康勝は徳川秀忠に仕えて勘定奉行にすすみ、後に一万二〇〇〇石の大名となって甲斐国山梨郡徳美を拠点とした。元和八（一六二二）年には宇都宮城主・本多上野介正純の改易に際して使者を務め、糺問の後に所領没収の命を伝えている（『寛政重修諸家譜』）。

「この大名家は元禄のころまで四代続くのですが、五代将軍・綱吉公に仕えた勝守が自殺してしまい、領地を没収されてしまいます。その当時、伊丹家にいた当家の家祖は田邉菊忠で、結局、浪々の身になったわけです。それを幕府が不憫に思ったのかどうかわかりませんが、その子・丘忠を召し抱えてくれました。ですから、田邉の先祖としては、初めて

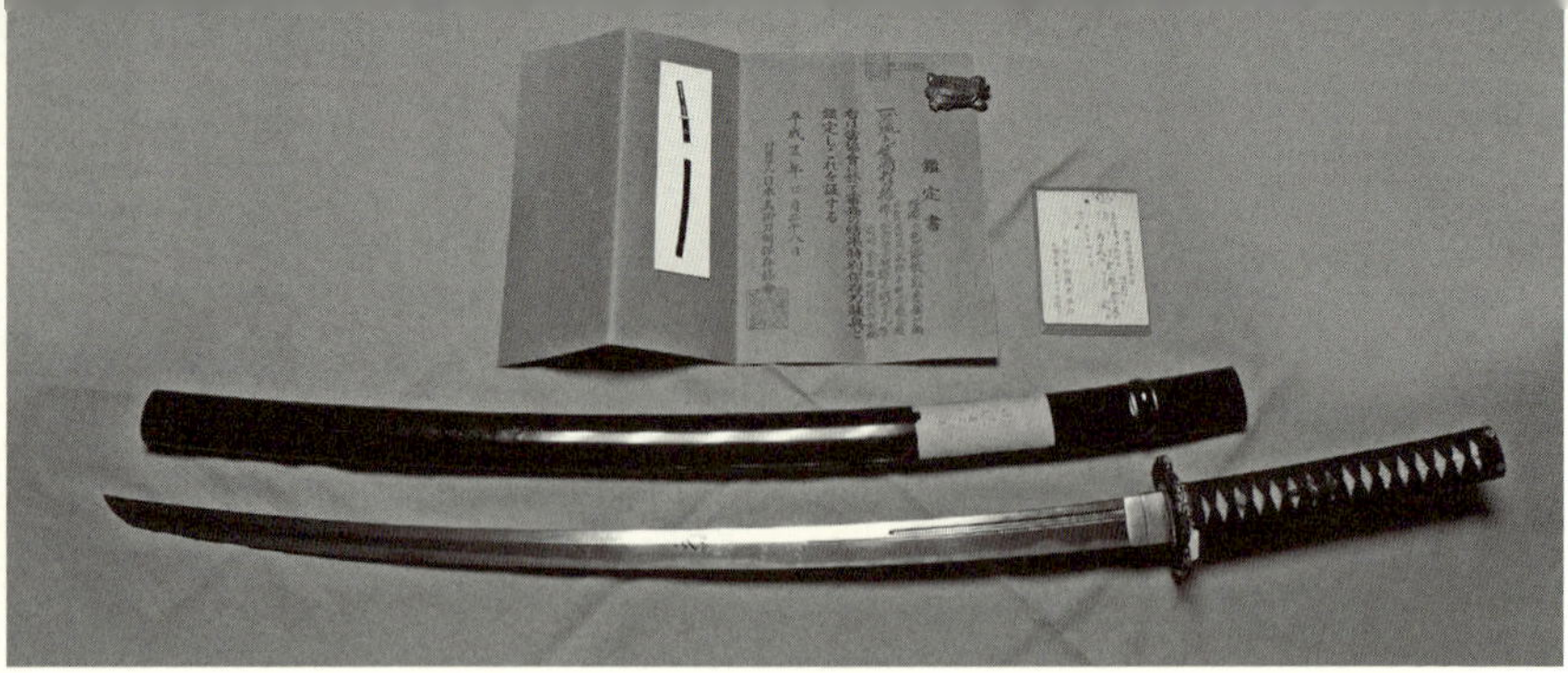

田邉太一所蔵の刀

幕臣になった初代がこの丘忠ということになります。このときは大番の与力でしたから、お目見えのできる旗本ではなく、御家人でしたね」

田邉氏によると、丘忠には嗣子がなく、その子・経忠は養子だった。そしてその後も養子が続くが、学問に秀でた人物が多かったという。

「経忠は号を貞斎といって、この人から名前が世に出るようになりました。『江都諸名家墓所一覧』という本には山鹿素行や荻生徂徠などと一緒に貞斎の名が掲載されています。この貞斎の出自はある程度わかっております。というのは、菊忠以後、墓碑が現存していて、その墓石に刻まれていた文字を少しずつ読んでいったわけですね。その記録によれば、経忠は原氏の息子だったようです。当時、その家は医者で、貞斎はその二男でした。もともと原氏は土岐氏の庶流ですから桔梗を家紋にしています。そのせいか幕末から当家も桔梗を家紋に使っているんです。それまでは丸に十字でした」

『江都諸名家墓所一覧』によると、菊忠の嫡孫・経忠（貞斎）は雑学者として知られた人物で、墓石の記録によれば連歌を得意としていた。当家は貞斎から本格的に学者の家系になっていったという。

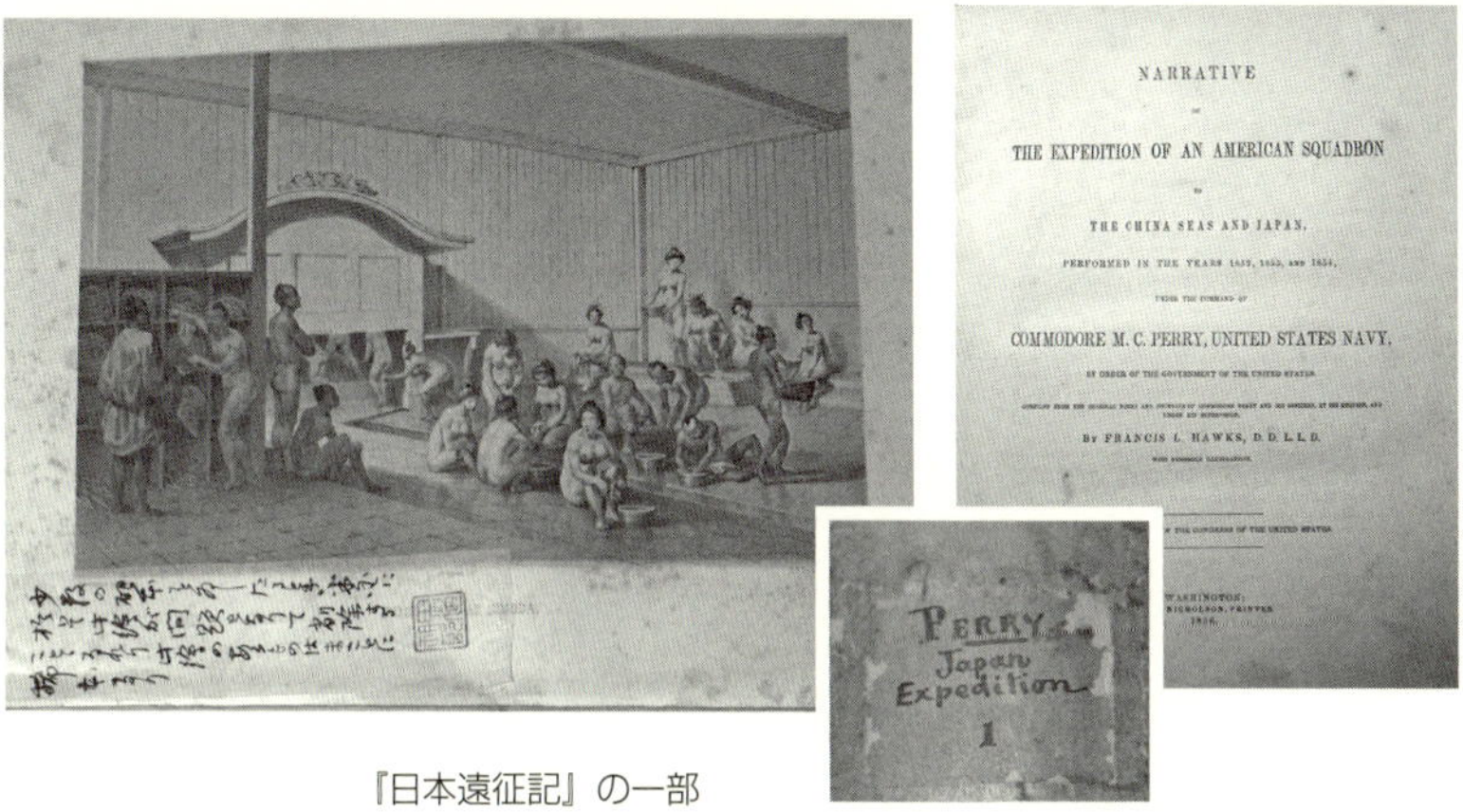

『日本遠征記』の一部

「貞斎の子が克忠といって、この人が父親の墓碑銘を書いています。その子・誨輔が石庵という号を名乗り、昌平黌の教授をやった人物ですね。実は、石庵が養子に来たときはすでに大人になっていて、名も知られていたんです。もともと尾張の出身で、村瀬誨輔という名で著書もたくさんありました。それが貞斎のところに来たんですよ」

系譜の上では貞斎の子・克忠の養子に見えるが、実際は世に名の知られた貞斎のもとに身を寄せていた。つまり養子というよりは養孫という立場であり、墓碑には実際にそのような書き方をされているという。

「このあたりになるともう幕末ですが、石庵の長男・孫次郎忠愛は勿堂と号し、講武所で西洋砲術の教授をしています。二男は有名な外交官の太一で蓮舟と号していました。外交官という仕事柄でしょう、ペリーがアメリカで出版した『日本遠征記』三巻を入手していて、今も当家に現存しています。挿絵がたくさんありますが、いずれも写真ではなく絵なんですね。ペリーは画家を伴って来日し、わが国のことをつぶさに調べていたことがよくわかります。しかも、日本に向かうときにはシーボルトが持ち出した伊能忠敬の日本地図を持っていました。ですから、周辺国の地形は粗雑に描かれていましたが、日本列島だけは現代のものとほとんど同じ精密な地図があったんです」

ペリーの著した『日本遠征記』は第一巻が本記である。第二巻で自然科学の学術調査の結果を報告し、日本近海で見られる魚類などの精密な画を掲載している。第三巻には天文観測の結果が記されている。

3 先祖や歴史への思い

「当家の先祖は仕えた主を裏切らなかったんですね。そのことは当家の誇りだと思っています。武田の重宝を守った忠村は武田勝頼公が自刃するまで離反しませんでしたし、幕末のことでも太一は幕府というか、徳川家を守ろうと薩長に刃向かったわけですからね。そういった先祖の生き方については誇りに思っています」

このことから、康雄氏は子供たちに〝たとえ偉くならなくてもいいから、人を裏切らずに地道に生きていってほしい〟という言葉を残したいという。

「残念ながら当家には古い文書や資料などがほとんど伝わっておりません。これは幕末に屋敷ごと焼失してしまったためなのです。文久二（一八六二）年、江戸で流行っていた麻疹で当主の孫次郎が没し、妻と二歳の子供、朔郎が残されました。いわば母子家庭になったわけですね。朔郎が八歳のとき江戸城開城になるわけですが、当家は幕臣ですから薩長から見れば朝敵です。しかも、亡くなった当主の弟の太一が外交官で開国派でしたから、田邉家は幕府内部からも敵対視されているところがありました。つまり、薩長からも幕府からも敵視されていた母子家庭という立場ですから、ほかの幕臣たちのように駿府藩に無禄移住をするとか帰農するとか、あるいは新政府に採用してもらうなどということができません。そこで、開城の翌日、つまり四月十六日に埼玉県の幸手《さつて》というところの青蓮寺《しょうれんじ》に避難しました。結局、どこかに逃げるしかなかったんですよ」

このとき残された子が現当主・康雄氏の祖父にあたり、明治維新後、土木工学分野で活躍する田邉朔郎博士である。

「やがて戊辰戦争が始まり、身を寄せた先からでも燃えている江戸の様子がわかったようです。当家の江戸屋敷は今の浅草橋のあたりにありました。そこに戻れたのが一〇カ月後なのですが、すっかり焼けておりまして、古い資料も含めてなにひとつ残っていませんでした。ただ、幸いなことに八歳だった朔郎がのちに工学博士として有名になりまして、周りの方がいろいろと調べてくれて、そういった文献はあるんですね。これは大変ありがたいことでした」

田邉朔郎博士は東京帝国大学と京都帝国大学で教授を務め、京都帝大では工科大学長にも補された。還暦を迎えるとき、教え子たちによって伝記『田邉朔郎博士六十年史』が編まれており、その第一編には家祖の歴史や戊辰戦争の折の苦難も含め、当家の歴史と博士の前半生が記されている。

《談話》徳川家臣の子孫として

当家がこうして続いておりますのも家康公のおかげですし、大いに感謝しています。幕府にも大切にしていただきました。幕末、祖父の父親・孫次郎が亡くなったわけですが、それでも生活に困らない程度の扶持をもらっていたという記録がありますしね。母子家庭でしたから、もしそれがなかったらどうなっていたかわかりません。そういう意味でも徳川家には本当に恩を感じてますよ。これは遠い昔の話ではなく、つい最近、私の祖父の時代の話ですからね。そんなこともあって、当家では家康公のことを〝他に比較のできない偉人〟と伝えておりますし、私自身、幼い頃から〝お前の名は家康公の康と英雄の雄からとった〟と言われてきました。四〇〇年も前に亡くなった人ですが、毎日の意識の中で生きているような存在なのです。祖父・朔郎が葵会に入会していたのも、やはり家康公に対する尊敬の念からと聞いています。

家康公は家臣を大事にしましたし、自分のために死んだ人の子孫は末代まで大切にするという考え方もしっかりしていました。それに戦国大名だったにもかかわらず、敵方の家臣たちを抹殺、殲滅しませんでした。唯一、大坂夏の陣のとき、豊臣方を殲滅して、庶民が巻き込まれるような事態にもなりましたけれどね。ただ、これは最近のリスクマネジメント国際規格（ISO31000）で説明がつくんです。実は私の専門がこちらのほうで、現在はコンサルタント・グループを経営しています。

この国際規格をいきなり読んでもわかりづらいのですが、勉強方法のひとつとして〝ある特定のリスクマネジメントの取り決めを、この規格の要求事項で検証する〟ということをしました。具体例があるのでわかりやすいですし、検証する対象に不足している部分なども見えてきます。初めはある県の事業継続計画（ＢＣＰ）をテーマにしましたが、次に関ヶ原の合戦を対象にして家康公のとったリスクマネジメントを検証したんです。すると、なんと家康公は最新の国際規格の要求事項をすべてやっておられた。つまり、〝家康公はリスクマネジメントの達人である〟というのが私たちの結論だったんです。

具体的に言いますと、戦争におけるリスクというのは負けることです。だからそのリスクを最小にする必要があります。勝たなくてもいい、負けるリスクを減らせばいいのです。事実、家康公は負けておりませんでしょう？　当時、家康公は秀忠軍が来るまでに戦い始めてますが、これが無謀だという方もいます。しかし、それこそがあの状況で負けるリスクを避けるための最良の選択でした。なぜなら、仮に自らが負けたとしても主力の秀忠軍が温存されているからです。最悪でも関東に帰って江戸を守れば、それで徳川家は消滅しないのです。しかも、家康公は関ヶ原までに豊臣恩顧の人たちを味方に付ける工作をさんざんやってるんですよ。出した手紙の数の変動を調べると明瞭です。

一方、いちばん困ること、つまり負けるリスクが最も高まるのが豊臣秀頼公の出陣でした。もしそうなると、自分の配下にいる福島正則や豊臣恩顧の武将が離反して敵になりかねません。そういう状況をすべて考慮した上で、あのタイミングで開戦を決意した。本当に素晴らしい判断でした。ですからね、先の大東亜戦争のときに家康公がリーダーとしていらっしゃったら、日本軍は負けるリスクを回避できたと思うんですよ。勝たなくてもいいんです。負けるリスクを避ければよかったのです。そして、こういったリスクマネジメントの考え方は、現代の企業、組織の存続というような面に応用できるわけですよ。家康公は関ヶ原に勝利し、日本という大きな組織を二六〇年間も平和に継続できる基礎を築きました。これは世界記録ですよ。あの時代、もしノーベル賞があったなら、これは文句なしに家康公が平和賞を受けただろうと思います。

田邉氏略譜

（『田辺・田邉一族』および当家家伝）

藤原鎌足（大織冠）―不比等（右大臣）―房前（左大臣）―真楯（正三位 大納言）―内麿（従二位 右大臣）―冬嗣（正二位 左大臣左代将 号閑院大臣）―良房（摂政太政大臣 号白河殿）―基経（従一位太政大臣 摂政関白 号堀川殿）―忠平（従一位太政大臣 摂政関白）

―師輔（右大臣）―伊尹（太政大臣）―義懐（中納言）―成房―良世（左大臣 号西三条大臣）―師尹（従一位 左大臣 号小一条左大臣）―定時（従五位上 侍従）―実方（正四位下 右近中将）―泰救

―快真（補別当）―長快（熊野別当）―湛快（熊野別当）―湛増（熊野別当 号田邉 当家家祖）―湛憲―快実―常直（左衛門尉）―…某…―直基（永禄年間仕武田）

湛増―湛全（誅承久役）―…

―忠直（四郎兵衛）―忠村（佐左衛門）―直村（豊前）―直堯（市郎右衛門）―忠元（四郎兵衛）―菊忠―丘忠（幕臣初代）―経忠（大番与力 号貞斎）―克忠

―誨輔（昌平黌教授 号田邉石庵）―孫次郎（講武所 西洋砲術教授 号勿堂）―朔郎（工学博士）―…

誨輔―太一（号田邉蓮舟）

旧武田家臣　旗本・曾根家の子孫

謎に包まれた家康の判物

静岡県静岡市　曾根貞夫

曾根家の本姓は源（清和源氏）で、源義光の末裔と伝わる。義光は前九年の役で有名な鎮守府将軍・源頼義の三男にあたり、新羅三郎を名乗った。その長兄が源氏正統の八幡太郎義家で、義家から数えて五代の後胤が鎌倉幕府初代将軍となった源頼朝である。

『尊卑分脈』などによれば、新羅三郎義光の三代孫・黒源太清光は逸見《へみ》（免見）郷に居住して逸見冠者と称し、多くの男子をもうけている。そのうち太郎義信は武田氏の祖となり、その双子といわれる太郎光長は逸見氏の祖となった。二郎遠光は加賀美氏を称し、同様に厳尊《げんそん》（玄尊）が曾禰《そね》禅師を名乗っている（曾根氏祖）。しかし、曾禰禅師厳尊の事蹟については未詳とされることが多く、『甲斐国志』（巻之九五）には次のように記される。

「玄あるいは厳と作り、平家物語にもその名が見えたり。吾妻鏡に曾根太郎なる者が載るが、本州（甲斐国）の人なりや否や詳ならず。曾根の根、また禰に作る……（以下略）」

なお、同書（巻之九三）は曾禰という名について、「曾禰の連」の記事中で〝八代《やつしろ》郡の荘名なり〟と記している。

曾根一族は代々武田家に附属し、『甲陽軍鑑』にも曾根を名乗る武将が登場する。特に、際だった活躍を見せるのが曾根内匠助《たくみのすけ》昌世《まさよ(ただ)》という人物である。駿州花沢城攻めでは二番槍の手柄をたて、小田原城攻めの際の三増《みませ》峠の合戦でも部隊総崩れの危機を救っている。信玄からの信頼も厚く、〝曾根内匠、真田喜兵衛（真田幸村の父）両人はわが両眼のごとくなる者〟と称された。

信玄の没後は織田信長に内通していたともいわれ、武田氏滅亡時にはいち早く投降している。信長から特に目をかけられ、興国寺城とその一帯を安堵されたとも伝わる（『戦国人名辞典』）。

しかし、この内匠助昌世という人物は当家の系譜には登場せず、血縁関係についてはわかっていない。ただ、当家には昌世に関係する古い文書が残されており、まったく無関係の人物だとは考えにくいという。

1 当曾根家について

当家の証言者は曾根家の現当主、曾根貞夫《さだお》氏。同氏は柳営会会員の一人で、代々伝わる先祖書や史料から同家の歴史について調査している。

「当家の先祖書によると、初めは曾禰と称し、後に曾根と変えたようです。家祖は曾禰五郎遠次《とおつぐ》といって、源義光公四代の後胤と伝えられています。これを『山梨県中道町史』に掲載される系図で見ると、義光の三代孫・清光公の末子に曾禰禅師を名乗る厳尊がいます。でも、これは出家したあと武将になったときの呼び名だと思うんです。そうだとすると、幼名や諱が伝わっていないことになりますね。その子孫に〝遠〟の字が使われていましたから、伝えられていない諱にその字があったかもしれません。ですから当家では、先祖書にある遠次と厳尊が同一人物だったのだろうと考えています。それで遠次を家祖とし、先祖書ではそれから十六代の後裔・曾根孫兵衛定次より系譜を起こしています」

曾根貞夫氏

冒頭で触れたように、『尊卑分脈』でも源義光の三代孫・清光の子に厳尊（玄尊）が記され、〝曾禰〟と書き添えられている。その長男を遠頼といい、さらにその二男に遠俊という人物もいる。もし曾禰禅師厳尊が遠次であるなら、遠頼を含めて十六代にわたる当主が続き、戦国期の定次に至ったことになる。

「系譜を起こした定次を元祖といい、その長男・源左衛門長次が当家で最初に徳川家に仕えた人物ですので初代としています。元祖の定次は甲斐国で武田信虎公に属していました。信虎公というのは晴信（後の信玄）公の父親ですが、天文十（一五四一）年に今川家のほうに追放され、駿河国で隠居させられてしまいます。すると、それから何年経ってからのことかわかりませんが、定次も信虎公を追って駿河国に移住してしまいました。そこで今川義元公に仕え、領地を与えられて八五〇石の禄をもらっていたようです。たぶん、知行地は現在の焼津のほうだったのでしょう。というのは、焼津市大住に法運寺という寺があって、高草山林叟院《りんそういん》の五百年史に、〝その開基が曾根定次である〟と出ているからです。これらのことから、『山梨県中道町史』には〝曾根一族の中には甲州だけでなく、信虎公の命を受け今川氏に仕えていた者がいたことが明らかになった〟と書かれています」

『林叟院五百年史』の後半に「門葉の繁栄」という節があり、そのなかの一寺に法運寺が掲載されている。その記述によると、〝法運寺の開基を仙石清安居士という。居士の俗姓は曽根氏。名は定次。その遠祖は甲斐国曽根村に住して曽根氏を号し、定次が駿河に移住、その二子氏定が曽根氏をついで大住に住した。堂宇を建立して祖先伝来の不動明王を安置したのが法運寺のはじめである〟という（漢字表記は原文どおり）。

2 徳川家康との関わり

「寛政譜を見ると、徳川家臣となった初代・長次の記事の冒頭に〝武田に属し〟と書かれているのですが、先祖書によると天文十八（一五四九）年に駿河国で生まれています。だとすると、その父・定次が駿河国に移住したのは、それより前ということになるでしょう。ですから、曾根一族は代々武田家に属していたといわれるのですが、当家の直接の先祖に限れば信玄公に仕えた者は一人もいないことになります」

当時、駿河国にいた武田氏といえば隠居した信虎ということになるが、この記述が信虎を指したものかどうかは不明である。

「このあと、寛政譜には〝天正六（一五七八）年、東照宮遠江国浜松城にをいて武田家と兵をかまへたまふのとき、長次ひそかにこころざしを通じ〟とあるんです。この年にどんな戦いがあったのかと『徳川実紀』を読んでみましたら、家康公が駿河国田中城を攻めるとありました。もし長次が焼津にいたなら、田中城は目と鼻の先ですからね。そこに徳川軍が来ていれば、内通するのも訳はなかったのではないでしょうか。長次が実際に家康公の家臣になったのがこの頃なのでしょう」

これは『東照宮御実紀』（巻二）の冒頭にある〝天正六年武田四郎勝頼は志きりに遠三両国を侵掠せんとして志ばしば勢を出せば、浜松よりも武田がかかへたる駿州田中の城をせめたまはんとて弥生（三月）の頃（家康の）御出馬あり〟という一節を指している。

この年、上杉謙信が没し、翌年には景虎（北条氏康の男。上杉家に養子）と景勝との間で家督争いが始まった。武田勝頼はこれに介入するが、景虎を裏切ったことで甲相同盟が瓦解、武田から離れた北条は織田・徳川と手を結んだ。これ以後、武田は戦国大名三家に挟まれ、衰退への道をたどることになる。

一方、信虎を追うように駿河国へ移住していた曾根家だったが、これより早い時期から家康に帰順していたという。

「もともと曾根一族は領主として武田勝頼公ではなく、義信公を認めていたんです。義信公は信玄公に謀反の嫌疑をかけられ、廃嫡されてしまいますが、そのとき義信公の側近だった曾根周防が加担していたことで曾根一族も国外追放されてしまったんですね。そんな背景もあって、曾根は勝頼公と敵対することになったのかもしれません」

義信とは信玄の長男のことで、当初は信玄の跡継ぎと目されていた人物である。『甲陽軍鑑』によれば、その乳母を務めたのが曾根周防（曾根昌世の男と伝わる）の妻だった。義信は二十八歳のときに謀反を企てたが露見し、本来なら死罪になるところを信玄の慈悲によって幽閉された（後に自害）。一方、義信と関係の深かった曾根周防や長坂源五郎らは成敗され、そのほかの義信の衆も成敗、あるいは国外追放となっている。

「その後、初代の長次は、家康公が関東に転封になるとき伊豆の代官職を命じられていて、その息子・家次も同じく代官を務めました。さらにその子が吉次といって、二代将軍秀忠公と家光公に仕えてずいぶん出世をしています。勘定奉行にもなって、禄高も三〇〇〇石まで加増されました。それで両御番といって、御書院番と御小姓組につく家格になったわけです」

『寛政重修諸家譜』によると、吉次までは代官職を継いでいた当家だったが、吉次のあとは軒並み両御番に列している。吉次を継いだ吉勝、その嫡男の喜次は御小姓組に列し、喜次の弟・頼久は御書院番。喜次の息子である安次も御書院番で、その弟・長之も御小姓組に就いている。

「この家格は幕末まで続いたのですが、さすがに三〇〇〇石を知行したのはこの吉次だけでした。次の代で弟に五〇〇石を分けたので二五〇〇石になって、そのまま幕末まで同じ石高だったわけです。吉次が三〇〇〇石を知行できたのは運もよかったのだと思います。幕末に近い時期ですと、勘定奉行をしても五〇〇〇石くらいですからね。江戸初期には幕府も財政に余裕があったのではないでしょうか」

当家の記録によると、一一代当主・曾根内匠次徳の存命中に明治維新を経験した。一二代当主・曾根左膳次政がその家督を継ぎ、廃藩置県のあった明治四(一八七一)年まで静岡藩にて勤番組一等勤番をつとめた。

3 先祖や歴史への思い

「やはり、歴史を知りたいという思いはありますね。その理由の一つは不思議な古文書の存在なんです。実は、当家に家康公の花押のある書状が二通残されておりまして、現在は巻物に直して保管しています。そのままのほうが骨董的価値は保たれるのでしょうが、売りに出すものではありませんからね。文章のほうは、静岡大学の先生にお願いして読んでいただきました。すると、この書状の受け取り人は曾根下野守となっていて、つまり当家の先祖ではないはずの曾根昌世に宛てたものだったのです」

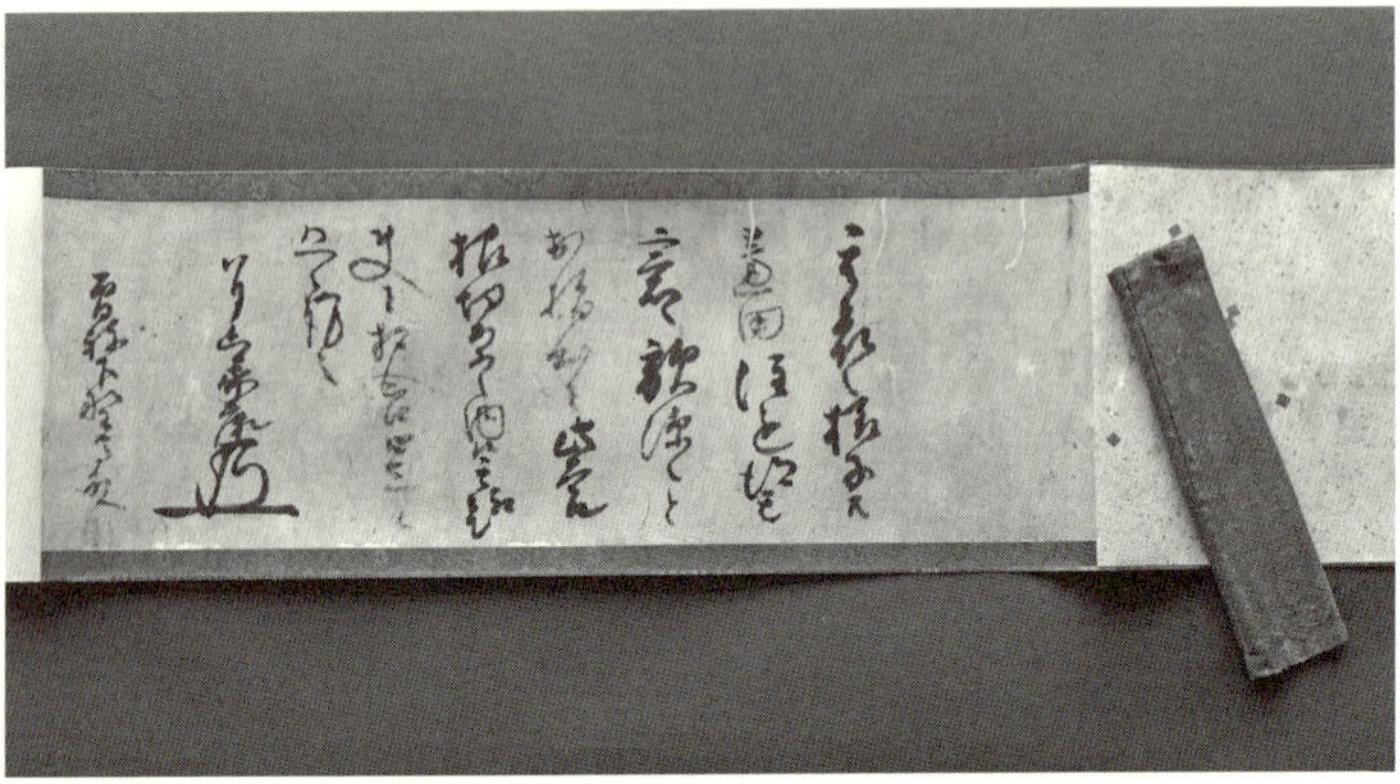

曾根下野守あての家康の書簡（8月6日付）

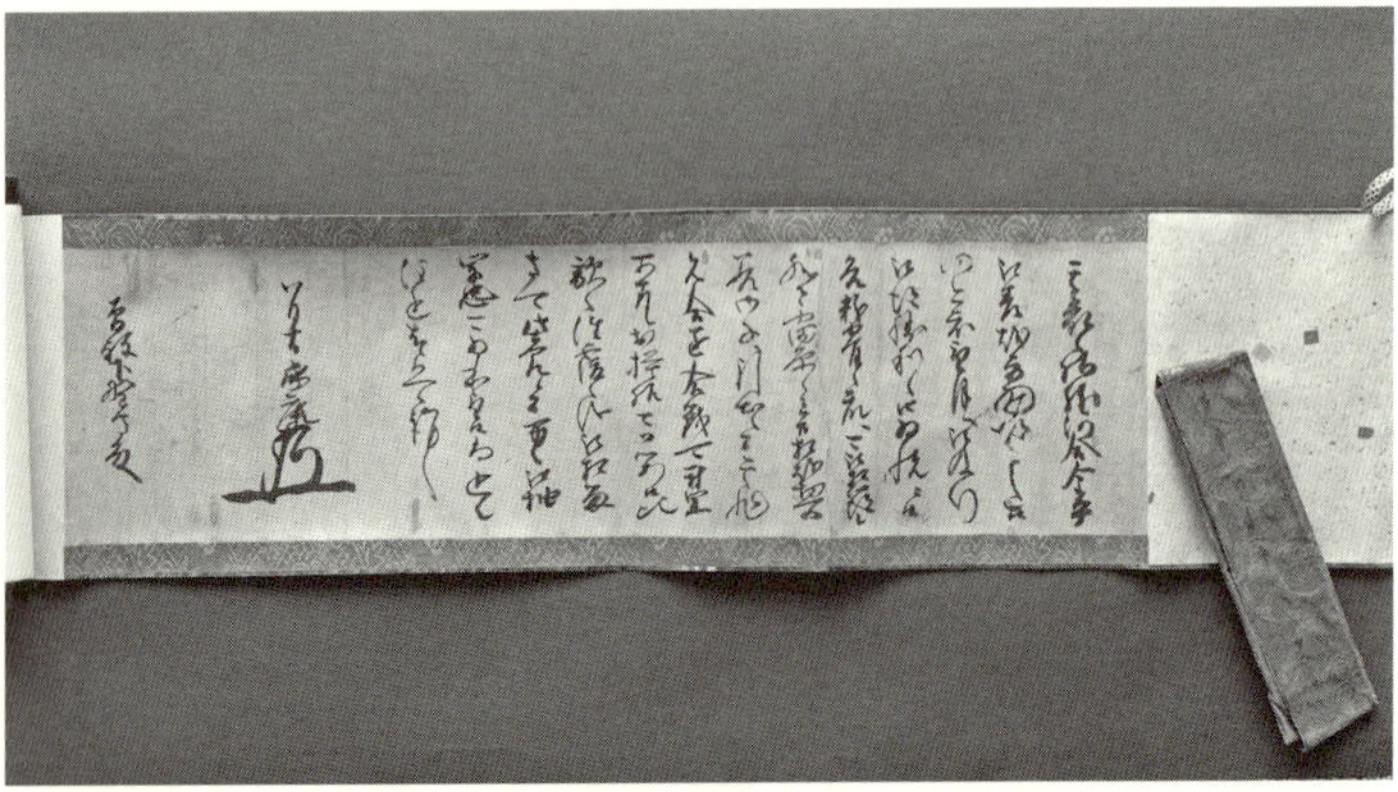

曾根下野守あての家康の書簡（8月10日付）

二通ある古文書（家康から曾根下野守にあてた書状）のうち、一通の内容は次の通り。

原　文

其表之様子共
蘆田注進得其
意候敵深々と
於指出者此節
根切案之内候
其趣使者相含口上候
恐々謹言
八月六日　家康（花押）
曾根下野守殿

書き下し

其の表の様子共は
蘆田の注進で其の
意を得候敵深々と
指出たる者此の節
根切で案之内候其趣
使者に口上を相含め候
恐々謹言

現代語訳

そちら前線の様子は蘆田からの報告で良くわかりました。敵が深々と当地まで侵入してきたのは、当方の反撃にて、これが最後であることは当然わかっております。そのことは使者には口頭で伝えるよう云い含めておきました。

もう一通のほうには「八月十日」と日付があるが、いずれも年号がない。ただ、前掲の書状と同じく〝そちら前線の様子は……〟から始まっており、〝小田原の者ども、危険を冒して我が甲州若御子に立ち入ってくれば〟とある。

「これらの書状は天正十（一五八二）年のものと見て間違いないだろうと思います。初めに申し上げたように、先祖書や系図のなかに昌世の名は出てきませんし、なぜ昌世宛の書状が当家に残されているのかわかりません。でも、この書状があったため、私の祖父も山梨のほうまで行って、いろいろと調べたらしいんです。おそらく、曾根昌世が先祖の一人だと信じていたのでしょう」

これらが天正十年の書状だとすると、同年八月に甲斐国若神子であった家康と北条氏直の合戦に関わる書簡という解釈になる。この時期、曾根昌世は家康のもとで甲斐攻略の奉行として動いていたといわれる（『戦国人名辞典』）。

『東照宮御実紀』（巻三）によると、同年六月二日、本能寺で織田信長が没したあと、家康は旧武田領である信州への侵攻を決断。旧武田家臣を糾合して浜松を出陣した。一方、小田原の北条氏直は甲州の一揆衆を取り込んで同国を奪おうと、五万の大軍を率いて信州海野口より侵入、最終的に甲州若神子に着陣している。この若神子合戦は駿府人質時代から家康を知る北条氏規《うじのり》の仲立ちによって和睦がなり、北条が上州を領し、家康が甲信両国をとることで決着した。

「二通の書状はもともと葵の御紋のある小さな布袋に入っていたんです。この袋も書状も当時のものですから、おそらく四三〇年くらい前のもののはずです。これを見れば、袋だけで家康公からの書状だと分かったでしょう。ところが面白いことに、これらの書簡について江戸幕府の鑑定書があるんですよ」

書簡が入れられていたという袋は小さく細い金襴の布袋で、その金糸は未だに光を放っている。

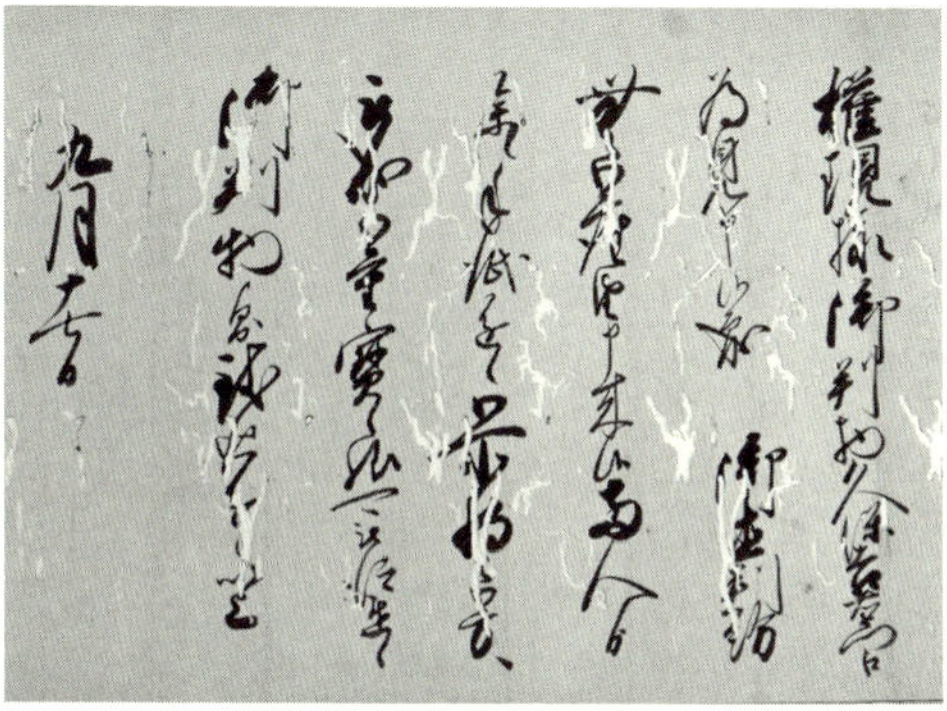

家康の判物に対する鑑定書

上□（村カ）平六様　町田文左衛門

権現様御判物　久保吉右衛門江
為見申候処　御直判紛
無御座由申来候　両人ヨリ
参候手紙進候御所持之御方へ
被成御重宝候様可被仰達候
御判物則致返上候　以上

権現様御判物久保吉右衛門へ
見せ候処御直判に紛れ
ござ無き旨申し来たり候　両人より
参り候手紙進め候御所持之御方へ
御重宝成られ候様仰せ達せられるべく候
御判物すなわち返上致し候　以上

これは鑑定書のうちの一通で、日付は九月十七日だが年号は不明。同じような鑑定書がもう一通の書状についても残されており、九月十六日付とあった。

「これが書かれたのは家光公の御代らしいんです。これがなぜわかったかといいますと、鑑定人の名前からなんです。実は、これを小川恭一という歴史家の先生に送りましたら、〝久保吉右衛門は江戸初期の有名な祐筆です〟と返事をくださいまして、『寛政重修諸家譜』にその人の系譜が記載されていました。その記事によると、〝久保吉右衛門正元は元和六（一六二〇）年から右筆をつとめ、正保三（一六四六）年ごろに右筆支配、寛文十二（一六七二）年に布衣を許される〟とあったのです」

慶長五（一六〇〇）年冬、家康は公家方の有職故実に精通した知識人として曾我尚助《なおすけ》を召し抱えた。その嫡子を丹波守古祐《ひさすけ》といい、後に三代将軍・家光の命によって書札《しょさつ》法式を幕府右筆の一人に伝授している。その伝えられた相手が久保吉右衛門正元だった（『寛政重修諸家譜』）。

この書札法式とは書状の形式などに関する慣例的な規定、すなわち書札礼のことで、武家の書札礼は室町時代の全盛期を築いた三代将軍・足利義満の時に制定されたとされる。つまり、久保吉右衛門は歴史的な書状についての専門家ということになるのだろう。江戸初期、当家の書状を含めた家康の書簡は、すでに鑑定すべき対象とされていたようだ。

なお、久保吉右衛門について指摘した小川恭一氏とは、『江戸幕府旗本人名事典』『寛政譜以降旗本家百科事典』などの編集を手がけた歴史家である。

《談話》徳川家臣の末裔として

家康公は先を見る洞察力がありましたし、懐は広いし、いろいろなことを学んできて、大きな哲学者というか政治家になった人物だと思います。なにしろ、武田信玄公を非常に尊敬していましたし、今川義元公や織田信長公、太閤秀吉たちと直接の交際があって、彼らの生き様を見てきたわけですからね。今の日本の世の中では、このような人は出てこないだろうと思いますよ。特に度量の大きさですよね。滅んでしまった戦国大名（武田家）の遺臣たちを、あれだけ召し抱えたわけですから。もし私の先祖たちが家康公に召し抱えられなかったら、当然、私の代まで繋がってこない、とうに絶えているわけでしょう。そういう思いはありますね。

また、以前、ある方から〝江戸時代のことも大切だけれど、明治維新後から自分の父親ぐらいまでの記録、家の記録を書いて残したほうがいいよ〟と聞きましてですね、なるほどと思いました。今なら二代、三代前のことがある程度わかるわけですからね。私の息子や孫の時代になれば、それも徐々に薄れていくでしょう。やはり、伝えていきたいことはありますよ。それに、私の親の代までは家康公の書簡と鑑定書、先祖書きなど、古ぼけたものしかなかったわけです。ほかには何もありませんでした。今はもう、置き場もないくらい、いろいろな資料がありますからね。

それから、これら家康公の書状ですが、私の祖父の時代に東京帝国大学に貸し出して、『大日本史料』の編纂の参考にされたそうです。当時の史料編纂官からの送り状を兼ねた礼状が残されています。あのころ、祖父が昌世について興味を持っていたように、私も昌世のことが気になっています。この判物がなぜ当家にあったのか、できればその謎を解いて当家との関係をはっきりさせたいと思いますね。

曾根氏略譜

（長光まで『尊卑分脈』、以後は『寛政重修諸家譜』）

人皇56代 清和天皇
―四品 貞純親王 号桃園親王
―正四位上 大宰大弐鎮守府将軍 源経基 号六孫王
―正四位下 鎮守府将軍 源満仲 号多田
―従四位上 鎮守府将軍 頼信
―正四位下 鎮守府将軍 頼義
　―正四位下 鎮守府将軍 義家 号八幡太郎……
　―従五位上 常陸介 義光 号新羅三郎

義清 武田冠者
―黒源太 清光 号逸見冠者
―曾禰禅師 厳尊 （遠次）号曾根 家祖
―遠頼 太郎
―長頼 彦二郎
―長光 又二郎
―……十六代孫……

曾根定次 孫兵衛 元祖
―長次 源左衛門 当家初代
―家次 源左衛門
―吉次 源左衛門
―吉勝 頼次
―喜次 源左衛門
―長之 喜内

従五位下 玄蕃頭 長友 源左衛門
―長員 源左衛門
―従五位下 日向守 次武 内匠
―従五位下 日向守 次孝 左膳
―次徳 内匠
―次政 左膳
―……

旧武田家臣　旗本・曲淵氏の子孫

家康の心をとらえた一徹者　勝左衛門吉景

静岡県静岡市　曲淵由裕・伸

旧武田家臣、曲淵氏は源を本姓とする一族で、人皇五六代・清和天皇の後胤と伝わる（『尊卑分脈』ほか）。

源氏正統の祖とされる貞純親王の四代孫に左衛門尉頼親がおり、その後裔の頼時が朝日二郎を名乗った。『寛政重修諸家譜』によれば、頼時の子孫にあたる頼定が曲淵を家号とし、同家の祖となったという。家祖・頼定の嫡男を若狭吉高といい、嫡孫を勝左衛門吉景という。代々の当主は武田に属し、吉景は武川谷に住して信虎、信玄、勝頼に仕えた。

天正十（一五八二）年、勝頼が天目山で自刃し、武田家が滅亡すると吉景は出家したが、やがて徳川家の庇護を受けて遠州に移った。本能寺の変の後は家康の甲斐侵攻に活躍し、感状を賜っている。家康の開幕後、吉景の二男・正吉が家督を継ぎ、さらに長男・吉清や吉資、吉房、正行、信次らも別家を興していずれも旗本に列した。この信次が当家の直接の祖となった人物である。その後、江戸期を通して曲淵氏は繁栄し、『寛政重修諸家譜』には一二におよぶ系譜が掲載されている。

現在、曲淵家の本家（静岡県浜松市）には古い先祖書や系譜などが残されており、徐々に当家の歴史についての調査を進めているという。

1　曲淵家の祖　勝左衛門吉景

「当家の家祖は曲淵吉景といって、勝左衛門と名乗っていた戦国時代の武将でした。いわゆる武川衆ですね。古文書や文献によっては庄左衛門と書かれることもありますが、山梨大学の服部治則先生の小論に〝勝〟の字が使われていたこともあって、当家では勝左衛門としています。曲淵の本家には古い系図などが残されておりまして、それにもやはり勝左衛門吉景と記されています。この吉景の娘を妻として、青木家から聟養子に入った甚右衛門信次が当家の初代ということになります」

山梨大学名誉教授・服部治則氏による「近世初頭武士集団における親族関係」によれ

曲淵伸氏

曲淵由裕氏

ば、武川衆の諸家には米倉、折井、入戸野など二十六の家があり、そのなかに曲淵、青木の両家も含まれている。もとは甲斐守護・武田時信の庶子たちを武川筋の村里に分封した家々で、それぞれが地名を家号としていた。武田氏滅亡の後は武川衆の多くが家康に従い、甲斐侵攻などに活躍した。

「勝左衛門吉景のことは文献や歴史の本などにもけっこう出てきていて、それらを見るとかなりわがままというか頑固な武将だったようです。とにかく、武田信玄公に刃向かう者といえばいつも曲淵勝左衛門だと書かれています。信玄公より年上でしたしね。『甲陽軍鑑』などにも吉景の名前が出てきますよ」

　天文二十二（一五五三）年、信玄は川中島の戦いに出陣しなかった板垣弥二郎に立腹し、その同心被官を取り上げて飯富源四郎などに与えた。そのなかに曲淵勝左衛門吉景もいたが、板垣弥二郎の父（板垣駿河守信方《のぶかた》）から受けた恩義があると言って信玄の命に従わなかった。結局、吉景は板垣弥二郎が成敗されるまで付き添い、その後、やっと飯富源四郎の麾下に入った。この顚末を知った信玄は怒るよりむしろ感心し、曲淵勝左衛門をとりわけ優遇するようになったと伝えられている（『甲陽軍鑑』三十一品）。

「これも史実かどうかわかりませんが、あるとき、勝左衛門がよい働きをし、もう一人の家臣とともに誉められたそうです。信玄公から家の重宝にせよと〝来国久〟の銘がある脇差しを賜りました。ところがあるとき、別の家来が太刀を賜っているのを見たとたん、吉景は〝脇差しなんかいらない〟って放り投げてしまったそうです。信玄公を相手にそんなことができるのは曲淵勝左衛門くらいだって……そんな話もあるんですよ」

『武田三代軍記』「信州尾台落城之事」に曲淵勝左衛門の活躍が描かれており、その一節に〝（勝左衛門は）元来板垣が小者にて鳥若と名付けて草履を取りし者なりしが、数度武功の誉れありしかば晴信（信玄）召し出したまひて直参になし……〟とある。このとき、吉景は信玄の命で板垣駿河守信方（板垣弥二郎の父）に同心として附属されている。

「取り立てられたのはいいのですが、どうも、ことあるごとに信玄公を困らせて、ふつうなら成敗されるところを、〝あいつだったら仕方がない〟と笑ってすまされていたようなところがあったみたいですね。周囲の者からは、とかくいろいろと言われたようです。ただ、武勲のほうもかなりあったらしく、困らせるばかりの人物というわけではなかったようですけれどね」

『菱華遺芳』には、〝吉景頗《すこぶ》る膂力《りょりょく》あり。敵の首を獲ること三十有半。半とは二人共に戦うて一首級を獲るに因る。功を以て士に擢《ぬきん》でられ……〟とあり、勝左衛門はまさにその豪傑さをもってとりたてられた人物だった。

その後、武田信玄は信濃国に侵攻して高遠城、福与城、竜ヶ崎城などを陥落、天文十七（一五四八）年ごろには伊那地方を勢力下におさめていた。しかし、同年二月(注)、信濃上田原の戦いで手痛い敗戦を喫し、先鋒だった重臣・板垣駿河守も失っている。この影響により、同地における武田の勢力は大きく揺らぎ、減衰することになった（『甲陽軍鑑』二十七品）。ちょうど竹千代（後の家康）が人質として織田方にあった時期のことで、この翌年、今川義元が安城城を攻めて織田信広を捕らえ、竹千代との人質交換を行っている。

「『寛政重修諸家譜』には吉景が文禄二年十一月二十三日（一五九四年一月四日）に七十六歳で死んだとありますから、逆算すると永正十六（一五一九）年ごろの生まれです。武田家が滅亡した天正十（一五八二）年、勝左衛門吉景はすでに六十四歳だったわけです」

2 徳川家康との関わり

「当家の先祖書で吉景の記事を見ますと、初めのほうに〝権現様甲州御入国以前ヨリ走廻リ御奉公申上ニ付、武川者並ニ被召出候〟とあって、武田家滅亡後はほかの旧武田家臣たちと同じように家康公に仕えていたようです。その続きにも〝天正拾壬午《みずのえうま》年、甲斐国於若神子《わかみこ》表北条ト御対陣之刻、勝左衛門父子共ニ別而走廻リ御奉公申上〟と記されていますから、家康公の侵攻前から甲斐国内で動き回っていたわけですね。同年八月には若神子で家康公が北条勢と対峙しましたから、そのときも供奉していたのでしょう。その際の働きで家康公から感状を賜ったとも書かれています」

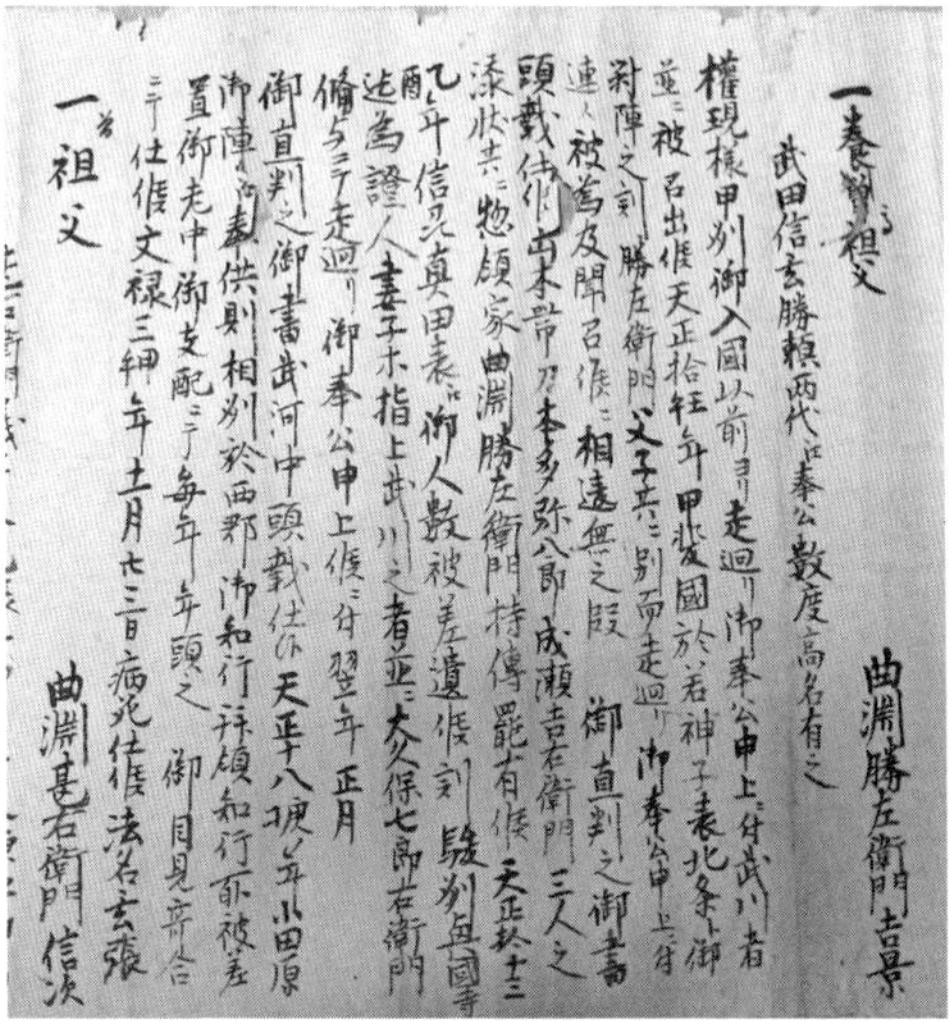

先祖書　家祖　勝左衛門吉景の事蹟

このとき、勝左衛門吉景と嫡男・正吉が家康の傍近くに供奉していた様子を窺える記述がある。『東照宮御実紀』（附録巻四）には〝この対陣のとき、（家康が）味かたの内誰なりとも鉄砲打かけて敵陣の様試みよと仰有しに、いづれも遅々せしが、甲州の侍曲淵勝左衛門吉景承りぬと言って足軽召し具し、鉄砲持たせて馳せ出で、その子彦助正吉は父が指物を相図として斥候をしつつ馳回る……〟とあり、これを見た家康は思わず床机《しょうぎ》から下りて立ち上がった。そして「誰もかの様を見よ！」と叫ぶと杖で地面を数度叩き、「曲淵は年老《としお》いぬれど、武道のうきやかなる様かな。彦助も父に劣らぬ若者よ」と、ことさらに目を細めたという。この後も吉景は家康の比較的近くにあって奉公したらしい。

「その後、吉景と正吉は天正十三（一五八五）年にあった真田との戦いなどでも働きがあって感状を賜り、天正十八（一五九〇）年には小田原の陣に供奉し、翌年には相模国の西郡に知行地を下されました。『寛政重修諸家譜』には〝采地五百石〟とありますが、これが吉景の没年とされる文禄二年の四年前ですから、七十二歳という高齢で小田原攻めに参陣し、動き回っていたことになります」

『東照宮御実紀』（附録巻五）には小田原攻めの際の逸話がある。家康が浮島が原まで秀吉を迎えに出たとき、傍らに供奉していたのが〝朱鞘の大刀に大鍔かけてさしたる〟曲淵勝左衛門だった。秀吉が金の唐冠の兜に緋縅《ひおどし》の鎧という異様な出で立ちで現れると、家

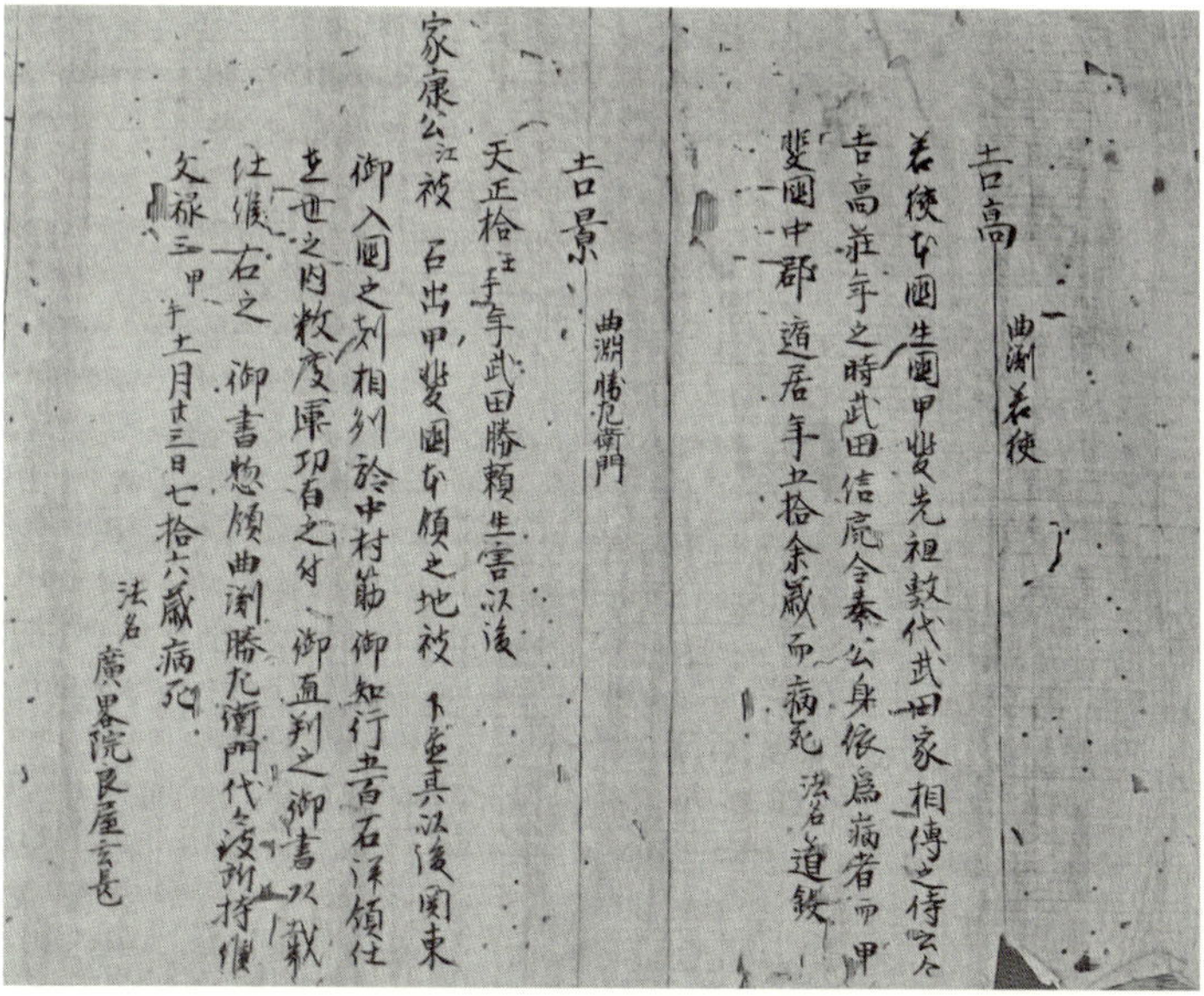
吉高　曲渕若狭

若狭守国生国甲斐先祖数代武田家相傳之侍ニ而

吉高壮年之時武田信玄ニ奉公身依為病者而甲

斐国中郡ニ遁居年五拾余歳而病死　法名道鉄

吉景　曲渕勝左衛門

天正拾壬午年武田勝頼生害以後

家康公江被　召出甲斐国ニ而領之地被　下置其以後関東

御入国之刻相州於中村筋御知行五百石洋領仕

並世之内敦度[illegible]御直判之御書以[illegible]

仕候右之　御書惣領曲渕勝左衛門代々致所持候

文禄三甲午十月廿三日七拾六歳病死

法名　廣界院良屋玄長

系図　吉景の父吉高から始まる

康は自らの佩刀と勝左衛門の朱鞘の大刀を取り換えたという。

「寛政譜に〝(吉景の)法名玄長。相模国足柄郡増色村の玄長寺に葬る〟とありますが、こちらはすでに廃寺となっています。山梨県北杜市にある清泰寺にも勝左衛門吉景の墓があるんです。長男の吉清と孫の吉重の墓も建っていて、境内横に〝曲淵氏屋敷跡地〟が見られます。このほか、吉景の出生地でその母が奉られている当家代々の廟所が本妙寺(現、甲府市昭和町)にあります。その近くには〝曲淵〟バス停がありますから、この付近の地名が曲淵家のルーツと言っていいところだと思い

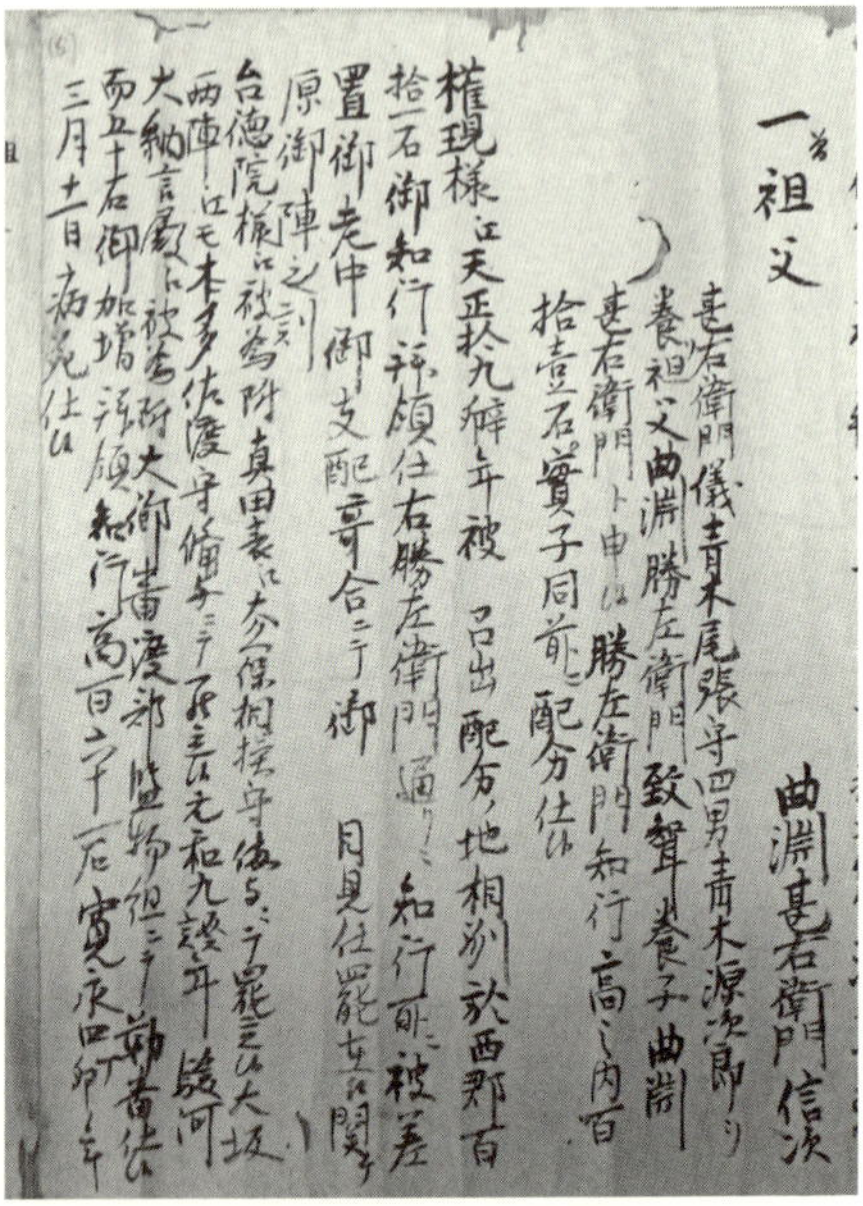

先祖書　初代・信次の事蹟

ます」

小田原攻めの後、吉景が采地を賜ったように、キリシタン大名として知られる蒲生氏郷《がもううじさと》も秀吉から会津四〇万石を賜った（『藩翰譜』）。襲封の際に氏郷が江戸に立ち寄ると、家康は喜んで饗応し、〝（祝いに）何にても望まれよ〟と言った。氏郷は〝唯今、是へ出たりし色黒き老人の、朱鞘の大脇差さしたるは何と申す者にて候か。いとめづらかなる士と見受たり。これを家人に申給て……〟と、一人の老侍、つまり曲淵勝左衛門を望んだ。ところが家康は〝武田の実力者・板垣信方の草履取りだった賤しき者〟と、とってつけたような悪口を言い、〝見てわかるとおり、今は老いて何の用にも立たず、これを参らせても当家の恥辱になる〟として許さなかった。すぐに氏郷は、家康がよほど心をかけて手元に置いている家臣と察し、せめて吉景と知人になって昔話でも承りたいと願い、召し出して信玄・勝頼二代にわたる戦の話を聞いたという（『東照宮御実紀』附録巻六）。

「武川の者のなかに青木衆がおりまして、そこから当家の初代となる信次が勝左衛門吉景の家に聟養子として入りました。この青木家も武川衆のなかでは有力な家だったようです。今でも山梨のほうに行きますと、青木の姓を名乗っている人でなければ入れてもらえない立派なお寺などがあるんですよ」

　青木家の祖は尾張守源信時と伝えられる。武川筋の青木村に居住したことから青木を家号とし、武田信縄から信玄まで三代に仕えた（『干城録』）。曲淵家に聟養子として入った信次の父・信親も武田信虎と信玄に仕えた武将だった。

「信次の家督を三男の甚右衛門信行が継いで、長男の源五左衛門信貞は別家を興しました。当家に繋がるのはこちらのほうです。信貞のあとを直弘が継ぎ、御書院番を務めて上総国に知行地をもらっています。寛政譜の記事では〝夷隅《いすみ》、長柄《ながら》、埴生《はぶ》三郡の内にをいて五百石を知行す〟とあります」

『上総国町村誌』によると、夷隅郡の市野郷《いちのごう》村や埴生郡の岩撫《いわなで》村、長柄郡の立鳥《たつとり》村、長柄《ながら》山《やま》村、船木《ふなき》村などの記事に〝維新前、旗下曲淵氏ノ采地タリ〟とある。当家のほか別家の曲淵氏も同地域に采地を賜っており、それぞれの詳細までは記されていないが、いずれも同氏の知行地として江戸末期まで受け継がれていたようだ。

3 先祖や歴史への思い

「家の歴史を調べてみようと考えたきっかけのひとつは、この名字なんですよ。曲淵というと変わっていますでしょう。いつだったかそんな話をしているとき〝自分たちの先祖とはどういった人物だったのか〟ということになって、それ以来、だんだん興味が出てきまして、それで武田旧温会と柳営会に入って勉強を始めました。とはいえ、まだ始めたばかりですし、私たちも仕事をしていますからあまり進んでいません。でも、定年後の楽しみができたと思っています」

「少しずつですが先祖のことを知ったせいでしょうか、時々、血筋というものを感じるというか、自分は勝左衛門吉景の子孫なんだと思うことがありますね。なにしろお世辞は言えませんし意地っ張りですしね。人間的に柔らかいか固いかといえば、やはり固いんですよ。親族を見回してみると、お役人さんとか、警察官とか、教師、税理士、銀行員などになっている者が多いんです。私自身は営業の仕事をしていますが、モットーは〝誠心誠意〟ですからね。こういったことが昔から受け継がれてきたものなのかどうか、それはわかりませんけれど……」

「そういえば本家の親子はみんな武術をやってますよ。従兄弟が剣道、伯父さんも剣道で七段、娘さんも二段だと聞いています。お母さんも薙刀でねんりんピックに出ているほどです」

「幸い、曲淵の先祖書や系図、書簡などが残されておりますので、いずれはそれらを現代語に直して、原文と合わせて整理したいと思っています。それに先祖たちが祀られているお寺などの名前や場所もまとめて残したいですし、各地で暮らしている曲淵の人たちと会って話もしてみたいですね。今後の人生、そんなことで楽しくつなげていきたいと考えています」

4　徳川家臣の子孫として

「やはり家康公には感謝しなくてはいけませんよね。武田家が滅んだあと、その家来たちにとっては運よくというか、ありがたく召し抱えてもらったのですからね。それがあって、私たちもここまで続いているわけです。甲州市の恵林寺に行くと、家康公が召し抱えた武田の家臣たちの名簿があります。八百名余と、ものすごい数ですよ。これが織田信長公などであれば敵方の残党など皆殺しにしてしまうでしょう。自分だって当時の家康公の立場に置かれたとしたら、召し抱えようと考えたかどうか……」

「たしかに武川衆というのは武力に優れた集団ではあったんです。それに結束力も強かった。幕府旗本の折井家や青木家など、すべて武川衆なんですよ。その中でもけっこう力を持っていた人たちだったはずです。そういう家々が集まって、武川衆と呼ばれていたんです。それで家康公はそういった者たちを軍事組織に組み入れていきますから、結局、適材適所で召し抱えたということですよね」

「とにかく、あのような時代にあれだけの数の家臣を一気に召し抱え、効果的に配置するというのは他の戦国大名とは違う器量があったのでしょう。逆に、それぞれの家臣たちにしてみたら、みんなが家康公と直接話せるわけでもありませんし、武田家臣だった時代とは違って、命じられた役目を黙々とこなしていたのではないでしょうか」

「つまり、武田家では力がすべてというか、武勇に勝れていれば生き残れる世界だったと思います。でも、家康公が目指していたのは戦いのない、つまりは平和な世界を築こうということでした。旧武田家臣たちにとっては、生きる世界が大きく変わったのではなかったかと思うんですよね」

（注）　天文十七年二月…『甲陽軍鑑』では天文十六年八月と記される

曲淵氏略譜

（頼長まで『尊卑分脈』、信徳まで『寛政重修諸家譜』、以後「当家系図」）

清和天皇（人皇56代）——貞純親王（四品／号桃園親王）——源経基（正四位上大宰大弐／鎮守府将軍／号六孫王）——源満仲（正四位下／鎮守府将軍／号多田）——源頼親（左衛門尉）——頼房（加賀守／号荒加賀）——頼俊（陸奥守）——頼景（陸奥六郎）

——惟風（陸奥弥六）——頼章（陸奥弥太郎）——頼清（八条院判官代／号大野）——頼時（号朝日二郎）——親頼（朝日孫二郎）——頼氏（朝日孫二郎）——頼高（朝日小二郎）——頼長（又二郎）

——…某…——頼定（縫殿助／号曲淵）——吉高（若狭）——吉景（勝左衛門）
- 正吉（彦助）——…
- 信次（甚右衛門／当家初代）
  - 信貞（小十人／源五左衛門）——直弘（御書院番／与左衛門）
  - 信行（甚右衛門）——…

——信興（与左衛門）——信喜（与左衛門）——信門（源四郎）——信徳（源太郎）
- 信央（鑛之助）——…
- 某（藤次郎）——某（鑄十郎）——信正（鉚三郎）——…

幕府旗本　加藤家の子孫

決死の攻撃　小牧・長久手の戦い

大阪府大阪市　加藤一弘

加藤家は江戸時代を通して旗本に列した徳川幕府家臣。小牧・長久手の戦いで戦死した長久手城主・加藤忠景の子孫で、その孫にあたる正重を初代としている。加藤家の本姓は藤原氏（利仁流）、一説に鎌倉幕府の重鎮だった加藤景廉《かげかど》の後裔と言われる。景廉は流人時代の源頼朝に仕え、挙兵緒戦となった伊豆目代・山木判官兼隆攻めでその首級を挙げた豪傑である。その子孫は美濃国に居住して繁栄し、遠山家の祖などを輩出したことでも知られている。

ただ、当家に残されていた古い資料や遺品は太平洋戦争末期の大阪大空襲によってそのほとんどが失われ、忠景以前の系譜などについてははっきりしていない。

1 家祖　加藤忠景の討死

「当家の先祖は藤原氏の利仁流とされており、系図など具体的な裏付けとなる資料はありませんが、鎌倉幕府の御家人・加藤景廉の子孫といわれています。戦国期には先祖の一人が尾張国瀬戸に築造された馬ヶ城にいたようです。そこで城主をしていたのですが、城攻めに遭って落ち延び、当時、廃城になっていた長久手城にたどり着きました。そこを修築して住んだのですが、城といっても館に近いものでした。現在も城跡が残っていますが、水源地としてダムになっており、普段は入れません。そのときの先祖は忠景という人物かその父親で、織田家に仕えていました」

加藤一弘氏

現在、長久手城跡は長久手市の史跡に指定されている（指定時は旧長久手町）。全体が城跡公園として整備されており、一弘氏も以前に訪れたことがあるという。

同市の解説には、〝中世末期、長久手村を領有した加藤太郎右衛門忠景（一五四三～八四）の居城です。忠景は十六世紀の中頃、前領主齋藤氏の古城を修築して入城し、その後、近隣の地侍らと親交を深め、姻戚を結びました〟とある。その後、城は民家となって荒れ果ててしまったものの、文化六（一八〇九）年に当地を訪れた加藤家の子孫（尾張藩士）が館跡の観音堂脇に石標を立て、亡き先祖の供養をしたという。

「忠景が没したのは小牧・長久手の戦いの最中でした。天正十二（一五八四）年三月、太閤秀吉の軍が伊勢のほうから三河に侵攻し、家康公と信長公の二男・信雄公の連合軍が尾張小牧山に布陣しました。太閤秀吉はこれを攻めるのですが攻めきれず、膠着状態となります。翌月、太閤秀吉はこの状態を打開しようと、家康公の本拠である岡崎を攻撃しようと別働隊を出すわけです。最初の隊の指揮を執っていたのが池田勝入斎恒興でした。このとき、長久手城主だった加藤忠景は恒興のとったルートの途中にある岩崎城に詰めていました。というのは、本来の岩崎城主だった丹羽氏次は地理に明るい

長久手城跡に建てられた忠景の碑

ため家康公に召されて小牧の陣に出ていたんです。岩崎城に残った氏次の弟・氏重がまだ十代後半と若年でしたので、四十一歳だった忠景がその後見役になっていたわけです」

『改正三河後風土記』などによると、別働隊の作戦を思いついたのは池田恒興で、小牧山に出陣したことで手薄になった家康の本国（三河）を焼き討ちにすれば、三河軍は〃仰天し、忽ちに敗北せん事、掌《たなごころ》を指すが如し〃と秀吉に言上したのだった。秀吉は即答を避けたものの、翌日にはこれを許している。

「もうひとつ、忠景が岩崎城にいた理由として、丹羽家との婚姻関係がありました。丹羽氏次、氏重の姉が忠景の室であり、丹羽氏次の室が忠景の娘だったんですよ。丹羽家も地方豪族ですからそれほど大きな家でなく、小牧へ三〇〇も出陣させれば岩崎城にそれほどの兵数は残っていなかったでしょう。忠景が連れて行った兵のほうが多かったかもしれません。それでも先に攻撃をしかけたのは岩崎城のほうでした。このとき丹羽氏重は〃とても勝ち目はないが、今ここで抵抗することで味方の時間稼ぎになる〃と決心したわけですね」

岩崎城歴史記念館によると、当時、岩崎城にいた兵は二〇〇人ほどだったという。一方、『四戦紀聞』には〃先陣池田幷に其子紀伊守之助等一万人、愛智郡諸和村岩崎の城辺を押通る〃とある。このとき撃って出た岩崎城の兵は味方の時間稼ぎをするとともに、鉄砲の音によって家康に別働隊の動きを知らせようという意図もあったと描かれている。

岩崎城を落とした池田隊はこれに有頂天になり、浮宇原というところで首実検におよんでいた。かねて敵の動きを察知していた家康は榊原康政や水野忠重、本多康重、そして岩崎城主・丹羽氏次らに甲州穴山勢を添え、総勢四〇〇〇の兵を送り出しており、長久手の合戦で池田恒興をはじめとする敵諸将の首級ことごとくを挙げた（『東照宮御実紀』）。

「はじめ、恒興の隊は小さな城だから捨て置いて行こうとしたのですが、どうも弾が恒興自身の馬にあたって落馬させたらしいんですね。それで恒興が激高して城攻めになったという説もあるようです。いずれにせよ敵は大軍でしたから、忠景を含む城方はわずか二時間ほどで全滅しました。ただ、必ずしもすべての文献が同じように書かれているわけではなくて、加藤忠景は岩崎城ではなく加賀野井城で討ち死にしたという資料を見たこともあります」

『寛政重修諸家譜』の加藤忠景の記事には〝尾張国岩崎城に籠居し、長久手の役に討死す〟とあるが、『改正三河後風土記』ではその翌月にあった加賀野井城の攻防戦で討ち死にした武将として〝加藤太郎左衛門〟の名を記している。これは小瀬甫庵の『太閤記』でも同様で、加賀野井城で討たれた者のなかに賀《(ママ)》藤太郎右衛門尉がいる。

宗英寺（本堂）

2 幕府旗本・加藤家

「忠景の嫡男・景正からは徳川家に仕えていて、関東のほうに知行地をもらっています。その一つが今の横浜市青葉区のあたりで、そこに当時の上銕村がありました。今も〝鉄〟と書いて〝くろがね〟と読む地名がありますが、景正が開基となった菩提寺が建てられています。これを宗英寺といって、今でも続いているんですよ。ちょうど桐蔭学園のそばですね」

慶長七（一六〇二）年、家康に召し出された景正は武蔵国、上野国の内に四七〇石の采地を賜った。旗本に列した景正は大番の番士となり、大坂の陣では戦功を上げている。その法名を宗英といった。

「景正の家督を継いだのが二男の正次でした。実

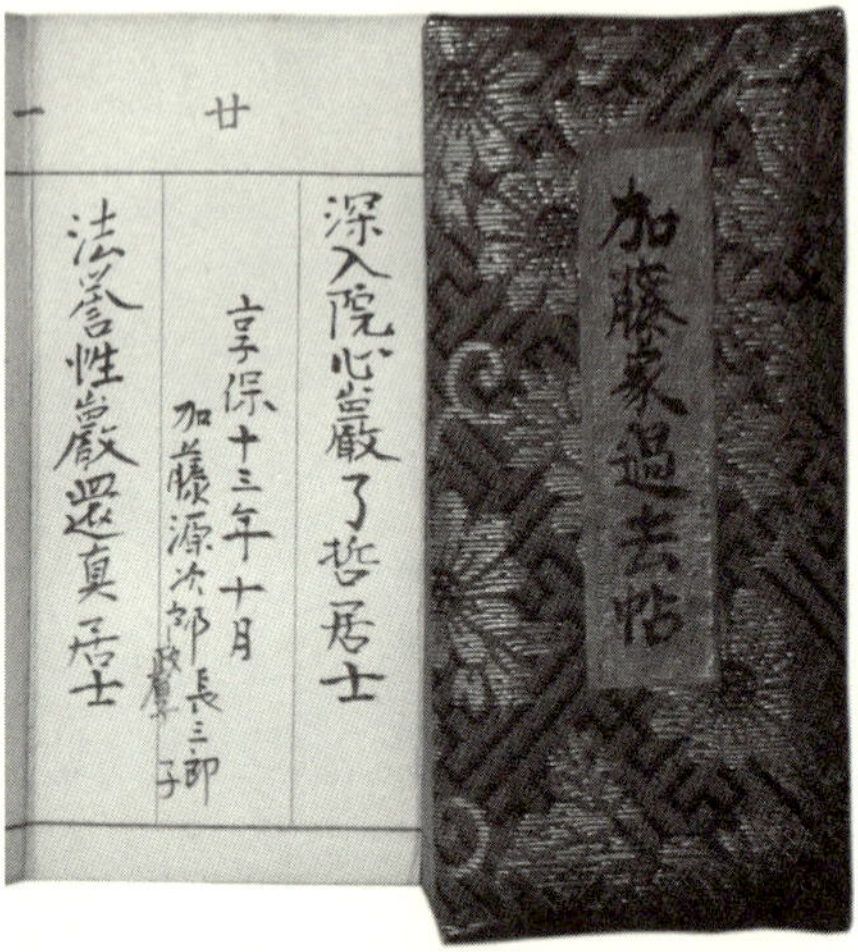

無量寺の過去帳に記された５代目当主・正原（政厚）の記録

は正重という長男がいるのですが、別家を興し、やはり旗本として大番に列しています。私どもの直接の祖になるのがこちらですから、正重が当家の初代ということになります。弟が家を継いだ理由はわかりませんが、『寛政重修諸家譜』を見ると正重の記事に〝故あって勘気を被り食禄をおさめられ〟とあるんです。許されたのが寛永十五（一六三八）年十月ですが、寛永七（一六三〇）年には正次が家を継いでいますので、長男の蟄居中に跡継が決まったのではないかと考えられています。それから、この正重からは江戸の長龍寺が菩提寺になっています」

以後の当主も代々大番に列しているが、四代目と五代目の当主はその記事に〝大坂城守衛に在て死す〟とある。

「四代目・定能と五代目の正原は大坂城在番となっていたようで、大阪の天王寺に建てられている無量寺に葬られています。この寺の過去帳に二人の記録があって、長三郎定能と

加藤家４、５代当主の供養塔　昭和後期まで無量寺に残されていた

源次郎政厚と書かれています。定能は『寛政重修諸家譜』にある名前と同じで、それが刻まれた古い墓石もありました。五代目のほうは通称は同じですが、諱のほうが違っていました。当時の人はいくつも名前があったり変えたりしたようで、特定するのに難しいことが多いですね」

　無量寺にあった古い墓石には〝享保八年癸卯年　七月五日〟と刻まれており、当時の墓碑が残されていたらしい。ただ、これらは昭和五十九（一九八四）年ごろの区画整理で処分されている。

「神奈川の宗英寺のほうには三つの供養塔が残っていました。こちらも当時のものらしくて刻まれている字もほとんど読めないのですが、宗英寺によると開基の景正自身

宗英寺にたてられた加藤家の供養塔。向かって右が正次、中央が正次の妻。左は“正次の子宗見”と墓銘があるが、三代当主・景義のものかは不明

の墓ではなく、跡を継いだ正次の家族の墓ではないかということでした。長らく放置されていた供養塔が発見されたあと、新たに加藤家の墓所だとわかるように標柱もつけてくれました。その際、墓を移動していて、その下には祀られていた人のものらしい遺骨が出たそうです。正次の家は三代目から牛込（東京都新宿区）の田中寺に葬られるようになっていますので、正次を含めて三代の当主のいずれかの供養塔であることは間違いないです」

3 先祖や歴史への思い

「家の歴史を調べるようになったのは学

生時代、『寛政重修諸家譜』で先祖を見つけたときからです。小さいころから〝わが家の先祖は武家だった〟と言われていましたし、歴史に詳しい大伯母からも、〝昔は三〇〇石の旗本だった〟と聞かされておりました。寛政譜のことを知ったとき、旗本なら載っているはずだと思い、図書館に見に行ったわけです」

きっかけは自らつくったが、先祖の供養塔などの整備をする際、両親も寺の過去帳を調べたことがあったという。ただ、それらをつなげて系図のようにしても、通称しかわからず、諱で個人を特定することはできなかった。

「ですから、大人になると旧跡など現地に足を運んで、調べて歩くようになりました。一時は加藤忠景にたどり着いたところで先に進まなかったのですが、宗英寺のことを知って連絡をとり、話を聞くようになると動き出したというか、その気になってきたんですよね。やはり、歴史を調べていて、何かが出てくると面白いんですよ」

歴史上の人物やその名前に多く触れるなかで、いつのまにか身の周りの人の名字や名前の漢字の使われ方などを見ていろいろと気づくようになったという。

「職場で遠山という名札を見たとき、景という字が名前に使われていまして〝あれ〟と思いました。あとで同僚に聞いてみると〝遠山の金さんの末裔だそうです〟ということもありました。遠山家の方々は景の字を受け継いでいることが多いようですね。加藤のほうは必ずしもそうではないのですが……。加藤景廉という人からこれだけつながっているのかと、そんなふうに考えるようになりました。これも、徳川家の家臣だったということがきっかけの一つでしょうか」

4 徳川家臣の子孫として

「家康公という人物への見方は昔とずいぶん変わりました。というのも、私が住んでいるのは関西ですからね。もともと大阪の人は家康公ではなく、太閤さんのファンなんです。太閤秀吉寄りなんですよ。ですから、最初はタヌキ親父というか、謀略家みたいなイメージでした。象徴的なのが大坂の陣のあと大坂城の外壕を埋めたことです。今でも騙し討ちのように語られているんですよ。でも、家祖のことを調べたり、静岡に行って話や講演を聞いたりすると、滅んだ敵方の家臣を召し抱えていることなどがわかってきたんです。家康公以外で天下を目指していた人たちだと、残党を殲滅はしても召し抱えるようなことはしません。小和田先生の講演で武田の忠臣・土屋昌恒《まさつね》の子を家康公が召し抱えた話がありましたように、〝忠臣の子は忠臣〟といった考え方をしていたのでしょうね」

天目山で自刃した武田勝頼に最後まで従った昌恒の遺児を平三郎といい、家康に召し抱

昭和 62 年に復元された岩崎城

えられた後に二代将軍・秀忠から一字を賜って忠直と名乗った。やがて二万石を領する大名となり、江戸城三の丸に住むことを許されている（『寛政重修諸家譜』）。

「そういうところに人情を感じますし、人を見る目もあるのだと思いました。家康公は大変な苦労人ですしね。それに、二六五年間も続く平和な時代を築きました。明治維新後の政府がどれだけ戦争をしたことか……。よく江戸時代は封建的な暗黒時代で、維新後は四民平等になったといいますが、倒幕の中心人物は華族になって特権階級になっていますよ。柳営会に関わってから、ずいぶん家康公に対する認識が変わってきました」

今後、『寛政重修諸家譜』にある歴史の

前後を調べ、わからない人物の名や事蹟を埋めていきたいという。

「古い系譜についてはぜひ調べたいですね。長久手の郷土資料館へも行ったのですが、やはり忠景のあたりが紹介されていました。忠景の父親については諱も伝わっていないようで、太郎左衛門といわれていたようです。それから、忠景が討ち死にしたといわれる岩崎城が復元されていまして、二十年ほど前に行ったことがあります。その敷地内に表忠義の碑が建てられていて、〝忠義を表す〟という題字を徳川慶喜公が書いたとありました」

岩崎城歴史記念館はその碑について、〝旧尾張藩士中村修・丹羽精五郎を発起人に丹羽忠道の文章で綴られ、櫓台に建てられた…（中略）…岩崎城が徳川方の城として戦い、全員討死したことを家康に対する忠義の表れという意味で（「表忠義」という題を）使用したと思われる〟と解説している。裏には岩崎城で没した人々の名前が刻まれるという。

「やはりあの戦いは家康公の天下統一のためにとても重要な合戦だったのだと考えさせられますよね。少ない兵数で四〇〇〇人の池田隊の足を止め、結局、それに続く森長可ほかの部隊も長久手の役で撃破できたわけですからね。改めて岩崎城の戦いのことを考えると、先祖は討死はしてしまいましたが、貢献度はかなり高かったのだろうと思います。そんな思いもあったのでしょうか、実は私の中学時代はかなり学校の荒れていたころでしたが、〝家の名に傷をつけるわけには……〟などと考えて流されずにすんだのです」

加藤氏略譜

（景経まで『尊卑分脈』（注）、以後『寛政重修諸家譜』）

藤原鎌足（大織冠）―不比等（右大臣）―房前（左大臣）―魚名（左大臣）―藤嗣（従四位上）―高房（正四位下）―重基（従五位下 左衛門尉）―重俊（内舎人）

―重継（内舎人）―重季（石見守）―重種（従五位下 左衛門尉）―重頼（従五位下 左衛門尉）―重道―時長（鎮守府将軍）―利仁（鎮守府将軍）―叙用（従五位上 斎宮寮頭）

―吉信（従五位下 加賀介）―重光（豊後守）―貞正―正重（従五位下）―景道（加賀介 号加藤）―景員（加藤五）―景廉（加藤次）―景経

…某…―忠景（太郎右衛門）―景正（権右衛門）―正次（権右衛門）―…

景正―正重（清兵衛）当家初代―正貞（権九郎）―正矩（八郎右衛門）―定能（長三郎）―正原（源次郎）

―安當（八郎右衛門）―祐胤（八郎右衛門）―正胤（五郎三郎）―正勝（力太郎）―…

（注）『尊卑分脈』…本系図集では加藤景廉の父を景清としているが、『吾妻鏡』などの表記にしたがって景員とした。

幕府旗本　飯塚家の末裔

波乱の生涯を送った初代・兵部少輔綱重

静岡県掛川市　飯塚　明

飯塚氏は江戸初期から幕府旗本に列した一族で、江戸中期までに三家に分かれた。本姓は「平」（桓武《かんむ》平氏）、『寛政重修諸家譜』によると畠山庄司重能《しげよし》の三男、男衾《おぶすま》六郎重宗《しげむね》の後裔という。

当家の源流とされる畠山氏は平姓を賜って臣となった高望王《たかもち》（桓武天皇四代孫）の後裔・秩父氏の支流で、武蔵国男衾郡を本拠とする一族である（『姓氏家系辞書』）。畠山重能の嫡男・庄司二郎重忠《しげただ》は源平争乱の時代に活躍した武将として知られる。当初は平家方だったが後に源頼朝へ臣従し、先鋒として多くの武功をあげて鎌倉幕府の有力な御家人となった。当家の祖といわれる六郎重宗はその重忠の弟であり、その後胤・重世が武蔵国秩父郡飯塚郷に居住して飯塚を家号とした。

『寛政重修諸家譜』によると、当家の初代・飯塚綱重は下総国の豪族佐野氏に属していたが、後に常陸国に移って佐竹義宣《よしのぶ》にしたがい、佐竹氏の国替えの後は徳川家の家臣となった。嫡男・忠重とともに二度の大坂の陣にも供奉している。

現在、飯塚家には系図や過去帳、肖像画などが残され、かつて家祖の知行地だった袖ケ浦市には一一代当主・五郎忠直が書いたとされる先祖書（写）も現存する。ただ、この先祖書は『袖ケ浦市史』に掲載されてはいるものの一般に公開されておらず、直接見ることのできない資料だという。

1 飯塚家初代　兵部少輔綱重

「当家の初代は『寛政重修諸家譜』の最初にある綱重です。現在、当家には古い資料が伝わっておりませんので、飯塚の本家に残される系図を複写させてもらいました。これは飯塚家の系図として、唯一、桓武天皇から始まるもので、最初に〝飯塚は武州秩父畠山之庶子男衾六郎平之朝臣重宗之後胤、幕ノ紋九曜ノ星、添紋チカヱ柏ノ葉ナリ〟と書かれていました」

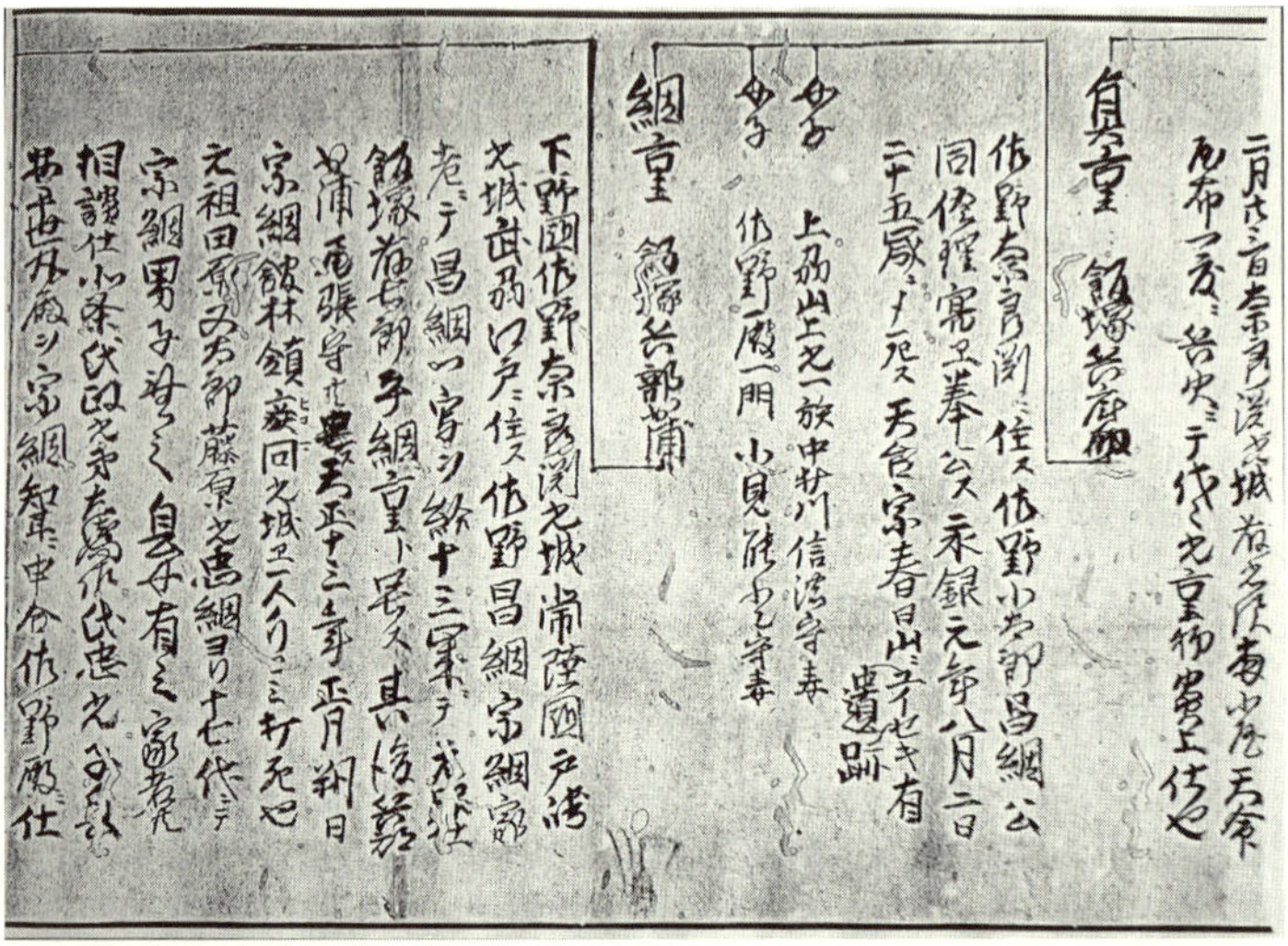

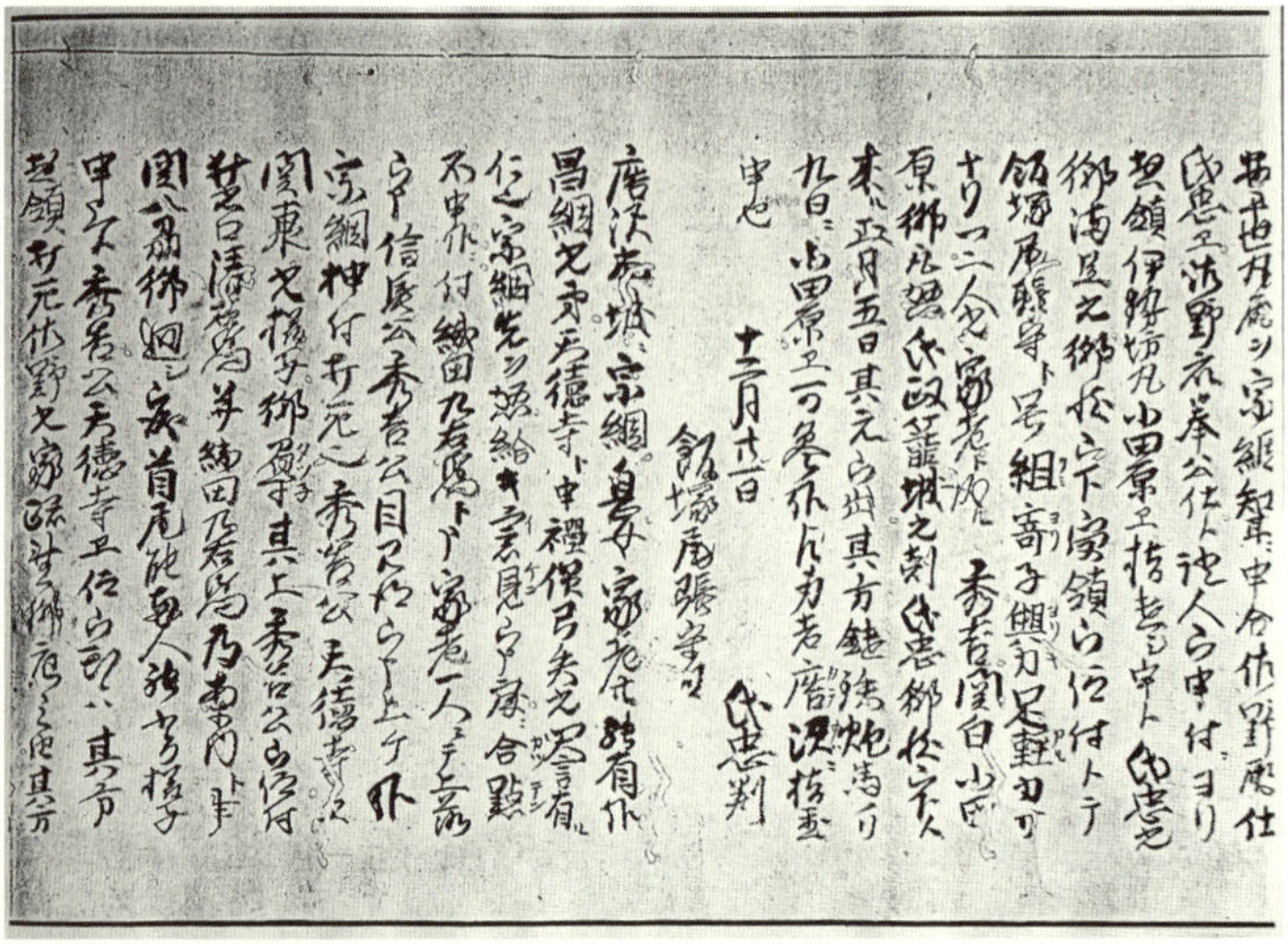

飯塚家に伝わる系図（複写）　綱重の事蹟が記された部分

波乱の生涯を送った初代・兵部少輔綱重

現在、当家の家紋は九曜紋ではなく、添紋と書かれた〝違い柏〟である。こちらを用いるようになったのは、後に又三郎忠心が分家した時点からだろうという。

「この系図によりますと、桓武天皇の皇子・葛原親王の孫にあたる高望王のときに〝平朝臣姓〟を賜り、九曜星の紋ができたのはその子孫の平良文のときです。武基のとき初めて秩父に住むようになり、その五代孫が男衾六郎重宗の父である畠山庄司重能です。この重宗が系図の冒頭に書かれていた人物ですね。その子孫の重世という人が初めて〝飯塚〟を家号にしました。これは鎌倉時代の人で、その記事には〝北条相模守高時のとき、武蔵国秩父郡飯塚に住す〟と記してあります」

この系図は一六七〇年くらいに当時の親戚衆が集まって作ったものだという。それ以前のものは戦禍で焼けてしまい、『寛永諸家系図伝』が編纂されるときにつくりなおされ、それが本家に伝わった。

飯塚明氏

「この系図を見る以前は初代の綱重も含め、家祖たちが具体的にどのような人物だったのかわかりませんでした。以前、『戦国人名辞典』という本に〝飯塚尾張〟という名が掲載されているのを見て、どう

飯塚家に伝わる綱重と推定される肖像画
当時の飯塚家幕紋・九曜星が見える

やら綱重という人が佐野家で鉄砲指南役をしていたのだとわかりました。寛政譜の前書きに〝綱重は兵庫助貞重の子〟だと書いてありますね。飯塚家系図をみると、貞重はその父である泰貞とともに佐野家に仕え、永禄元（一五五八）年八月二日、二十五歳という若さで没していたことがわかりました。そして、その男・綱重はかなり波乱に富んだ生涯を送った苦労人ということもわかったんです」

『戰國遺文　後北条氏編　第四巻』に北条氏忠の朱印状が収載されており、『戦国人名辞典』はその内容の一部を紹介している。また、泰貞は北条氏政から唐沢山城を守ったことで上杉輝虎（謙信）から感状（黒印状）を賜った武将という（『上越市史 別編1』）。

また、泰貞や貞重が佐野家に属する前、重昌と重栄のときには第四代の鎌倉公方だった足利成氏に仕えている。十五世紀の中頃、成氏は室町幕府と対立し、八代将軍足利義政の弟・政知との抗争の末に下総国古河に移って古河公方を名乗った。飯塚重栄はちょうどその時代に活躍し、足利成氏から感状を受けたという。この感状は館林市教育委員会による『中世館林城関係資料』に掲載されている。

なお、当時、成氏と戦った足利政知も鎌倉府に入れず、伊豆国堀越に留まって堀越公方の始まりとなっている。以後、両公方は互いにその正統性を主張、関東の各将たちも二派に分かれて争い、戦国乱世の幕を開けていくことになった。

「はじめ綱重も佐野に属し、周防守昌綱と修理亮宗綱に仕えていました。十三歳で元服するとき昌綱から名前の一字をもらい、それで綱重と名乗りました。ところが、天正十二(一五八四)年晦日の夜、館林の城主・長尾顕長が佐野領内の彦間城を奪うと、翌年の元旦、これに憤った佐野の当主・宗綱が単騎で敵城に向かい、矢で殺害されてしまいました。このとき宗綱は二十六歳と若く、娘はいたのですが跡継になる男子がおりませんでした。そこで家臣たちが話し合い、北条家から聟養子をもらうことになりました。これが北条氏康の五男・氏忠で、宗綱の次に佐野城主となった人物です。寛政譜の綱重の記事に〝北条左衛門佐氏忠に仕え〟とあるのはこのためですね」

『寛政重修諸家譜』の記事によると、宗綱の死後、佐野家では聟養子をいずれの家からもらうかで意見が分かれている。特に、天徳寺法印と号す佐野房綱は佐竹家の庶子を望んでいた。しかし、衆議の結果、北条氏忠に決まるとこれに憤り、京師に走って黒谷というところで閑居している。

「佐野家では氏忠を迎え、初めのうちはみんなでもり立てていこうとしたのですが、秀吉公が勢力を伸ばすにつれて、氏忠も落ち着かなくなってきます。実家である北条家のほうが心配になってくるわけですね。佐野のほうからは複数の証人――今でいう人質です――が小田原のほうに出されたようで、飯塚系図・綱重の条によると綱重も嫡男だった伊勢坊丸を差し出しています。こういった措置で満足した北条氏忠は御状を下され綱重を家老とし、尾張守という受領名を許したという記録があります。……結局、秀吉公の小田原城攻めで北条は没落しますが、この戦いのとき、氏忠は実家である小田原城にいました。佐野城には家臣たちが残されていたわけですね」

小田原に下向する際、豊臣秀吉は黒谷に閑居していた天徳寺法印（佐野房綱）を土地の案内のために召し出していた。やがて、秀吉の命で房綱は佐野城に赴き、旧臣たちの説得を始めた（『寛政重修諸家譜』）。

「佐野の家臣たちは天徳寺法印の説得を受け入れ、佐野城を明け渡すことになりました。結局、秀吉公は小田原城を落とし、佐野の所領を房綱に与えたわけですね。この後のことについて『干城録』には〝（綱重は）佐野を去て常陸国にいたり、佐竹右京大夫義宣にしたかひ、常陸国筑波郡戸崎城を守る〟とあります。ところが、この佐竹義宣が関ヶ原の戦いの際に曖昧な態度をとったことで、常陸国から秋田のほうに転封となりました。そのためでしょう、綱重は佐竹家を去って江戸に出てくることになりました。このあたりの事情は資料にありませんから、詳しい経緯などはわかりません。ただ、江戸に行っても家康公に直接会えるわけではありませんので、本多正信を介してお目見えしたらしいですね。家康公から江戸の神田に屋敷を賜り、その後、大坂の陣にも参陣しています」

2 徳川家康との関わり

「本多正信を通し、最初に綱重が家康公にお目見えしたのが慶長七（一六〇二）年のことでした。『寛政重修諸家譜』には〝御麾下に列し〟と簡単に記されています。でも、千葉県の『袖ケ浦市史』を取り寄せて先祖のことを調べてみましたら、もっと違うことがわかってきました。実は、現在の袖ケ浦市のほうに飯塚半右衛門正重のときに賜った知行地が二カ所ありました。ですから、市史を見れば載っているだろうと考えたわけです。すると、飯塚五郎が書いたとされる先祖書の写真が掲載されていました。この五郎というのは幕末のころの人で又三郎の養弟です」

『寛政重修諸家譜』によると、綱重の嫡孫にあたる半右衛門正重の記事に〝寛永二十年十二月七日上総国望陀郡のうちにおいて采地二百石をたまひ…（中略）…寛文二年十二月八日新恩二百俵をたまふ〟とある。同様な記述が『千葉県君津郡誌 下巻』の「江戸時代君津郡内城主領主地頭氏名録」にも記されており、知行地は下根岸、吉野田の両村だった。『上総国町村誌 第二編』によると〝（下根岸村）中古根岸村ト一村タリ後分レテ下ノ字ヲ冠ス。維新前旗下石原、飯塚二氏ノ采地タリ〟〝（吉野田村）維新前麾下石原、飯塚、跡

『袖ケ浦市史』に掲載される先祖書を書いたといわれる五郎忠直の写真

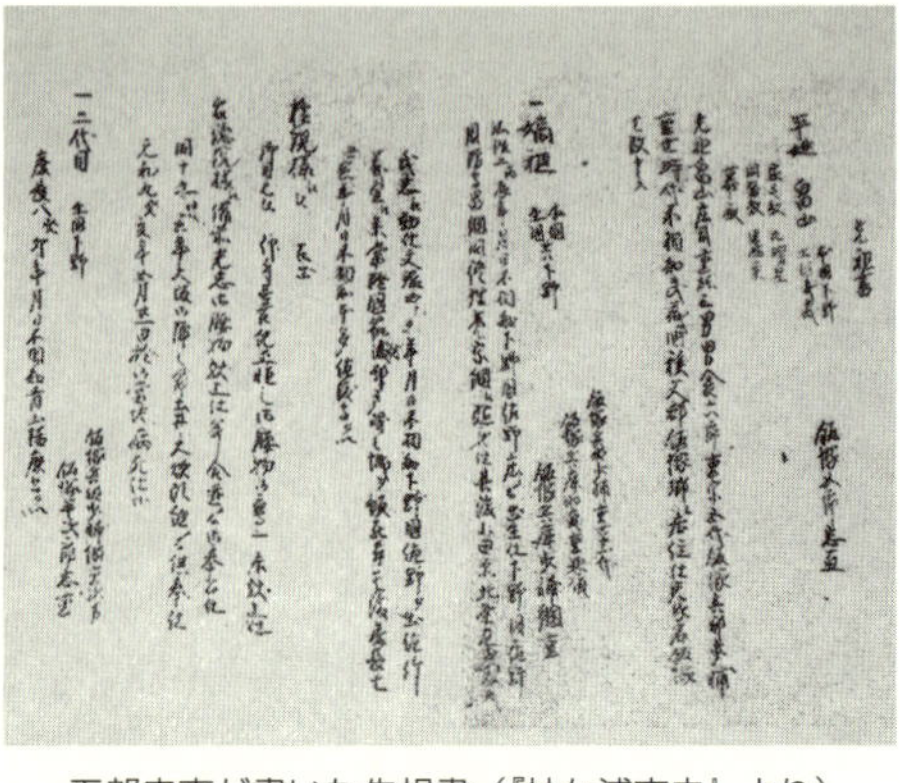

五郎忠直が書いた先祖書（『袖ケ浦市史』より）

部、折井四氏ノ采地タリ〟という。

「『袖ケ浦市史』にあった写真は家祖の飯塚綱重について記している部分でした。それを読んでみると、徳川家康公にお目見えを申しつけられた際、一羽の鷹と刀を献上し、秀忠公にも刀を献上しています。もともと三河衆ではなかった綱重がお目見えにあずかるのですから、本多正信が献上品を指図したのではないでしょうか。続きに〝寄合並にて御奉公仕る〟とありますから、綱重は寄合として召し抱えられたわけです。『寛政重修諸家譜』に記されてはいないが、飯塚家に伝わる系図によると、その後、綱重はもう一度家康にお目見えする機会があった。

10代当主・又三郎忠心の甥にあたる桜井信義の写真（幕末の撮影）

「二度目のお目見えは元和元（一六一五）年の暮れ、江戸城西の丸においてでした。すでに秀忠公が将軍を継いでいましたから、家康公は大御所になっていたころですね。前年に大坂冬の陣があり、綱重と忠重は土井利勝の組に属して出陣していました。そこで家康公にお目見えし、〝大坂にまかり越し大儀に候〟と話しかけられました。初めに〝甲州、越州、北条三家の軍法には珍しい事があるか。その方はよく知っているであろう〟と聞かれ、〝当方の軍法に何方の軍法も敵いません〟と答えると、家康公は大いに御機嫌となりました。最後に子供のことを聞かれると〝惣領（長男の俊重）は手前に置いております〟と答えました。すると、常陸介様（後の紀州頼宣）から仰せがあり、特別ご奉公に参上することになりました。戦国期にはずいぶん苦労をした綱重でしたが、家康公に召し抱えられてからはいいことずくめでした」

大御所となった家康は七十五歳で没している。西の丸で綱重と話した翌年（元和二年）のことだった。

「江戸初期、飯塚家は三家にわかれました。綱重の長男・俊重は徳川頼宣公に奉公を命じられて別家を興していますので（紀伊大納言頼宣公附属）、二男の忠重が本家を継いだことになります。ただ、この忠重は駿河大納言忠長卿に附属された後、三十九歳で没してしまいました。飯塚の家系は長寿の者が多いので、忠重の早めの死は気になるところです。忠長卿の乱行についてはいろいろと伝わっていますし、改易後はその家臣たちも様々に連座の咎を受けましたからね。この忠重の嫡男が半右衛門正重といって、上総国望陀郡のほうに知行地を賜っています。その弟・重方が別家を興した（上州館林綱吉公附属）ことで三家になり、いずれも旗本に列しています」

3 徳川家臣の末裔として

「家康公は三河衆だけではなく、いろいろと新しい家臣を取り込んで、徳川の裾野を大きく広げた人物だと思います。おそらく、初めから長期政権の考えをもって幕府を開き、天下の経営をしたのでしょう。当家の初代・綱重も三河武士ではありませんでしたが、家康公に召し抱えられました。ですから、綱重が鉄砲の指南役だったことは誇りに思います。新しい時代の武器と認識して指南役になり、そのことを家康公に認められたのですからね。先見の明があったということですし、主従の堅い契約にもなりました」

「『寛政重修諸家譜』や『干城録』に飯塚が掲載されていることはもちろんですが、飯塚家がつくった系図が残っていることや「江戸切絵図」に名が出ていることも誇りとするところです。こうして出ているということは、確かに飯塚の先祖がそこにいたという動かぬ証拠になりますからね。そんなこともあって、家の歴史を調べているときがいちばん楽しかったですよ。ときどき、昔のことを調べている人たちから、驚きをもって旗本だったことを言われることもありました。歴史の調査をするときは、とにかくどんな些細なことで

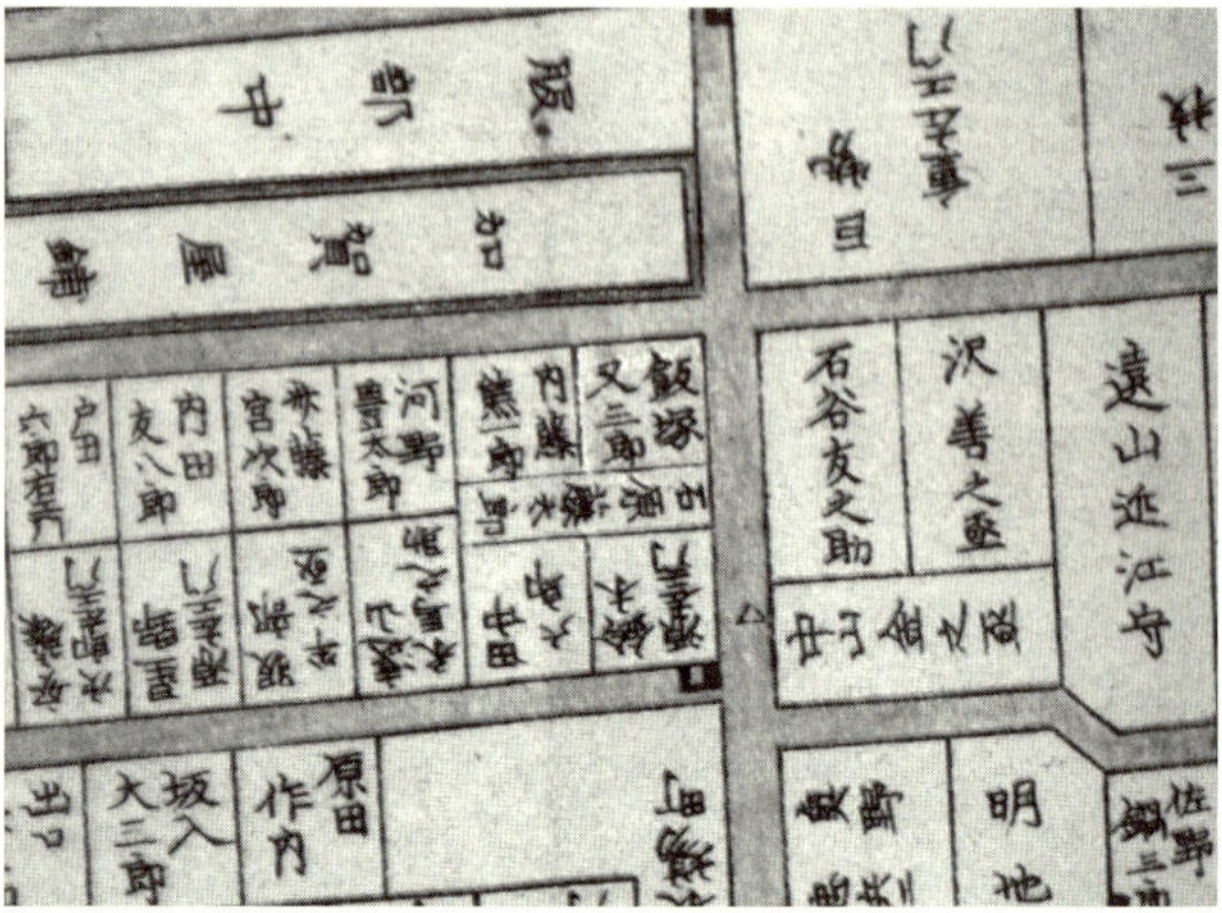

「江戸切絵図」（嘉永４年　牛込市ヶ谷御門外原町付近）
中央に“飯塚又三郎”の屋敷がある

も手がかりとなりますので、打ち捨てないでしっかりやっていれば、やがて新たな発見につながるものだと思っています」

家史についてはすでに八、九割ほどの調査が終わり、まったく新しい史料が出てこない限りは調べることがなくなったという。

「知行地のあった千葉県のほうにも行ったことがあります。十数年前のことですが、昔のままの雰囲気が残ってました。『袖ケ浦市史』にも、〝元禄年間以降の地名および地形がそれほど変化していない〟と書いてありますね。本当は『袖ケ浦市史』にある先祖書を見たいと思っているのですが、今のところは複写などもできなさそうで残念に思っています。綱重と家康公の間で交わされた会話もこれでわかったのですからね」

飯塚氏略譜

（重宗まで『尊卑分脈』『畠山系図』、以後、飯塚家系図）

桓武天皇（人皇50代）―葛原親王（一品 式部卿）―高見王―高望王（上総介 賜平朝臣姓）―良文（鎮守府将軍 板東諸平氏祖 村岡五郎）―忠頼（号村岡次郎）―将常（武蔵権守）―武基（秩父別当）

―武綱（十郎）―重綱（秩父権守）―重弘（太郎大夫）―重能（畠山庄司）―重忠（庄司二郎）……

重能―重宗（六郎）―重友―重氏―重泰（下野守）

―重世（兵部少輔 号飯塚）―重員（刑部少輔）―重村（弥六）―房重（宮内少輔）―高泰（六郎四郎）―重昌（勘解由）―重栄（勘解由左衛門尉）―重興（尾張守 内匠助）

―重貞（豊後守）―泰貞（対馬守）―貞重（兵庫助）―綱重（兵部少輔 尾張守 当家初代）―俊重（紀伊大納言附属 内匠助）……

綱重―忠重（駿河大納言附属 半次郎）―正重（半右衛門）―重治（三之助）

忠重―重方（館林綱吉附属）……

―達連（三之助）―達孝（半次郎）―明矩（三之助）―忠虎（千次郎）―忠順（孫一郎）―忠心（又三郎）―忠直（五郎）……

譜代家臣　本多正信・正純父子の末裔

家康の重臣　父子並んで天下の権をとる

栃木県栃木市　木村日出明・敦明

木村家の本姓は藤原氏（北家藤原氏兼通《かねみち》流）。三河国を本国とする本多氏の末裔で、徳川家康の重臣、本多正信《まさのぶ》・正純《まさずみ》父子の子孫にあたる。徳川四天王の一人に数えられる本多忠勝は当家の縁戚にあたる人物である。

『藩翰譜《はんかんふ》』などの記述によると、関白太政大臣・藤原兼通から一二代の後胤に助秀がおり、豊後国本多に住して本多を号した（本多氏初祖）。その男・右馬允助定が室町幕府将軍・足利尊氏に仕えて尾張国横根粟飯原《あいはら》の地頭となり、その男・助政の子の時代に定通および定政（定正）系の二家に分かれた。二家の子孫はともに三河国に住して松平家譜代の家臣となり、当家の直接の祖となる定正系では助定の六代孫・忠正が初めて松平清康に仕えた。

当家の初代である正信は忠正から四代の後胤にあたる。家祖では初めて家康に仕えた人物だが、永禄六（一五六三）年に起きた三河一向一揆の際には一向門徒に与した。一揆の平定後、正信はいったん三河を出て加賀国などに住したものの、後に家康のもとに戻って昵近《じっきん》するようになり、天正十四（一五八六）年五月には従五位下佐渡守に叙任されている。やがて家康の正信への信頼は揺るぎないものとなり、〝君臣の間水魚の如し〟といわれるほど無二の間柄となった。

秀忠が二代将軍となった後、佐渡守正信は関東の執事として将軍家に従った。また、嫡男の上野介《こうずけのすけ》正純は大御所・家康の執事として駿府にあり、父子並んで天下の権をとった。

家康と正信の没後、正純は将軍家に仕えて政務をとっていたが、元和五（一六一九）年、宇都宮一五万五〇〇〇石に封じられ、その三年後に突然の改易を言い渡された。この理由については様々な噂や憶測が巷間に流布し、後には小説や講談の題材ともされたが、いずれも〝釣天井〟など史実にない空談を伝えるのみである。実際、改易の真相はわかっておらず、『藩翰譜』その他には〝上野介正純が罪、定かならず〟と記される。

その後、正純と嫡男・正勝は配流先の出羽国で没した。一方、正勝の嫡男・正好《まさよし》は外祖父・戸田家の領内に住したが、その後の消息は『寛政重修諸家譜』ほかの資料に記載されていない。

1 佐渡守正信の逸話

木村家の証言者は当家の一四代宗主および一五代の日出明、敦明の両氏である。

「当家の初代は初めて家康公に仕えた本多佐渡守正信です。正信はお茶のことに詳しかったものですから、現在も当家ではお茶を嗜んでおりますし、お弟子さんも来ています。また、岡崎以前から正信家は鷹を飼っていましたので、鷹をシンボルにしています。たとえば七五三や成人式などのときには鷹の掛け軸をかけますし、その前で式を行うことにしています。つまり、鷹は当家の守護神のような存在なのです」

14代宗主 木村日出明氏

かつて駿河国（静岡県）井川に駿府の御用茶を保管した御茶壺屋敷があった。『井川村誌』によれば、数ある茶壺のなかには個人用の壺もあり、家康の妻妾たちと並んで上野介正純（正信の嫡男）の壺もあったといわれる（一〇三ページ参照）。

「家康公にお茶を教えたのが正信だったと聞いています。二代将軍の秀忠公は古田織部から指南されていますし、三代将軍・家光公も小堀遠州から教わっているのですが、家康公はそういったことがなかったんですね。正信自身については、三河一向一揆のあとに習ったのだろうと考えています。一時、松永弾正のところで世話になっていたことがありますから、そのとき手解きを受けたのでしょう。これはあくまで私の推測です」

『藩翰譜』によると、三河を出た本多正信を見た松永弾正忠久秀は、〝徳川家から来る侍を見ることは少なくないが、多くは武勇の輩である。しかし独りこの正信は強からず柔かならず、また卑からず、必ず世の常の人にあらず〟と感心したという。

「三河一向一揆のあと正信は三河国を出ますが、最後は家康公のもとに戻ってきます。当家に伝わる話ですと、このとき、〝部署として一番下の鷹匠から始めましょう〟と家康公と話し合っていたそうです。ほかの武将たちから見れば正信は〝出戻りの新参〟ですから、鷹匠なら反感もないだろうと考えたわけです。もちろん、鷹匠そのものというわけではなく、その部署を統括する係長のような立場でした。もともと正信は鷹に詳しかったですし、家康公も鷹狩りが好きでしたからね」

15代後嗣 木村敦明氏

「この後、家康公と正信はまるで兄弟のような関係になっていきますが、〝鷹の縁〟だったと言えるのかもしれません。先代当主がよく〝茶縁〟という言葉を使っておりましたし、現在、来られているお茶のお弟子さんたちもお茶の縁だと思っています。同じことだったのではないでしょうか」

冒頭でも触れたように、『寛政重修諸家譜』は二人の関係を〝水魚の如し〟と記している。両者のありようが劉備と諸葛亮孔明のそれを思わせるほど強かったに違いない。「家臣というより親友という感じでしたね。ただ、宗旨は変えなかったようです。一向一

本多正信の筆によると伝わる掛軸
代々の木村（本多）家当主の多くが絵画に才を発揮している

挨のあと三河に一度戻るのですが、家康公から〝浄土宗に改宗しないか〟と聞かれ、〝改宗しません〟と言ってまた三河を出てしまったんですね。実際に帰参するのはそのあとのことです。だから正信はずっと浄土真宗だったわけです」

「これは正信が没したあとのことですが、嫡男の正純が宇都宮藩主になったとき、先祖供養のための寺を一つ寄進しています。そのとき、自分の心がいちばん安らぐ信仰を模索したらしいのですが、それがやはり浄土真宗だったそうです。正信の別称だった正行の字をつけて正行寺《しょうぎょうじ》として、宇都宮城下で菩提寺にしようと考えたようですが、残念なことに改易のためそれは叶いませんでした」

2　上野介正純の改易

「結局、正純の失脚は秀忠公の側近・土井利勝らとの抗争だったんです。当時、そのための筋書きができていたように思えます。家康公が生きている間は利勝も何も言いませんし、しませんでした。秀忠公には正信がついており、自分はその配下にいたのですから。しかし、家康公と正信が亡くなって駿府にいた正純が江戸に戻ると、それが目の上のたんこぶのように邪魔になったわけです。そもそも、正純を一五万五〇〇〇石の宇都宮城主に

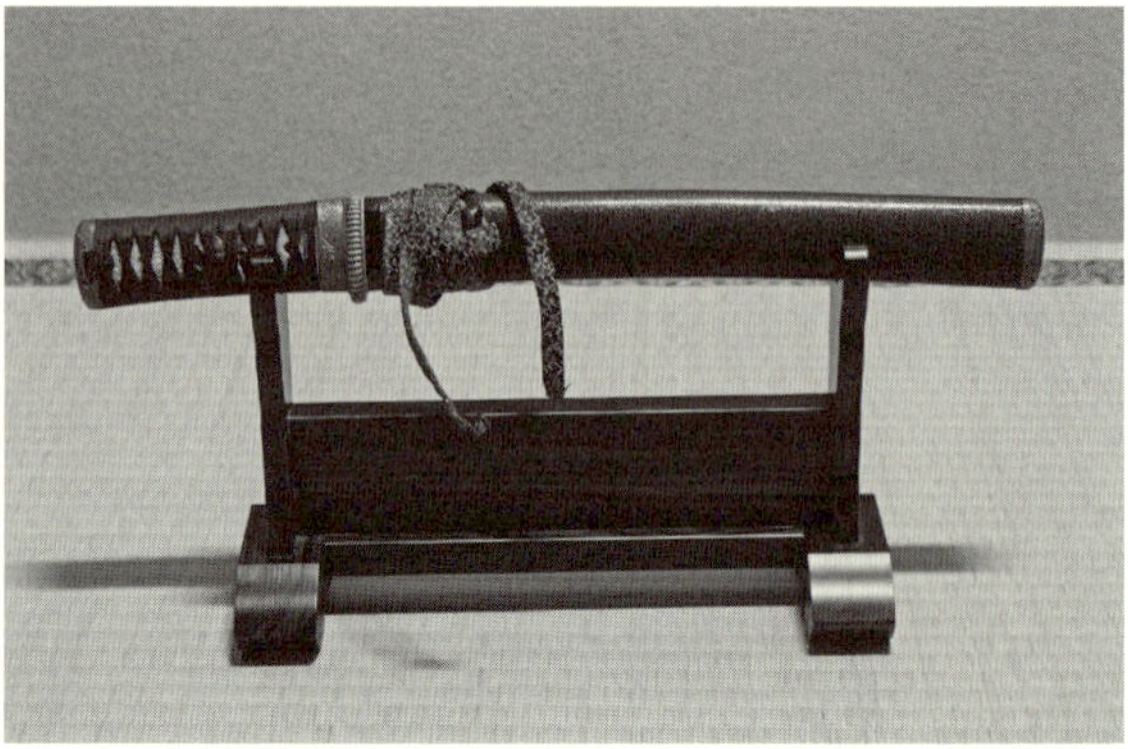

本多正純が使っていたと伝わる脇差

させたというのが不自然なことでした」

当時、本多父子の所領は二万二〇〇〇石、三万三〇〇〇石であり、ともに加増を固辞して少禄を是としていた。その功績を考えれば一五万五〇〇〇石も過分ではないのだろうが、正信は没する前、二代将軍・秀忠に向かって〝（本多の）子孫の絶えざらんことを思し召さば、嫡男・上野介が所領、今のままにて……〟と遺言し、正純にこれ以上の所領を賜うことのないよう言い残していたとも伝わる（『藩翰譜』）。

「最初、正純は宇都宮一五万五〇〇〇石を断ったと伝わっています。一般的な歴史では普通に受け取ったことにされていますが、父の言いつけがありますから、受け取るはずがないのです。そこで将軍家の命令ということにされ、結果として受け取らざるを得ないことになりました。しかも、その直前まで宇都宮を領していたのが奥平家でした。奥平家当主の祖母は亀姫といって、秀忠公の姉だったんです」

幼い奥平家当主は秀忠の姉・亀姫の孫だった。さらに亀姫の娘は大久保忠隣《ただちか》の長男・忠常《ただつね》に嫁いでいた。大久保忠隣とは、養女の婚礼の許しを得ていなかった罪で突然改易とされた幕府重臣だが、その折、忠隣の息子を召して罪状を宣告したのが正信だった。

元和五（一六一九）年十月、奥平家は当主の幼さを理由に宇都宮から下総国古河へ転封となる。しかし、わずか数年後（元和八年）、正純の改易とともに宇都宮へ復帰した。

「秋田で聞いた話ですが、正純が改易になるとき、城を一万の幕府軍が囲んだそうです。あらかじめ計画していなければ、一万もの兵は用意できません。しかも、そのあと宇都宮に復帰した奥平家には、すでに辞令が出ていたともいわれます。結局、正純は亀姫の孫のため、宇都宮城をきれいにリフォームしてあげた格好になりました」

元和八（一六二二）年八月、出羽国最上山形城主・最上源五郎義俊が改易となり、城地接収の役目を正純が命じられた。一連の手続きは滞りなく進んでいたが、突然、幕府の使者が現れた。

『台徳院御実紀』には、〝御糺問《きゅうもん》ある所十一カ条の書を読み聞かしむ〟とあるが、正純はそれらに対して明白に答えている。しかし、新たな三カ条の質問を聞くと、〝正純、是《これ》に詞屈《ことばくつ》して答ふることを得ず〟という。

「城の修築や鉄砲の搬入はしたのだろうと思います。もちろん反逆のためではなく、忠誠心から出た行動ですが……。本当に謀反や将軍暗殺の咎を受けたのでしたら、改易どころか一族郎党処刑されています。秀忠公や利勝にすれば、正純を失脚させればそれでよかったわけです。また、城の戸のことがよく言われますが、正純は雨戸にあるような閂《かんぬき》を最初に考案した人物でした。そういったことを誤解された面もあったのでしょう。しかし、使者の現れ方や糾弾の方法が大久保忠隣の改易のときとまったく同じですから、計画されていたのでしょうね。正信のやった方法をやり返されたわけです。しかも、配流先とされたのが正信の時代に常陸国から出羽へ国替えされた佐竹家でした」

「ただ、佐竹は正純にやさしく、親切にしてくれたんですよ。これは代々、当家に伝わっている話として、転封のとき正純は佐竹義宣のところに行って〝それなりの便宜を図るからどうか国替えに従ってほしい〟と話し合っていたんです。それで佐竹では本多のことを恨んではいなかったんですね。もし秀忠公や土井利勝らが佐竹家のことまで計算に入れていたなら、これについては当てが外れたということなのでしょう」

使者が正純に糺した具体的な内容については伝わっておらず、改易とされた本当の理由はわかっていない。そのため様々な噂が立ち、憶測に基づく風聞や創作が伝わった。

「釣天井などというのは、まったくの嘘です。そんな事実はありませんし、一〇〇年くらいあとの時代の小説でつくられたものです。それがまことしやかに伝わるうち、史実であるかのように誤解されたのです。正純らに対する妬みなどが、それほどに大きかったのかもしれませんが、本多の子孫は悔しい思いをしましたし、傷つけられました」

釣天井などの創作を事実のごとく描く作品は現代にも伝わる。いずれも講談や実録小説の類であり、史書や軍記物のような筆致で架空の人物の活躍などを描くものだ。しかし、その多くは歴史に忠実というわけではなく、正純の改易を扱う作品でも二代将軍の秀忠を三代将軍・家光としているなど史実との乖離は大きい。新井白石もそれらの記述を『藩翰譜』のなかで明確に否定し、明治期に書かれた論文にいたっては〝世に流布する俗書〟と非難している（『史学雑誌　第三七号』「本多正純改易始末」）。

3 本多家の子孫たち

「正純と一緒に嫡男・正勝も出羽国由利に配流となっていますが、当家に伝わる話ですと、正勝は自ら進んで父親についていきました。当時、罪のない正勝に四万石の所領を与えるという話も出たそうですが、跡継ぎのいない正勝でしたから、父親の面倒を見たいと一緒に出羽国に行ったんですね。すると正勝も父と同罪という扱いにされてしまいました。ところが、その次の年、正勝の妻が――名を〝お才《さい》の方《かた》〟といいます――江戸で長男を生みました。正勝は妻の妊娠を知らなかったのです。もし知っていれば、家臣たちもいたことですし、四万石の話を受けたかもしれません。正純は寛永十四（一六三七）年に没しますが、正勝はそれより早く、寛永七（一六三〇）年に亡くなってしまいました」

配流中の正純が詠んだといわれる歌が伝わっている（『横手市史』）。

陽だまりを　恋しと想う　うめもどき　日陰の紅《あか》を　見る人もなく

正勝の嫡男を右京正好という。『寛政重修諸家譜』には〝外祖父戸田左門氏鉄《うじてつ》が許に至り、其領地美濃国大垣に住す〟とある。戸田氏鉄が一〇万石で大垣藩に入封したのが寛永十二（一六三五）年、当時の美濃国内では最大の大名であった。

「戸田家は尼崎から大垣に移りましたので〝大垣の〟と言われますが、お才の方の実家です。正勝とお才の子・正好はそこで成長しますが、十八歳のとき京都へ病気療養に行くと偽って失踪してしまいます。実際は東北に行って、どうしても正純と正勝の墓参りをしたかったんですね。その途中、本多家と親戚関係にある高崎藩に寄ったところ、〝何人たりとも正純・正勝父子の墓参りはできない〟と聞いて諦めざるを得なくなります。そのまま高崎城下の和田郷に住んで角兵衛を名乗っていたところ、それを知った安藤直次の孫・直政が自分のところへ来ないかと招いてくれたのです」

和田角兵衛と称した本多正好の墓（昭和 40 年頃の撮影）

「安藤直次は駿府時代の正純の同僚だった人物です。本多正純、安藤直次、成瀬正成、竹腰正信《たけごしまさのぶ》という四人が当時の宿老でした。直政は直次の孫にあたり、その所領の一つが武蔵国那賀《なか》郡小平《こだいら》村（現、埼玉県本庄市）といって、高崎城下から比較的近いところにあったんですね。正好は和田角兵衛の名でその村に住み、安藤家の代官を務めてもいます。地元では和田代官家ともいわれ、正好の墓は最近まで小平にある安藤家の菩提寺跡にありました。正好の異母弟・正之は成瀬正成の家に引き取られていましたから、いずれも昔の同僚に面倒を見てもらったことになります」

正好の弟・正之は正勝の配流中にできた子だという。母は幽閉中の正勝を世話していたおまつという女性だった。

「正好に出奔された大垣藩は大騒ぎになっていた

はずです。監督下にあった罪人の子が失踪したのですからね。結局、戸田家は療養先で正好が死亡したと幕府に届け、同家の系図にもそう記録されました。でも母親のお才の方は本多家の再興が夢でしたから、正好の異母弟・正之を養子にしました。当時、大垣藩主・氏鉄の三男、つまりお才の方のきょうだいに増上寺の住職になった頓誉《とんよ》上人がいたんです。その後ろ盾もあり、土井利勝の没後ですが、正之は幕府の旗本に列しました」

増上寺は南北朝時代に創建された浄土宗の古刹で、徳川将軍家の菩提寺として知られる。その第二十五世が戸田氏鉄の三男・智哲《ちてつ》、乗蓮社頓誉と号した僧である。七歳のとき京の稱名寺で出家し、元和元（一六一五）年、増上寺に登った（『日本仏家人名辞書』）。

「実は平成二十四（二〇一四）年、東京の南蔵院という寺で三体の供養仏らしい阿弥陀如来の石仏が見つかりました。それらに彫られた刻文から左が本多正純、右がその嫡男・正勝のものらしいと判明して、秋田さきがけ新聞から当家に電話があったんです。行ってみましたら、どうやら間違いなさそうでした。おそらく、中央の一体は正好のもので、寄進者は正之でしょう。正之にすれば兄の正好は死んだと思っていましたからね。これが正しいなら、正之は旗本になった翌年に寄進しています。本当は堂々と供養したいけれど、周囲をはばかって名前などをぼかしたのでしょうね」

秋田さきがけ新聞の記事（同年二月十七日付）によると、これら石仏が南蔵院に来たのは明治中期で、寺院の合併によって千住院（廃寺）から移されている。しかし、寄進当時の状態や数などは残念ながらわかっていない。

「一方、和田を名乗った正好の子孫は代々安藤家に仕え、正信から数えて七代目・正綱が享保十四（一七二九）年に安藤家家臣で御山目付・木村十良左衛門の娘と結婚しています。十良左衛門は木村家の二代当主でしたが、六代・繁八のときに嗣子がおらず、安藤家の意向もあって当家の先祖が木村を継ぐことになりました。それが当家八代・正滕なのですが、すでに六十歳になっていましたので、実際は九代の正輝が木村を名乗ったのでしょう」

その後、正之の本多家を含め、現在までに正純の血脈のほとんどが絶えてしまい、男系で

正綱の兄・正知の系統で和田家最後の男系当主、正清の肖像画
画賛に「従四位侍従藤原正信八世之孫也本姓本多氏」（正しくは従五位）とある

それを伝えているのは当家のみになっているという。

「当家には正好の遺言が伝わっています。それは〝……自分は空しく旗本の客臣のうちに身を終わろうとしている。子孫たるもの曾孫の代までに大名家とし

て再興がかなわぬときは、本多の姓を用いてはならない〟という言葉です。それで孫の正篤は正式に和田と名乗ったのだと思いますし、その孫も木村を名乗ってきました。明治維新後のときには名字を復姓しようかという話も出たようですが、やはり正好の遺言がありましたからね」

4 徳川家臣の子孫として

「家康公の家臣の子孫として誇りに思うことは、とにかく当家の先祖が家康公を天下人にさせた一人であり、当事者だったということです。それから、正純が天海《てんかい》僧正や金地院《こんちいん》崇伝《すうでん》と一緒に家康公の遺言を聞いたことですね。もう一つ、家康公の遺体を久能山から日光に移して、東照社（現在の東照宮）の造営奉行をやったこともそうですね。それはやっぱり家康公の家臣の子孫として誇るべきことだと考えています」

一方、敦明氏は〝正純は大変な律儀者でした〟という。

安藤家から拝領の陣笠

本多正信が身につけていた象牙の根付。戌年（いぬどし）の生まれにちなみ、犬の姿が彫られている

「それに礼には礼を尽くすタイプでもありました。上は大名から諸外国の公使、下は小さな寺院の住職にいたるまで御礼状をしたためています。これは改易後も同じことでした。佐竹の城に入る前、大沢郷へ半年ほど留め置かれますが、そのときも世話になった斎藤という名主に〝自分にはもう何もない〟と言いながら、一つだけ残っていた鹿の角（漢方用）を置いていきます。これは今でも斎藤家に伝わっているそうですよ。……自ら言うのもおこがましいですが、私自身も正純と同様、芳恩に報いたいタイプで、お世話になった方には御礼状をしたためる性分なのです」

「家臣のほうから家康公という人物を見ていると、やはり命を大切にした人だと思うんですよね。自分の健康はもちろんのこと、家臣の命や健康を重んじていたと思います。というのは、三河一向一揆で出奔した正信に対する態度を見てもそう感じますし、滅びた武家の家臣を引き取ってもいます。家康公以外の武将だったら、徹底的に潰してしまうでしょう。やはり命を大事にする人だったのだと思いますよね」

「それから、家康公以外の武将は領土を拡張するために戦をしていました。でも、家康公は違いましたね。世の中の平和を目指して戦っていたわけです。そのあたりが偉大な人だと思いますし、家臣やその子孫たちの命のことを考えていたのではないでしょうか。実際に家康公の時代から二六〇年も平和が続きました。亡くなった正純も、その家康公の考え方でずっと固守し続けたかったのでしょう」

「逆に家康公から見た家臣とは、まさに宝だったと思います。将棋にたとえても歩ではなく、みんな金や銀だったのではないでしょうか。ただ、当家の場合、江戸時代のほとんどは安藤家の家臣で陪臣でしたから、江戸幕府に対する思いなどについてはわかりません。家康公に対する思いとは自ずと異なりますよ。そういうところは確かにあります」

「将軍家に代替わりがあると新しい家臣が取りたてられますから、改易前の正純は四面楚歌になっていたのではないでしょうか。何でも遠慮なく意見するタイプだったようですし、強い信念を持っていたでしょうからね。私自身もそうですが、正純という人は興味のないものは関心を示さなかったようですね。それから正信のほうは実に用意周到でした。自分たちを振り返ると、やはりどこかその血を引いているような心当たりがありますよ。ですから、よけいに払拭したいことがありますね。釣天井だとか、地元でも信用している人がけっこういるようですので……。いいイメージではありませんものね」

木村(本多)氏略譜

(兼通まで『尊卑分脈』、正勝まで『寛政重修諸家譜』、正好以後当家家伝による)

大織冠 藤原鎌足 — 右大臣 不比等 — 左大臣 房前 — 正三位大納言 真楯 — 従二位右大臣 内麿 — 正二位左大臣左大将 冬嗣 号閑院大臣 — 摂政太政大臣 良房 号白河殿 — 摂政関白 基経 号堀川殿 — 従一位太政大臣 摂政関白 忠平

— 右大臣 師輔 — 関白太政大臣 兼通 — 左大臣 顕光 — 従五位下因幡守 顕忠 — 従五位下右馬允 兼家 — 右馬允 兼助 — 光助 左兵衛 — 中書 助俊 — 右馬允 助清

— 兵庫頭 清家 — 家満 二条兵衛 — 右馬允 光秀 — 助秀 号本多 — 右馬允 助定 — 外記 助政 ┬ 定通 …
└ 定政 (定正) — 定吉 彦三郎 — 正明 弥八郎

— 忠正 角膳 — 正定 弥八郎 — 佐渡守 俊正 弥八郎 — 佐渡守 正信 弥八郎 当家初代 — 上野介 正純 弥八郎 — 出羽守 正勝 弥八郎 ┬ 正好 右京 号和田角兵衛 和田姓初代 — 正能 与兵衛 — 正篤 三太夫
└ 正之 忠左衛門 …

— 正綱 幸右衛門 — 正滕 弾蔵 改姓木村 — 正輝 弾右衛門 ┬ 正英 幸内 — 政明 伊勢松 — 吉明 …
└ 正隆 幸右衛門

徳川家康年表

西暦	元号	家康年齢	出来事	
1542	天文11	1	12・26	三河岡崎城主松平広忠の長男として生まれる。幼名は竹千代。母は於大の方
1544	天文13	3	9	父広忠と母於大の方離縁
1547	天文16	6	8	竹千代、今川氏の人質として駿府に行く途中、戸田康光に謀られ尾張・織田信秀のもとへ送られる
1549	天文18	8	3・10	父広忠、家臣に暗殺される
			11・8	今川義元の軍師太原崇孚雪斎を大将とする軍勢が安城城を攻め織田信広を捕える。信広と竹千代を人質交換
			11・27	竹千代、駿府に出発
1555	弘治1	14	3	竹千代、元服。松平次郎三郎元信と改める
1556	弘治2	15	5	元信、岡崎に一時帰郷、亡父広忠の法要を営む
			6・24	元信、三河大仙寺に寺領寄進（家康が発給した文書の初見）
1557	弘治3	16	1・15	関口義広の娘（築山殿）と結婚
1558	永禄1	17	2・5	元信、初陣。三河寺部城を攻める。元康と改名
1559	永禄2	18		長男竹千代（信康）生まれる
1560	永禄3	19	5・12	義元、尾張へ向け駿府出発
			5・18	元康、大高城兵糧入れの命を果たす
			5・19	丸根砦を攻め落とす
				義元、桶狭間で信長の奇襲を受け討死

徳川家康年表

			5・23	元康、岡崎城に入る
				長女亀姫生まれる
1561	永禄4	20	9	三河東条城吉良義昭を攻め、西三河を制圧
1562	永禄5	21	1・15	元康、信長と同盟を結ぶ
			2・4	三河西郡城の鵜殿長照を攻め、長照の子二人を捕える。築山殿と信康・亀姫と交換
1563	永禄6	22	3・2	嫡子竹千代（信康）と信長の娘徳姫婚約
			7・6	家康と改名
			9	三河一向一揆起こる
1564	永禄7	23	2・28	一向一揆鎮圧
			6・20	吉田城を攻め落とし東三河も平定
1565	永禄8	24		二女督姫が生まれる。母は側室・西郡の方
1566	永禄9	25	12・29	松平から徳川に改姓
1567	永禄10	26	5・27	嫡子竹千代と信長の娘徳姫結婚
1568	永禄11	27	12・12	家康、遠江侵攻を開始。武田信玄も駿河に
1569	永禄12	28	5・17	今川氏真、掛川城を明け渡す
1570	元亀1	29	6・28	姉川の合戦。織田・徳川連合軍が浅井・朝倉連合軍を破る
			6	家康、浜松城に入る
			10・8	上杉謙信と盟約し、信玄と絶つ
1572	元亀3	31	12・22	家康、三方原の戦いで信玄に大敗
1573	天正1	32	4・12	信玄没す

			9・10	長篠城を落とす
1574	天正2	33	2・8	二男於義丸（秀康）誕生
			6・17	高天神城落城
1575	天正3	34	5・21	長篠・設楽原の戦い。織田・徳川連合軍が設楽原で武田軍を破る
1579	天正7	38	4・7	三男秀忠誕生
			7・16	信長、家康に信康・築山殿の処罰を命じる
			8・29	築山殿を遠州・富塚で殺害
			9・15	信康、二俣城で切腹
1581	天正9	40	3・22	高天神城を奪還
1582	天正10	41	2・3	甲斐攻略のため浜松城を出発
			3・11	勝頼、田野で自殺
			3・29	家康、信長から駿河一国を与えられる
			5・15	安土に信長を訪ねる。その後・京、堺見物
			6・2	本能寺の変。信長が明智光秀に殺される
			8・10	北条氏直と対陣
			10・29	氏直と講和、二女督姫を氏直に嫁がせることを約す
1583	天正11	42	5・21	賤ヶ岳の戦いの勝利を祝い秀吉に「初花の肩衝」を送る
			8・15	督姫が氏直に嫁ぐ
1584	天正12	43	3・28	家康軍と秀吉軍が対峙（小牧の戦い）
			4・9	家康軍、羽柴秀次軍を破る（長久手の戦い）

			11・11	秀吉と信雄が講和
			12・12	二男於義丸を秀吉の養子に送る
1585	天正13	44	7・11	秀吉、関白となる
			7・19	駿府城の修築に着手
1586	天正14	45	5・14	家康、秀吉の妹朝日姫を娶る
			10・27	大坂城で秀吉に謁見、正式に講和
			12・4	浜松城から駿府城に移る
1587	天正15	46	8・5	家康上洛し、九州攻めから凱旋の秀吉を賀す
			11	駿府城の修築完成
1588	天正16	47	5・14	駿府城の天守が完成
1589	天正17	48	2	駿府城で家康主催の三百韻連歌
			7・7	七カ条の定書公布。同時期五カ国総検地
1590	天正18	49	1・14	正室朝日姫が聚楽第で没す
			1・15	三男長丸元服、秀忠を名乗る
			2・10	家康、小田原攻めに三万の大軍を率い駿府出発
			3・1	秀吉も三万二〇〇〇の直属の軍勢を率い京を出発
			3・19	秀吉、駿府城に入る
			4・3	小田原城を包囲
			7・5	北条氏直が降伏
			8・1	家康、関東移封を命じられ江戸入城
1592	文禄1	51	2	家康、上洛のため江戸出発

1593	文禄2	52	3・17	肥前名護屋に向け京を出発
			8・29	名護屋の陣を去り、大坂に戻る
			10・26	江戸に戻る
1596	慶長1	55	5・8	家康、内大臣となる
1598	慶長3	57	8・18	秀吉没す
			8・25	家康と利家、朝鮮からの撤退命令
1599	慶長4	58	閏3・3	五大老の一人前田利家死す
			閏3・4	加藤清正ら七将に狙われた石田三成が家康のもとに逃げ込む
			閏3・10	秀康を護衛につけ三成を近江佐和山城に送る
			閏3・13	家康、伏見城西ノ丸に入る
			9・27	大坂城西ノ丸に入る
1600	慶長5	59	5・3	家康、諸大名に会津討伐を命令
			6・2	大坂城で会津討伐の軍議
			6・18	家康、伏見城を出発
			7・19	石田三成挙兵、伏見城を包囲
			8・1	伏見城陥落
			8・5	家康、小山から江戸に戻る
			8・10	三成、美濃大垣城に入る
			9・1	家康、江戸を出発
			9・15	関ヶ原の合戦。家康の東軍と三成の西軍が対決
			9・17	佐和山城落城

徳川家康年表

1601	慶長6	60	10・1	三成、小西行長、安国寺恵瓊、京都の六条河原で処刑
			12	二条城造営
1602	慶長7	61	8・28	生母於大の方、伏見城で死去
1603	慶長8	62	2・12	家康、征夷大将軍となる
			7・28	家康の孫千姫が豊臣秀頼に嫁ぐ
1605	慶長10	64	4・16	征夷大将軍職を秀忠に譲る
1606	慶長11	65	3	駿府城を隠居城に決める
1607	慶長12	66	2・17	駿府城の工事開始
			7・3	家康、駿府入城
			12・22	駿府城で失火、本丸焼く
1608	慶長13	67	3・11	本丸殿館が完成
			5	駿府に遊郭を造る
			8・20	駿府城天守台上棟式
1609	慶長14	68	6・1	駿府城本丸女房局から出火
1610	慶長15	69	10・9	駿府城台所から出火
1614	慶長19	73	7	家康、方広寺の鐘銘を非難
			11・19	大坂城を攻撃（大坂冬の陣）
1615	元和1	74	5・7	大坂城を攻撃（大坂夏の陣）
			5・8	大坂城落城。秀頼と淀殿自害、豊臣氏滅びる
1616	元和2	75	4・17	家康、駿府城で死去
			4・19	久能山に葬る

監修にあたって

小和田　哲男

　昨年四月十六日に開かれた徳川家臣団大会を準備する過程で、私どもが予想した以上に、家臣団のご子孫の方が集まりそうだという情報が入りました。ご子孫の方が、大会に参加し、そのまま帰ってしまったのではもったいないと思い、何かまとめたいと考えました。「ご子孫ならではの貴重な証言が得られるのではないか」というのが本書のそもそもの出発点です。

　といっても、いきなり、「証言をお願いします」とインタビューして思い通りの成果が得られるとは考えられませんので、何人かで相談し、家臣団大会の当日、参加されたご子孫の方にアンケート用紙を配布させてもらい、回答をお寄せいただいた方のお宅に聞き取りに入るという方法を取りました。

　聞き取り調査の主な項目は次の四つです。

一、どのような系譜か

二、家康とのかかわり

三、先祖や歴史への思い

四、徳川家臣の末裔として

その際、それぞれのお宅に伝わる史料で公開していただけるものはできるだけ出してもらうようお願いをしました。史料の発見にもつながると考えたからです。「静岡大火のときに、古文書だけは持って逃げた」など、貴重な証言も得ることができました。「子孫たちの証言」を集めることが目的でしたので、先祖への思いや、家臣末裔としての気持ちなどを思う存分語ってもらいましたが、その家だけに伝わる〝秘史〟といった部分にも光をあてることができたと思っています。

たとえば、これまでの家康にかかわる本ではほとんど取りあげられることのなかった家康の長男で、家康によって切腹させられた松平信康付家臣のその後については、私もはじめて知ることができた点です。また、「人質」時代の家康の側に仕えていたというケースも、これまではほとんど知られていなかったと思います。

もちろん、三河以来の家臣の末裔の方が多いわけですが、本書を作成していく過程で認識を新たにしたのは、武田遺臣の末裔の多さでした。家康が、今川遺臣・武田遺臣・北条遺臣を多く取りこんでいたということは周知のことがらでしたが、今回のこの「子孫たちの証言」からも、そのことが裏付けられたように思います。

主な参考文献

『新編纂図本朝尊卑分脈系譜雑類要集』藤原公定撰（吉川弘文館）一九〇四年　※本編では『尊卑分脈』と表記

『古代豪族系図集覧』近藤敏喬編（東京堂出版）一九九三年

「滋野系図」「信州滋野氏三家系図」『続羣書類従　第六輯』塙保己一編（経済雑誌社）一九一二年

「熊野別当系図」『続羣書類従　第六輯』塙保己一編（経済雑誌社）一九一二年

「畠山系図」『系図綜覧　第二』国書刊行会編（国書刊行会）一九一五年

『姓氏家系辞書』太田亮（磯部甲陽堂）一九二〇年

『寛政重修諸家譜』続群書類従完成会

『干城録』林亮勝、坂本正仁校訂（人間舎）一九九七年

『藩翰譜』（巻一～巻七）新井白石

「東照宮御実紀」「台徳院御実紀」『徳川実紀　第壹編』成島司直ほか編（経済雑誌社）一九〇四年

『武徳編年集成』木村高敦（名著出版）一九七六年

「本多正純改易始末」『史学雑誌　第三七号』池田晃淵（山川出版社）一八九二年十二月

「日本後紀　逸文」『六国史　巻6』（日本後紀　巻下）佐伯有義編（朝日新聞社）一九四一年

「將門記」『群書類従　第拾參輯』塙保己一編（経済雑誌社）一八九三年

『保元物語　註釈』内藤耻叟、平井頼吉註釈（青山堂）一九〇〇年

『吾妻鏡』（吉川本）図書刊行会編　一九一五年

『改正三河後風土記』成島司直撰　一八八六年

『甲陽軍鑑』高坂弾正（温故堂）一八九二年

『武田三代軍記』（文事堂）一八八六年

『菱華遺芳』安田登　一九二二年

「赤松記」『群書類従　第拾四輯』塙保己一編（経済雑誌社）一八九四年

『四戦紀聞』黒川真道編（集文館）一九一一年

『常山紀談』湯浅常山（鶴声社）一八八七年

『太閤記（二）原本現代訳〈8〉』小瀬甫庵著　吉田豊訳（教育社）一九八一年

「新訂　桜雲記」北畠親房『南朝史伝』（至誠堂）一九一一年

「宗長手記」宗長『群書類従新校　第十四巻』（内外書籍）一九二八年

『中世日記紀行文学全評釈集成　第7巻　廻国雑記』（勉誠出版）二〇〇四年

「小島の口すさみ」『日本紀行文集成　三巻』岸上質軒校訂（日本図書センター）二〇〇一年

主な参考文献

「覧富士記」堯孝『群書類従　新校第十五巻』（内外書籍）一九二九年
「富士紀行」藤原雅世『群書類従　新校第十五巻』（内外書籍）一九二九年
『新編武蔵風土記稿』内務省地理局　一八八四年
『甲斐国志（上・中・下巻）』甲斐志料刊行会編　一九三二～一九三五年
『上総国町村誌』小沢治郎左衛門　一八八九年
『新編常陸国誌』中山信名ほか編（積善館）一九〇一年
『千葉県君津郡誌　下巻』千葉県君津郡教育会編　一九二七年
『駿河記』桑原藤泰　一八二〇年（原著）
『安倍郡井川村誌』井川村役場編（井川村）一九一二年
『史料編年　井川村史〈一・二・別巻〉』宮本勉（名著出版）一九七五年
『信府統記』鈴木重武（吟天社）一八八四年
「諏方家譜」『諏訪史料叢書27』（諏方教育会）一九三八年
「諏方上下宮社家系図」『諏訪史料叢書28』（諏方教育会）一九三八年
『熊野史』小野芳彦（和歌山県立新宮中学校同窓会）一九三四年
『愛知県史　第一巻』愛知県編　一九三五年
『岡崎市史　第一巻』柴田顕正編（岡崎市）一九二六年
『新編岡崎市史2中世』新編岡崎市史編集委員会（新編岡崎市史編纂委員会）一九九二年
『静岡市史　近世』静岡市編　一九七九年
『横手市史（普及版）横手の歴史』横手市　二〇一二年
『林叟院五百年史』大房暁（林叟院）一九七一年
『静岡県芸能史』田中勝雄（静岡県郷土芸能保存会）一九六一年
『古事類苑　第48冊』神宮司庁編（古事類苑刊行会）一九〇八年
『江都諸名家墓所一覧』老樗軒主人編（東洋社）一九〇一年
『現今名家書画鑑』川島正太郎（真誠堂）一九〇二年
『日本仏家人名辞書』鷲尾順敬編（光融館）一九〇三年
『呪詛の足尾銅山』堀田善太郎　一九一二年
『新編日本讀史地圖』吉田東伍（冨山房）一九二四年
『戦国人名辞典』高柳光寿、松平年一（吉川弘文館）一九六二年
『徳川幕府事典』竹内誠編（東京堂出版）二〇〇三年
『日本史諸家系図人名辞典』小和田哲男監修（講談社）二〇〇三年
「近世初頭武士集団における親族関係―特に甲州武川衆における―」服部治則　山梨大学学芸学部研究報告　第十六号　一九六五年

小和田哲男

1944年、静岡市生まれ。早稲田大学大学院文学研究科博士課程修了。現在、静岡大学名誉教授、文学博士、公益財団法人日本城郭協会理事長。専門は日本中世史、特に戦国時代史。著書に『戦国の合戦』『戦国の城』『戦国の群像』（以上学研新書）などがある。NHK大河ドラマ『秀吉』『功名が辻』『天地人』『江～姫たちの戦国～』『軍師官兵衛』の時代考証を担当。

『徳川家臣団～子孫たちの証言』

2015年4月16日　初版発行

発行者／大石　剛
発行所／静岡新聞社
〒422-8033　静岡市駿河区登呂3-1-1
TEL.054-284-1666
企画・編集／静岡新聞社出版部
監　修／小和田　哲男
取材・制作／弘文舎出版
装丁／ STEPS DeSign

印刷・製本／図書印刷
ISBN978-4-7838-1085-8 C0021
●定価はカバーに表示してあります
●乱丁・落丁本はお取り替えします